会社法準拠

トラブルの未然防止と経営効率化

経営管理規程とつくり方

荻原 勝 著

経営書院

はじめに

　会社の経営については、会社法をはじめとして、さまざまな法令によって一定の規制が行われています。会社は、法令を誠実に遵守する義務を負っています。また、経営は、規模や業種を踏まえて効率的に行われる必要があります。

　経営が適正かつ効率的に行われるためには、定款をはじめとし、株式、株主総会、役員、役員会、行動規範、業務管理および内部統制システムなどについて、合理的な取扱基準が「規程」という形で明文化され、かつ、その内容が関係者に周知されていなければなりません。

　「規程が作成されていれば、経営は必ず適正かつ効率的に行われる」というほど、生やさしいものではありません。しかし、規程が作成されていないと、とかく公正さや効率性が失われ、その結果、さまざまな支障が生じます。

　社内規程を整備し、その内容を周知徹底することの重要性は、いくら強調しても強調しすぎることはありません。

　本書は、会社法その他の法令を踏まえ、経営管理に必要な社内規程を具体的に紹介したもので、次の12章から構成されています。

　　第1章　定款
　　第2章　株主総会
　　第3章　IR（株主対策）
　　第4章　株式
　　第5章　役員・執行役員
　　第6章　役員会・執行役員会
　　第7章　企業行動憲章・社員行動規範
　　第8章　コンプライアンス
　　第9章　個別業務の執行基本方針
　　第10章　営業・受注
　　第11章　個別業務の管理

はじめに

第12章　内部統制システム

　いずれの規程も、はじめにその趣旨を簡単に説明したうえで、規程に盛り込むべき主要な事項を実務に即して解説しました。そして、それらを踏まえて、モデル規程を紹介しました。

　社内規程は、簡潔で分かりやすいものでなければなりません。このため、モデル規程の作成に当たっては、簡潔さと分かりやすさに十分配慮しました。

　本書が、経営管理の適正化および合理化・効率化に役立つことができれば幸いです。

　最後に、本書の出版に当たっては、経営書院の皆さんに大変お世話になりました。ここに記して、厚く御礼申し上げる次第です。

　2010年3月

荻原　勝

トラブルの未然防止と経営効率化
経営管理規程とつくり方（会社法準拠）

目　次
―規程の趣旨・規程の内容・モデル規程―

はじめに ·· 1

第1章　定款 ·· 7

第2章　株主総会 ·· 29
　第1節　株主総会開催規程 ······································ 30
　第2節　議決権行使規程 ··· 34
　第3節　株主総会規程 ·· 37
　第4節　株主提案対策規程 ······································ 43
　第5節　メール投票規程 ··· 47

第3章　IR（株主対策）··· 51
　第1節　IR規程 ·· 52
　第2節　IRサイト運用規程 ······································ 58
　第3節　メール配信サービス規程 ······························ 62
　第4節　海外IR規程 ·· 66
　第5節　株主判明調査規程 ······································ 71
　第6節　株主名簿請求対策規程 ································ 78
　第7節　株価・株主モニタリング規程 ························ 84
　第8節　株主代表訴訟対策規程 ································ 88

第4章　株式 ·· 93
　第1節　株式譲渡取扱規程 ······································ 94

第2節　自己株式取得規程……………………………………99
　第3節　ストックオプション規程……………………………103
　第4節　社員持株会規程・社員持株会規約…………………111
　第5節　取引先持株会規程・取引先持株会規約……………129
　第6節　配当金規程……………………………………………141
　第7節　新株予約権発行規程…………………………………144

第5章　役員・執行役員………………………………………151
　第1節　役員規程………………………………………………152
　第2節　役員職務権限規程……………………………………160
　第3節　役員報酬規程…………………………………………165
　第4節　役員退職慰労金規程…………………………………172
　第5節　役員生命保険規程……………………………………184
　第6節　役員業務災害補償規程………………………………187
　第7節　役員定年規程…………………………………………191
　第8節　相談役・顧問規程……………………………………194
　第9節　社外取締役規程………………………………………196
　第10節　会計参与規程…………………………………………199
　第11節　会計監査人規程………………………………………205
　第12節　執行役員規程…………………………………………210

第6章　役員会・執行役員会…………………………………223
　第1節　取締役会規程…………………………………………224
　第2節　常務会規程……………………………………………231
　第3節　監査役会規程…………………………………………235
　第4節　執行役員会規程………………………………………239

第7章　企業行動憲章・社員行動規範………………………243
　第1節　企業行動憲章…………………………………………244
　第2節　役員・社員行動規範…………………………………249

第8章 コンプライアンス …… 253
- 第1節 コンプライアンス規程 …… 254
- 第2節 コンプライアンス委員会規程 …… 259
- 第3節 コンプライアンス推進リーダー規程 …… 263

第9章 個別業務の執行基本方針 …… 269
- 第1節 品質方針 …… 270
- 第2節 製品安全自主行動指針 …… 272
- 第3節 製品事故対策方針 …… 275
- 第4節 環境方針 …… 278
- 第5節 労働安全衛生方針 …… 281
- 第6節 プライバシーポリシー（個人情報取扱方針） …… 284
- 第7節 個人情報セキュリティポリシー（個人情報安全管理方針） …… 287
- 第8節 広告宣伝方針 …… 290
- 第9節 勧誘方針 …… 293
- 第10節 ディスクロージャーポリシー（情報開示方針） …… 296
- 第11節 苦情対応方針 …… 299
- 第12節 リスクマネジメント方針 …… 302

第10章 営業・受注 …… 305
- 第1節 営業規程 …… 306
- 第2節 与信管理規程 …… 312
- 第3節 債権管理規程 …… 317
- 第4節 官庁との取引規程 …… 321
- 第5節 取引先接待費・慶弔金規程 …… 324

第11章 個別業務の管理 …… 329
- 第1節 予算管理規程 …… 330
- 第2節 金銭出納管理規程 …… 337
- 第3節 資金運用管理規程 …… 347

第 4 節　在庫管理規程 …………………………………………353
第 5 節　固定資産管理規程 ……………………………………359
第 6 節　顧客情報管理規程 ……………………………………365
第 7 節　雇用管理規程 …………………………………………372
第 8 節　人件費管理規程 ………………………………………380
第 9 節　グループ会社管理規程 ………………………………383
第10節　印章管理規程 …………………………………………388

第12章　内部統制システム ………………………………………391
　第 1 節　稟議規程 ………………………………………………392
　第 2 節　業務監査規程 …………………………………………400
　第 3 節　内部通報規程 …………………………………………410
　第 4 節　身元保証規程 …………………………………………415
　第 5 節　人事ローテーション規程 ……………………………417

第1章　定款

1　非公開会社で、株主総会と取締役のほかに、会計参与を置く場合の定款

2　非公開会社で、株主総会と取締役のほかに、取締役会と監査役を置く場合の定款

3　公開会社で、株主総会と取締役のほかに、取締役会、監査役、監査役会および会計監査人を置く場合の定款

第1章　定款

第1節　定款

1　定款の趣旨

　定款は、株式会社の自治規範として、株主や役員など会社内部の者を拘束する機能を有している。会社法は、「株式会社を設立するには、発起人が定款を作成し、その全員がこれに署名し、又は記名捺印しなければならない」（第26条第1項）と規定し、すべての株式会社に対して、定款の作成を義務づけている。

　当然のことではあるが、定款は、会社法の規定を踏まえて適正に作成されなければならない。また、会社は、経済社会情勢の変化に応じて、適宜定款の変更を行うことが望ましい。

2　定款の内容

（1）記載事項の種類

　定款の記載事項には、
- ・必要最小の事項として記載を求められる事項（絶対的記載事項）
- ・記載することによって一定の法律関係が生じる事項（相対的記載事項）
- ・記載するかどうかは会社の自由に委ねられている事項（任意的記載事項）

の3つがある。

　このうち、絶対的記載事項は、①目的、②商号、③本店の所在地および④発行可能株式総数の4項目である（設立後の定款の場合）。

　また、相対的記載事項は、①株券を発行する旨の定め、②株主総会・取締役以外の機関の設置などである。

（2）主な記載事項

　主たる記載事項は、次のとおりである。

〈定款の主な記載事項〉

1	株式に関する事項	① 発行可能株式総数 ② 株式の譲渡制限（非公開会社の場合） ③ 自己株式の取得 ④ 株主名簿管理人 ⑤ 株式取扱規程 ⑥ 基準日
2	株主総会に関する事項	① 招集 ② 招集権者・議長 ③ 議決権の代理行使 ④ 決議の方法 ⑤ 議事録
3	取締役に関する事項	① 取締役の員数 ② 任期 ③ 代表取締役・役付取締役の選定 ④ 報酬等 ⑤ 賠償責任の免除
4	取締役会に関する事項 （取締役会を置く場合）	① 招集権者・議長 ② 招集通知 ③ 決議の方法 ④ 決議の省略（書面決議） ⑤ 議事録 ⑥ 取締役会規程
5	監査役に関する事項 （監査役を置く場合）	① 員数 ② 監査の範囲 ③ 任期 ④ 報酬等 ⑤ 賠償責任の免除
6	監査役会に関する事項 （監査役会を置く場合）	① 招集通知 ② 決議の方法 ③ 議事録 ④ 監査役会規程

第1章　定款

7	会計参与に関する事項 （会計参与を置く場合）	① 選任 ② 任期 ③ 報酬等 ④ 賠償責任の免除
8	会計監査人に関する事項 （会計監査人を置く場合）	① 選任 ② 任期 ③ 報酬等 ④ 賠償責任の免除
9	計算に関する事項	① 事業年度 ② 剰余金の配当（期末配当金・中間配当金） ③ 配当金の除斥期間

3　モデル定款

（1）非公開会社で、株主総会と取締役のほかに、会計参与を置く場合

定款
第1章　総則

（商号）

第1条　当会社は、○○○○株式会社と称し、英文では○○○○CO., LTD. と表示する。

（目的）

第2条　当会社は、次の事業を営むことを目的とする。

　　（1）・・・・・・・・・・・・・・・・

　　（2）・・・・・・・・・・・・・・・・

　　（3）・・・・・・・・・・・・・・・・

　　（4）・・・・・・・・・・・・・・・・

　　（5）・・・・・・・・・・・・・・・・

　　（6）・・・・・・・・・・・・・・・・

　　（7）前各号に附帯関連する一切の事業

（本店の所在地）
第3条　当会社は、本店を東京都○○区に置く。
（機関）
第4条　当会社は、株主総会および取締役のほか、会計参与を置く。

第2章　株式

（発行可能株式総数）
第5条　当会社の発行可能株式総数は、○○○万株とする
（株式の譲渡制限）
第6条　当会社の株式を譲渡するには、取締役社長の承認を得なければならない。
2　次の各号に掲げる場合には、前項の承認があったものとみなす。
　（1）株主間の譲渡
　（2）当会社の役員または従業員を譲受人とする譲渡
3　取締役社長は、第1項の承認をしない場合、指定買受人を定めることができる。
（相続人等に対する売渡しの請求）
第7条　当会社は、相続その他の一般承継により当会社の株式を取得した者に対し、当該株式を当会社に売り渡すことを請求することができる。
（基準日）
第8条　当会社は、毎年3月31日の最終の株主名簿に記載または記録された議決権を有する株主をもって、その事業年度に関する定時株主総会において権利を行使することができる株主とする。

第3章　株主総会

（招集）
第9条　定時株主総会は、毎事業年度終了後3ヶ月以内に招集し、臨時株主総会は、必要がある場合に招集する。
（招集権者）
第10条　株主総会は、取締役社長が招集する。取締役社長に事故があると

第1章　定款

きは、あらかじめ株主総会において定めた順序により、他の取締役が招集する。

（議長）

第11条　株主総会においては、取締役社長が議長となる。取締役社長に事故があるときは、あらかじめ株主総会において定めた順序により、他の取締役が議長となる。

（議決権の代理行使）

第12条　株主は、当会社の議決権を有する他の株主1名を代理人として、議決権を行使することができる。

2　前項の場合には、株主または代理人は、株主総会ごとに、代理権を証明する書面を当会社に提出しなければならない。

（決議の方法）

第13条　株主総会の決議は、法令または定款に別段の定めがある場合を除き、出席した議決権を行使することができる株主の議決権の過半数をもって行う。

2　会社法第309条第2項の定めによる決議は、定款に別段の定めがある場合を除き、議決権を行使することができる株主の議決権の3分の1以上を有する株主が出席し、その議決権の3分の2以上をもって行う。

（議事録）

第14条　株主総会における議事の経過の要領およびその結果ならびにその他法令に定める事項は、議事録に記載または記録し、議長および出席した取締役がこれに記名捺印または電子署名する。

第4章　取締役

（取締役の員数）

第15条　当会社の取締役は、〇名以内とする。

（取締役の選任）

第16条　取締役は、株主総会において選任する。

2　取締役の選任決議は、議決権を行使することができる株主の議決権の3分の1以上を有する株主が出席し、その議決権の過半数をもって行う。

3　取締役の選任決議は、累積投票によらないものとする。

（取締役の資格）

第17条　取締役は、株主でなければならない。

（取締役の任期）

第18条　取締役の任期は、選任後○年以内に終了する事業年度のうち最終のものに関する定時株主総会終結の時までとする。

2　増員または補欠として選任された取締役の任期は、他の在任取締役の任期の満了すべき時までとする。

（代表取締役）

第19条　代表取締役は、株主総会の決議によって選定する。

2　代表取締役は、会社を代表し、会社の業務を執行する。

（取締役の報酬等）

第20条　取締役の報酬等は、株主総会の決議によって定める。

（取締役の責任免除）

第21条　当会社は、株主総会の決議によって、取締役（取締役であった者を含む）の会社法第423条第1項の賠償責任について、法令に定める要件に該当する場合には、賠償責任額から法令に定める最低責任限度額を控除して得た額を限度として免除することができる。

第5章　会計参与

（会計参与の員数）

第22条　当会社の会計参与は、○名以内とする。

（会計参与の選任）

第23条　会計参与は、株主総会において選任する。

2　会計参与の選任決議は、議決権を行使することができる株主の議決権の3分の1以上を有する株主が出席し、その議決権の過半数をもって行う。

（会計参与の任期）

第24条　会計参与の任期は、選任後○年以内に終了する事業年度のうち最終のものに関する定時株主総会終結の時までとする。

第1章　定款

2　補欠として選任された会計参与の任期は、退任した会計参与の任期の満了する時までとする。

（会計参与の報酬等）

第25条　会計参与の報酬等は、株主総会の決議によって定める。

（会計参与の責任免除）

第26条　当会社は、会計参与との間で、会社法第423条第1項の賠償責任について、法令に定める要件に該当する場合には、賠償責任を限定する契約を締結することができる。ただし、当該契約に基づく賠償責任の限度額は、金〇〇万円以上であらかじめ定めた額と法令の定める最低責任限度額とのいずれか高い額とする。

第6章　計算

（事業年度）

第27条　当会社の事業年度は、毎年4月1日から翌年3月31日までとする。

（期末配当金）

第28条　当会社は、株主総会の決議によって、毎年3月31日の最終の株主名簿に記載または記録された株主または登録株式質権者に対し、金銭による剰余金の配当（以下、「期末配当金」という）を支払う。

（期末配当金の除斥期間）

第29条　期末配当金が、支払開始の日から満3年を経過しても受領されないときは、当会社はその支払の義務を免れる。

2　未払いの期末配当金には利息を付けない。

（2）非公開会社で、株主総会と取締役のほかに、取締役会と監査役を置く場合

定款

第1章　総則

（商号）

第1条　当会社は、〇〇〇〇株式会社と称し、英文では〇〇〇〇CO.,

LTD.と表示する。

（目的）

第2条　当会社は、次の事業を営むことを目的とする。

　（1）・・・・・・・・・・・・・

　（2）・・・・・・・・・・

　（3）・・・・・・・・・・・・

　（4）・・・・・・・・・

　（5）・・・・・・・・・・・

　（6）・・・・・・・・・・

　（7）前各号に附帯関連する一切の事業

（本店の所在地）

第3条　当会社は、本店を東京都〇〇区に置く。

（機関）

第4条　当会社は、株主総会および取締役のほか、次の機関を置く。

　（1）取締役会

　（2）監査役

第2章　株式

（発行可能株式総数）

第5条　当会社の発行可能株式総数は、〇〇〇万株とする

（株式の譲渡制限）

第6条　当会社の株式を譲渡するには、取締役社長の承認を得なければならない。

2　次の各号に掲げる場合には、前項の承認があったものとみなす。

　（1）株主間の譲渡

　（2）当会社の役員または従業員を譲受人とする譲渡

3　取締役社長は、第1項の承認をしない場合、指定買受人を定めることができる。

（相続人等に対する売渡しの請求）

第7条　当会社は、相続その他の一般承継により当会社の株式を取得した

第1章　定款

者に対し、当該株式を当会社に売り渡すことを請求することができる。
（株式の割当てを受ける権利等の決定）
第8条　当会社は、当会社の株式（自己株式の処分による株式を含む）および新株予約権を引き受ける者の募集をする場合において、その募集事項、株主に当該株式または新株予約権の割当てを受ける権利を与える旨およびその申込みの期日の決定は、取締役会の決議によって定める。
（株主名簿管理人）
第9条　当会社は、株主名簿管理人を置く。
2　株主名簿管理人およびその事務取扱場所は、取締役会の決議によって選定し、公告する。
3　当会社の株主名簿および新株予約権原簿は、株主名簿管理人の事務取扱場所に備え置き、株主名簿および新株予約権原簿への記載または記録、その他株式ならびに新株予約権に関する事務は株主名簿管理人に取扱わせ、当会社においては取扱わない。
（株式取扱規程）
第10条　当会社の株式ならびに新株予約権に関する取扱いおよび手数料は、法令または定款に定めるもののほか、取締役会において定める株式取扱規程による。
（基準日）
第11条　当会社は、毎年3月31日の最終の株主名簿に記載または記録された議決権を有する株主をもって、その事業年度に関する定時株主総会において権利を行使することができる株主とする。
2　前項にかかわらず、必要がある場合は、取締役会の決議により、あらかじめ公告して、一定の日の最終の株主名簿に記載または記録された株主または登録株式質権者をもって、その権利を行使することができる株主または登録株式質権者とすることができる。

第3章　株主総会

（招集）
第12条　定時株主総会は、毎事業年度終了後3ヶ月以内に招集し、臨時株

主総会は、必要がある場合に招集する。
（招集権者）
第13条　株主総会は、法令に別段の定めがある場合を除き、取締役会の決議によって、取締役社長が招集する。取締役社長に事故があるときは、あらかじめ取締役会において定めた順序により、他の取締役が招集する。
（議長）
第14条　株主総会においては、取締役社長が議長となる。取締役社長に事故があるときは、あらかじめ取締役会において定めた順序により、他の取締役が議長となる。
（議決権の代理行使）
第15条　株主は、当会社の議決権を有する他の株主1名を代理人として、議決権を行使することができる。
2　前項の場合には、株主または代理人は、株主総会ごとに、代理権を証明する書面を当会社に提出しなければならない。
（決議の方法）
第16条　株主総会の決議は、法令または定款に別段の定めがある場合を除き、出席した議決権を行使することができる株主の議決権の過半数をもって行う。
2　会社法第309条第2項の定めによる決議は、定款に別段の定めがある場合を除き、議決権を行使することができる株主の議決権の3分の1以上を有する株主が出席し、その議決権の3分の2以上をもって行う。
（議事録）
第17条　株主総会における議事の経過の要領およびその結果ならびにその他法令に定める事項は、議事録に記載または記録し、議長および出席した取締役がこれに記名捺印または電子署名する。

第4章　取締役および取締役会

（取締役の員数）
第18条　当会社の取締役は、〇名以内とする。
（取締役の選任）

第1章　定款

第19条　取締役は、株主総会において選任する。
2　取締役の選任決議は、議決権を行使することができる株主の議決権の3分の1以上を有する株主が出席し、その議決権の過半数をもって行う。
3　取締役の選任決議は、累積投票によらないものとする。
（取締役の任期）
第20条　取締役の任期は、選任後2年以内に終了する事業年度のうち最終のものに関する定時株主総会終結の時までとする。
2　増員または補欠として選任された取締役の任期は、他の在任取締役の任期の満了すべき時までとする。
（代表取締役）
第21条　代表取締役は、取締役会の決議によって選定する。
2　代表取締役は、会社を代表し、会社の業務を執行する。
（役付取締役）
第22条　取締役会は、その決議によって、取締役会長、取締役社長各1名、取締役副社長、専務取締役、常務取締役各若干名を選定することができる。
（取締役会の招集権者）
第23条　取締役会は、法令に別段の定めがある場合を除き、取締役社長が招集する。取締役社長に事故があるときは、あらかじめ取締役会において定めた順序により、他の取締役が招集する。
（取締役会の議長）
第24条　取締役会においては、取締役社長が議長となる。取締役社長に事故があるときは、あらかじめ取締役会において定めた順序により、他の取締役が議長となる。
（取締役会の招集通知）
第25条　取締役会の招集通知は、各取締役に対し、会日の3日前までに発する。ただし、緊急の場合には、この期間を短縮することができる。
（取締役会の決議の方法）
第26条　取締役の決議は、取締役の過半数が出席し、出席した取締役の過半数をもって行う。

（取締役会の決議の省略）
第27条　当会社は、取締役の全員が取締役会の決議事項について書面または電磁的記録により同意したときは、当該決議事項を可決する旨の取締役会の決議があったものとみなす。

（取締役会の議事録）
第28条　取締役会における議事の経過の要領およびその結果ならびにその他法令に定める事項は、議事録に記載または記録し、出席した取締役がこれに記名捺印または電子署名する。

（取締役会規程）
第29条　取締役会に関する事項は、法令または定款に定めるもののほか、取締役会において定める取締役会規程による。

（取締役の報酬等）
第30条　取締役の報酬等は、株主総会の決議によって定める。

（取締役の責任免除）
第31条　当会社は、株主総会の決議によって、取締役（取締役であった者を含む）の会社法第423条第１項の賠償責任について、法令に定める要件に該当する場合には、賠償責任額から法令に定める最低責任限度額を控除して得た額を限度として免除することができる。
2　当会社は、社外取締役との間で、会社法第423条第１項の賠償責任について、法令に定める要件に該当する場合には、賠償責任を限定する契約を締結することができる。ただし、当該契約に基づく賠償責任の限度額は、金〇〇万円以上であらかじめ定めた額と法令の定める最低責任限度額とのいずれか高い額とする。

第５章　監査役

（監査役の員数）
第32条　当会社の監査役は、〇名以内とする。

（監査役の監査の範囲の限定）
第33条　監査役は、会計に関するものに限り監査を行う。

（監査役の選任）

第1章　定款

第34条　監査役は、株主総会において選任する。
2　監査役の選任決議は、議決権を行使することができる株主の議決権の3分の1以上を有する株主が出席し、その議決権の過半数をもって行う。
（監査役の任期）
第35条　監査役の任期は、選任後4年以内に終了する事業年度のうち最終のものに関する定時株主総会終結の時までとする。
2　補欠として選任された監査役の任期は、退任した監査役の任期の満了する時までとする。
（監査役の報酬等）
第36条　監査役の報酬等は、株主総会の決議によって定める。

第6章　計算

（事業年度）
第37条　当会社の事業年度は、毎年4月1日から翌年3月31日までとする。
（期末配当金）
第38条　当会社は、株主総会の決議によって、毎年3月31日の最終の株主名簿に記載または記録された株主または登録株式質権者に対し、金銭による剰余金の配当（以下、「期末配当金」という）を支払う。
（期末配当金の除斥期間）
第39条　期末配当金が、支払開始の日から満3年を経過しても受領されないときは、当会社はその支払の義務を免れる。
2　未払いの期末配当金には利息を付けない。

（3）公開会社で、株主総会と取締役のほかに、取締役会、監査役、監査役会および会計監査人を置く場合

定款
第1章　総則

（商号）
第1条　当会社は、○○○○株式会社と称し、英文では○○○○CO.,

LTD. と表示する。

（目的）

第 2 条　当会社は、次の事業を営むことを目的とする。

（1）・・・・・・・・・・

（2）・・・・・・・・・

（3）・・・・・・・・

（4）・・・・・・・

（5）・・・・・・・・・・

（6）・・・・・・・

（7）前各号に附帯関連する一切の事業

（本店の所在地）

第 3 条　当会社は、本店を東京都〇〇区に置く。

（機関）

第 4 条　当会社は、株主総会および取締役のほか、次の機関を置く。

（1）取締役会

（2）監査役

（3）監査役会

（4）会計監査人

（公告の方法）

第 5 条　当会社の公告は、日本経済新聞に掲載する方法により行う。

第 2 章　株式

（発行可能株式総数）

第 6 条　当会社の発行可能株式総数は、〇〇〇万株とする。

（自己株式の取得）

第 7 条　当会社は、取締役会の決議により、市場取引等によって自己株式を取得することができる。

（株主名簿管理人）

第 8 条　当会社は、株主名簿管理人を置く。

2　株主名簿管理人およびその事務取扱場所は、取締役会の決議によって

第1章　定款

選定し、公告する。
3　当会社の株主名簿および新株予約権原簿は、株主名簿管理人の事務取扱場所に備え置き、株主名簿および新株予約権原簿への記載または記録、その他株式ならびに新株予約権に関する事務は株主名簿管理人に取扱わせ、当会社においては取扱わない。
（株式取扱規程）
第9条　当会社の株式ならびに新株予約権に関する取扱いおよび手数料は、法令または定款に定めるもののほか、取締役会において定める株式取扱規程による。
（基準日）
第10条　当会社は、毎年3月31日の最終の株主名簿に記載または記録された議決権を有する株主をもって、その事業年度に関する定時株主総会において権利を行使することができる株主とする。
2　前項にかかわらず、必要がある場合は、取締役会の決議により、あらかじめ公告して、一定の日の最終の株主名簿に記載または記録された株主または登録株式質権者をもって、その権利を行使することができる株主または登録株式質権者とすることができる。

第3章　株主総会

（招集）
第11条　定時株主総会は、毎事業年度終了後3ヶ月以内に招集し、臨時株主総会は、必要がある場合に招集する。
（招集権者）
第12条　株主総会は、法令に別段の定めがある場合を除き、取締役会の決議によって、取締役社長が招集する。取締役社長に事故があるときは、あらかじめ取締役会において定めた順序により、他の取締役が招集する。
（議長）
第13条　株主総会においては、取締役社長が議長となる。取締役社長に事故があるときは、あらかじめ取締役会において定めた順序により、他の取締役が議長となる。

（議決権の代理行使）
第14条　株主は、当会社の議決権を有する他の株主1名を代理人として、議決権を行使することができる。
2　前項の場合には、株主または代理人は、株主総会ごとに、代理権を証明する書面を当会社に提出しなければならない。
（決議の方法）
第15条　株主総会の決議は、法令または定款に別段の定めがある場合を除き、出席した議決権を行使することができる株主の議決権の過半数をもって行う。
2　会社法第309条第2項の定めによる決議は、定款に別段の定めがある場合を除き、議決権を行使することができる株主の議決権の3分の1以上を有する株主が出席し、その議決権の3分の2以上をもって行う。
（議事録）
第16条　株主総会における議事の経過の要領およびその結果ならびにその他法令に定める事項は、議事録に記載または記録し、議長および出席した取締役がこれに記名捺印または電子署名する。

第4章　取締役および取締役会

（取締役の員数）
第17条　当会社の取締役は、〇名以内とする。
（取締役の選任）
第18条　取締役は、株主総会において選任する。
2　取締役の選任決議は、議決権を行使することができる株主の議決権の3分の1以上を有する株主が出席し、その議決権の過半数をもって行う。
3　取締役の選任決議は、累積投票によらないものとする。
（取締役の任期）
第19条　取締役の任期は、選任後2年以内に終了する事業年度のうち最終のものに関する定時株主総会終結の時までとする。
2　増員または補欠として選任された取締役の任期は、他の在任取締役の任期の満了すべき時までとする。

第1章　定款

（代表取締役）
第20条　代表取締役は、取締役会の決議によって選定する。
2　代表取締役は、会社を代表し、会社の業務を執行する。
（役付取締役）
第21条　取締役会は、その決議によって、取締役会長、取締役社長各1名、取締役副社長、専務取締役、常務取締役各若干名を選定することができる。
（取締役会の招集権者）
第22条　取締役会は、法令に別段の定めがある場合を除き、取締役社長が招集する。取締役社長に事故があるときは、あらかじめ取締役会において定めた順序により、他の取締役が招集する。
（取締役会の議長）
第23条　取締役会においては、取締役社長が議長となる。取締役社長に事故があるときは、あらかじめ取締役会において定めた順序により、他の取締役が議長となる。
（取締役会の招集通知）
第24条　取締役会の招集通知は、各取締役および各監査役に対し、会日の3日前までに発する。ただし、緊急の場合には、この期間を短縮することができる。
（取締役会の決議の方法）
第25条　取締役の決議は、取締役の過半数が出席し、出席した取締役の過半数をもって行う。
（取締役会の決議の省略）
第26条　当会社は、取締役の全員が取締役会の決議事項について書面または電磁的記録により同意したときは、当該決議事項を可決する旨の取締役会の決議があったものとみなす。ただし、監査役が異議を述べたときはこの限りでない。
（取締役会の議事録）
第27条　取締役会における議事の経過の要領およびその結果ならびにその他法令に定める事項は、議事録に記載または記録し、出席した取締役がこれに記名捺印または電子署名する。

（取締役会規程）
第28条　取締役会に関する事項は、法令または定款に定めるもののほか、取締役会において定める取締役会規程による。
（取締役の報酬等）
第29条　取締役の報酬等は、株主総会の決議によって定める。
（取締役の責任免除）
第30条　当会社は、取締役会の決議によって、取締役（取締役であった者を含む）の会社法第423条第1項の賠償責任について、法令に定める要件に該当する場合には、賠償責任額から法令に定める最低責任限度額を控除して得た額を限度として免除することができる。
2　当会社は、社外取締役との間で、会社法第423条第1項の賠償責任について、法令に定める要件に該当する場合には、賠償責任を限定する契約を締結することができる。ただし、当該契約に基づく賠償責任の限度額は、金〇〇万円以上であらかじめ定めた額と法令に定める最低責任限度額とのいずれか高い額とする。

第5章　監査役および監査役会

（監査役の員数）
第31条　当会社の監査役は、〇名以内とする。
（監査役の選任）
第32条　監査役は、株主総会において選任する。
2　監査役の選任決議は、議決権を行使することができる株主の議決権の3分の1以上を有する株主が出席し、その議決権の過半数をもって行う。
（監査役の任期）
第33条　監査役の任期は、選任後4年以内に終了する事業年度のうち最終のものに関する定時株主総会終結の時までとする。
2　補欠として選任された監査役の任期は、退任した監査役の任期の満了する時までとする。
（常勤監査役）
第34条　監査役会は、監査役の中から常勤の監査役を選定する。

第1章　定款

（監査役会の招集通知）
第35条　監査役会の招集通知は、各監査役に対し、会日の3日前までに発する。ただし、緊急の場合には、この期間を短縮することができる。
（監査役会の決議の方法）
第36条　監査役会の決議は、法令に別段の定めがある場合を除き、監査役の過半数をもって行う。
（監査役会の議事録）
第37条　監査役会における議事の経過の要領およびその結果ならびにその他法令に定める事項は、議事録に記載または記録し、出席した監査役がこれに記名捺印または電子署名する。
（監査役会規程）
第38条　監査役会に関する事項は、法令または定款に定めるもののほか、監査役会において定める監査役会規程による。
（監査役の報酬等）
第39条　監査役の報酬等は、株主総会の決議によって定める。
（監査役の責任免除）
第40条　当会社は、取締役会の決議によって、監査役（監査役であった者を含む）の会社法第423条第1項の賠償責任について、法令に定める要件に該当する場合には、賠償責任額から法令に定める最低責任限度額を控除して得た額を限度として免除することができる。
2　当会社は、社外監査役との間で、会社法第423条第1項の賠償責任について、法令に定める要件に該当する場合には、賠償責任を限定する契約を締結することができる。ただし、当該契約に基づく賠償責任の限度額は、金○○万円以上であらかじめ定めた額と法令に定める最低責任限度額とのいずれか高い額とする。

第6章　会計監査人

（会計監査人の選任）
第41条　会計監査人は、株主総会において選任する。
（会計監査人の任期）

第42条　会計監査人の任期は、選任後1年以内に終了する事業年度のうち最終のものに関する定時株主総会終結の時までとする。

2　前項の定時株主総会において別段の決議がされなかったときは、会計監査人は、その定時株主総会において再任されたものとみなす。

（会計監査人の報酬等）

第43条　会計監査人の報酬等は、代表取締役が監査役会の同意を得て定める。

（会計監査人の責任免除）

第44条　当会社は、会計監査人との間で、会社法第423条第1項の賠償責任について、法令に定める要件に該当する場合には、賠償責任を限定する契約を締結することができる。ただし、当該契約に基づく賠償責任の限度額は、金〇〇万円以上であらかじめ定めた額と法令に定める最低責任限度額とのいずれか高い額とする。

第7章　計算

（事業年度）

第45条　当会社の事業年度は、毎年4月1日から翌年3月31日までとする。

（期末配当金）

第46条　当会社は、株主総会の決議によって、毎年3月31日の最終の株主名簿に記載または記録された株主または登録株式質権者に対し、金銭による剰余金の配当（以下、「期末配当金」という）を支払う。

（中間配当金）

第47条　当会社は、取締役会の決議によって、毎年9月30日の最終の株主名簿に記載または記録された株主または登録株式質権者に対し、会社法第454条第5項に定める剰余金の配当（以下、「中間配当金」という）をすることができる。

（期末配当金等の除斥期間）

第48条　期末配当金および中間配当金が、支払開始の日から満3年を経過しても受領されないときは、当会社はその支払の義務を免れる。

2　未払いの期末配当金および中間配当金には利息を付けない。

第 2 章　株主総会

第 1 節　株主総会開催規程

第 2 節　議決権行使規程

第 3 節　株主総会規程

第 4 節　株主提案対策規程

第 5 節　メール投票規程

第2章　株主総会

第1節　株主総会開催規程

1　規程の趣旨

　株式会社の実質的な所有者は、株主である。株主総会は、その株主によって構成され、会社の意思を決定する機関である。会社にとって最も重要なイベントといえる。
　会社法は、経営の自由度を高めるという観点から、株式会社の機関設計について会社の自主性・主体性を尊重する柔軟な立場をとっているが、株主総会については、すべての会社に設置を義務づけている。
　会社は、株主総会の開催について、会社法の規定を踏まえ、合理的なルールを定めることが望ましい。

2　規程の内容

(1) 開催時期
　定時株主総会は、毎事業年度終了後3ヶ月以内に開催する。
(2) 決議事項
　株主総会を招集するときは、取締役会において、次の事項を決議する。
　①　株主総会の日時および場所
　②　株主総会の目的
　③　株主総会に出席しない株主が書面によって議決権を行使することができる旨
　④　その他必要事項
(3) 開催日・開催地・開催会場の決定基準
　「株主の利便性」という観点から、開催日、開催地および開催場所の決定基準を定める。

〈開催日、開催地および開催場所の決定基準〉

開催日の決定基準	開催地の決定基準	開催場所の決定基準
① 計算書類の作成とその監査に要する期間 ② 前事業年度の株主総会の開催日 ③ 他社の株主総会の開催日 ④ その他必要事項	① 株主の分布状況 ② 交通の便 ③ 集会施設の状況 ④ その他必要事項	① 出席者数 ② 交通の便 ③ 集会施設の状況（設備、スペース、利用料金等） ④ その他必要事項

(4) 招集通知

株主総会の日の2週間前（非公開会社の場合は、1週間前）までに株主に対して書面で通知する。

3 モデル規程

株主総会開催規程

（総則）

第1条 この規程は、定時株主総会（以下、単に「総会」という）の開催について定める。

2 総会の開催についてこの規程に定めのない事項は、会社法または定款の定めによる。

（所管）

第2条 総会の開催に関する業務は総務部の所管とし、その責任者は総務部長とする。

（開催時期）

第3条 総会は、毎事業年度終了後3ヶ月以内に開催する。

（招集者）

第4条 総会は、定款の定めにより、代表取締役が招集する。

（決議事項）

第5条 総会を招集するときは、取締役会において、次の事項を決議する。

(1) 総会の日時および場所

第 2 章　株主総会

　（2）総会の目的
　（3）総会に出席しない株主が書面によって議決権を行使することができる旨
　（4）その他必要事項

（開催日の決定基準）
第 6 条　総会の開催日は、次の事項を総合的に勘案して決定する。
　（1）計算書類の作成とその監査に要する期間
　（2）前事業年度の株主総会の開催日
　（3）他社の株主総会の開催日
　（4）その他必要事項

（開催地の決定基準）
第 7 条　総会の開催地は、次の事項を総合的に勘案して決定する。
　（1）株主の分布状況
　（2）交通の便
　（3）集会施設の状況
　（4）その他必要事項

（開催会場の決定基準）
第 8 条　総会の開催会場は、次の事項を総合的に勘案して決定する。
　（1）出席者数
　（2）交通の便
　（3）集会施設の状況（設備、スペース、利用料金等）
　（4）その他必要事項

（招集通知）
第 9 条　会社は、総会の日の 2 週間前までに株主に対して書面で通知する。
2　招集通知には、次のものを添付する。
　（1）総会参考資料
　（2）議決権行使書面

（ホームページへの掲載）
第10条　会社は、総会の開催日時等を決定したときは、ホームページに掲載する。

（付則）

この規程は、　　年　月　日から施行する。

第2章 株主総会

第2節 議決権行使規程

1 規程の趣旨

　会社法は、「株主は、①剰余金の配当を受ける権利、②残余財産の分配を受ける権利、③株主総会における議決権、④その他この法律の規定により認められた権利を有する」（第105条第1項）と規定している。議決権の行使は、配当を受ける権利と並んで、株主の重要な権利である。
　会社は、会社法の規定を踏まえ、議決権の行使について、合理的な取扱基準を定めることが望ましい。

2 規程の内容

（1）1株1議決権の原則
　株主は、原則として、その有する株式1株につき1個の議決権を有することを明記する。

（2）議決権の不統一行使
　会社法は、「株主は、議決権の不統一行使をしようとするときは、株主総会の日の3日前までに、議決権を統一しないで行使する旨およびその理由を通知しなければならない」（第313条第2項）と定めている。

（3）議決権の代理行使
　会社法は、「株主は、代理人によってその議決権を行使することができる。この場合には、株主または代理人は、株主総会ごとに、代理権を証明する書面を会社に提出しなければならない」（第310条第1項、第2項）と定めている。
　なお、総会の秩序を維持するため、代理人について、「株主でなければならない」、「その数は1名とする」という条件を設ける。

（4）書面による議決権の行使
　書面による議決権行使の期限は、「株主総会の日時の直前の営業時間の終了時」とされている（会社法施行規則第69条）。

3 モデル規程

議決権行使規程

（総則）
第1条 この規程は、株主総会における株主の議決権の行使について定める。
2 議決権の行使についてこの規程に定めのない事項は、会社法または定款の定めによる。
（1株1議決権の原則）
第2条 株主は、原則として、その有する株式1株につき1個の議決権を有する。ただし、次の株式は、議決権を行使することができない。
　（1）自己株式
　（2）子会社が有する株式
2 議決権制限株式は、一定の事項について議決権を行使することができない。
（議決権の不統一行使）
第3条 株主は、2個以上の議決権を有する場合には、その有する議決権を統一しないで行使することができる。
2 株主は、議決権の不統一行使をしようとするときは、株主総会の日の3日前までに、会社に次の事項を通知しなければならない。
　（1）議決権を統一しないで行使する旨
　（2）議決権を統一しないで行使する理由
（議決権の代理行使）
第4条 株主は、その有する議決権を代理人によって行使することができる。
2 代理人は、株主でなければならない。
3 株主または代理人は、代理権を証明する書面を会社に提出しなければならない。
4 議決権の授与は、株主総会ごとにしなければならない。
（書面による議決権の行使）

第2章　株主総会

第5条　株主総会に出席しない株主は、書面によって議決権を行使することができる。
2　書面による議決権行使の期限は、株主総会の日時の直前の営業時間終了時とする。
3　書面による議決権の行使において、議案に賛否の表示がない場合には、賛成の表示があったものとして取り扱う。
（付則）
この規程は、　　年　月　日から施行する。

第3節　株主総会規程

1　規程の趣旨

　株主総会は、会社の最高の意思決定機関であるから整然と行われることが必要である。株主と経営陣、あるいは株主同士の間で、経営方針をめぐって建設的な議論が激しく行われるのは結構なことであるが、議事が混乱したり、不規則発言が繰り返されたりするのは感心しない。整然さが欠けると、会社の社会的信用が低下したり、株主に不信感を与えたりする。

　このため、総会が整然と開催されるよう、その議事の進行等について合理的な基準を定めておくことが望ましい。

2　規程の内容

（1）出席者の資格
　株主総会に出席できる者の資格を明確にする。

（2）議長
　議長の選出について定める。社長または会長が議長を務めるのが適当であろう。

（3）開会
　開会の方法について定める。

（4）議事の進行
　議事の順序、議案の上程、株主の発言、動議の取扱い、質問への答弁など、議事の進行について、合理的なルールを定める。

（5）採決
　採決の時期、方法などについて定める。

（6）閉会
　閉会、散会について定める。

第2章　株主総会

3　モデル規程

株主総会規程
第1章　総則

（目的）

第1条　この規程は、株主総会（以下、「総会」という）の議事の円滑な運営を図ることを目的として、その議事の方法を定める。

（出席資格者）

第2条　総会に出席することができる者は、次のとおりとする。

（1）株主

（2）役員

（3）法律顧問

（4）株式事務担当者その他会社が認めた者

2　議長は、総会に出席する株主について、その資格に疑いがあるときは、必要な調査を行うことができる。

（株主の入場）

第3条　株主は、開会前に会場に入場するものとする。ただし、開会後においても、会場に入場し、その後の議事に参加することを妨げない。

2　株主は、入場に際し、議決権行使書用紙を会場受付に提出しなければならない。

3　株主は、会場に危険物を持ち込んではならない。

（代理人の入場）

第4条　代理人は、入場に際して、代理権を証明する書面（委任状）を会社に提出しなければならない。

第2章　議長

（議長）

第5条　議長は、取締役社長がこれを務める。

2　取締役社長に事故あるときは、あらかじめ取締役会が定めた順序に従い、他の取締役がこれに当たる。

（議長不信任の動議）

第6条 株主は、前条の規定にかかわらず、いつでも議長不信任の動議を提出することができる。

2 議長不信任の動議が可決されたときは、直ちに新議長を選出するものとする。

第3章　開会

（開会の宣言）

第7条 議長は、開会予定時刻が到来したときは、株主の出席状況を確認し、開会を宣言する。

2 議長は、前項の規定にかかわらず、次の場合には、開会時刻を繰り下げることができる。
（1）株主の出席が定足数を満たしていないとき
（2）役員が出席していないとき
（3）会場の整備が十分でないとき
（4）その他総会を開催することについて重大な支障があると認められるとき

3 議長は、前項の場合において、その事情がなくなったとき、または相当の時間が経過したときは、開会を宣言しなければならない。

（議事進行上のルールの説明）

第8条 議長は、開会の宣言をした後、議事に入る前に、出席者に対し、議事の進行・整理については議長の指示に従うように求める。

（出席状況の報告）

第9条 議長は、議事に入る前に、出席者に対し、株主の出席状況を報告しなければならない。

2 前項の報告は、株式事務担当者に行わせることができる。

第4章　議事

（議事の順序）

第10条 総会の議事は、議事進行に関する事項を除いて、招集通知に記載

された議事日程の順序に従うものとする。ただし、総会で承認されたときは、数個の議案を一括して審議することができる。

（議事進行に関する動議）

第11条 議事進行に関して動議が提出されたときは、その動議を他の議案に先立って審議・採決するものとする。

（議案の上程）

第12条 議長は、議案を上程するときは、その旨を宣言した後、その趣旨を自ら説明し、または他の取締役をして説明させる。ただし、その必要がないと認めるときは、この限りでない。

（株主の発言）

第13条 株主は、発言するときは、挙手し、議長の許可を得た後に、その席または議長の指定した場所において行うものとする。

2 議長は、2人以上の者が挙手して発言を求めたときは、先に挙手したと認められる者から発言させるものとする。ただし、議事進行に関する動議提出のための発言をする者がいるときは、これを優先させる。

3 議長は、1つの議案について2人以上の者から発言の申出があったときは、1人の発言時間を合理的な範囲内において制限することができる。

4 発言する株主は、自分の名前を名乗らなければならない。

（発言内容等）

第14条 株主の発言は、付議された議案に関係するものでなければならない。

2 発言は、簡明に行わなければならない。

3 議案に対する株主の発言は、その議案が上程された後でなければ行うことができない。

（発言違反に対する措置）

第15条 議長は、株主の発言が前条に違反するときは、必要な注意を与え、またはその発言を中止させることができる。

（議事進行の動議）

第16条 株主は、いつでも議事進行に関する動議を提出することができる。

2 株主は、前項の動議を提出するときは、議長にその旨を告げなければ

ならない。

（修正動議）

第17条　株主は、会社の原案に対する修正動議を提出することができる。

2　修正動議が提出されたときは、修正動議についても審議する。

（説明義務）

第18条　議長は、株主から特定の事項について説明を求められた場合には、自ら説明し、または他の者に説明させる。

2　前項の規定にかかわらず、次の場合には、説明を拒絶することができる。

（1）その事項が株主総会の目的である事項に関しないものである場合

（2）その説明をすることにより、株主の共同の利益を著しく害する場合

（3）その他正当な理由がある場合

（審議打切りの動議）

第19条　株主は、付議された議案について質疑または討論が続出して容易には終結しないと判断されるときは、審議を打ち切り直ちに採決すべき旨の動議を提出することができる。

（休憩）

第20条　議長は、議事の進行上適当であると認めるときは、休憩を宣言することができる。

（不穏当な言動への措置）

第21条　議長は、不穏当な言動によって議事の進行を妨げる者が出たときは、その者の言動を制止することができる。

2　議長は、前項の場合において、その者が議長の制止に従わないときは、その者に対し、退場を命令することができる。

第5章　採決

（採決の時期）

第22条　議長は、付議された議案について審議が終了したとき、または審議打切りの動議が可決されたときは、直ちにその採決を行う。

第2章　株主総会

（採決の方法）

第23条　議案の採決は、各議案ごとに行う。ただし、一括して審議した議案は、一括して採決することができる。

（採決結果の宣言）

第24条　議長は、採決が行われたときは、直ちにその結果を宣言する。

（修正動議が出された場合）

第25条　議長は、原案に対して修正動議が提出された場合には、原案を先に採決することについて、総会に諮り、その承認を得る。

2　原案が可決されたときは、修正動議は否決されたものとして扱う。

3　採決に当たり、提出済みの議決権行使書は、次のように扱う。

（1）原案に賛成の議決権行使書は、修正動議には反対として扱う。

（2）原案に反対の議決権行使書は、修正動議には棄権として扱う。

第6章　閉会

（閉会）

第26条　議長は、次の場合には、閉会を宣言する。

（1）議事日程において予定されていた議案のすべての審議を終了したとき

（2）次項の決議が有効に行われたとき

2　総会は、閉会、延会または継続会の決議を行うことができる。

（散会）

第27条　議長が閉会を宣言したときは、総会は直ちに散会するものとする。

2　株主は、総会が散会したときは、直ちに会場から退場しなければならない。

（付則）

この規程は、　　年　月　日から施行する。

第4節　株主提案対策規程

1　規程の趣旨

　株主から、「○○氏を取締役に選任すること」「配当を1株○○円にすること」「取締役個人ごとの報酬額を開示すること」などの提案を株主総会の議題とするよう請求されることがある。

　会社法は、株主提案権について、「取締役会設置会社においては、総株主の議決権の100分の1以上の議決権または300個以上の議決権を6ヶ月前から引き続き有する株主に限り、取締役に対し、一定の事項を株主総会の目的とすることを請求することができる。この場合において、その請求は、株主総会の8週間前までにしなければならない」（第303条第2項）と規定している。

　株主提案権の趣旨は、「株主総会に株主の意思がよりよく反映されるようにして、株主の株式総会への参加意欲を高めること」にあるといわれる。

　株主総会を取り仕切る立場にある役員の側からすると、株主提案権の行使は、不本意であろう。しかし、株主提案権は会社法で認められている権利であるから、これを拒否することは許されない。

　株主提案権が行使されたときは、法律の定めるところにより、粛々と対処しなければならない。

2　規程の内容

（1）株主提案権の権利行使要件の審査

　株主提案権が行使されたときは、次の3つの要件を審査する。要件を満たしているときは、これを受理し、満たしていないときは、これを受理しない。

　① 議決権行使比率（総株主の議決権の1％以上または300個以上の議決権を有すること）
　② 株式継続保有期間（6ヶ月以上継続して保有していること）

③ 行使期限（株主総会の日の8週間前までであること）
(2) **適法性の判断**
　株主の提案を受理したときは、その内容の適法性を判断する。内容が適法であると判断したときは、その提案を株主総会の審議の対象とする。
(3) **株主総会参考資料への記載**
　株主の提案を株主総会に諮ることを決定したときは、株主総会参考資料に、その議案の内容と趣旨およびその議案に対する取締役会の意見などを記載する。
(4) **株主総会における審議**
　議長は、株主提案の内容を株主総会において議題または議案として取り上げ、審議する。提案した株主から「説明をしたい」という申出があったときは、その機会を与える。必要であると認めるときは、株主の提案に対する会社の意見を説明し、株主の理解を求める。

3　モデル規程

株主提案対策規程

（総則）
第1条　この規程は、株主提案対策について定める。
2　株主提案についてこの規程に定めのない事項は、会社法または定款の定めによる。
（株主提案権の権利行使要件の審査）
第2条　会社は、株主提案権が行使されたときは、次の3つの要件を審査する。
　（1）議決権行使比率（総株主の議決権の1％以上または300個以上の議決権を有すること）
　（2）株式継続保有期間（6ヶ月以上継続して保有していること）
　（3）行使期限（株主総会の日の8週間前までであること）
（受理・不受理）
第3条　会社は、株主提案権が権利行使要件を満たしているときは、これを受理し、満たしていないときは、これを受理しない。

2 受理したときは、受理した旨を、受理しないときは、受理しない旨を、それぞれ提案者に通知する。

（適法性の判断）

第4条 会社は、株主の提案を受理したときは、その内容の適法性を判断する。

2 提案の内容が、次のいずれかに該当するものは、株主総会の審議の対象としない。
（1）法令に違反するもの
（2）定款に違反するもの
（3）過去3年以内に提出され、議決権の10分の1以上の賛成が得られなかったもの

3 提案の内容が不適法であるために、その提案を株主総会の審議の対象とはしないことにしたときは、その旨を提案者に通知する。

4 提案の内容の適法性を判断するに当たっては、必要に応じて、弁護士の意見を求める。

（株主総会参考資料への記載）

第5条 会社は、株主の提案を株主総会に諮ることを決定したときは、次の事項を株主総会参考資料に記載する。
（1）議案が株主から提出された旨
（2）提案した株主が保有する議決権数
（3）議案の内容および趣旨
（4）議案が取締役または監査役の選任に関するものであるときは、候補者の略歴等
（5）議案に対する取締役会の意見

2 議案の内容および趣旨については、字数を制限したうえで、提案した株主に原稿を作成してもらう。

（株主総会における審議）

第6条 議長は、株主提案の内容を株主総会において議題または議案として取り上げ、これを株主総会に諮るものとする。

（提案説明の機会の付与）

第2章　株主総会

第7条　議長は、提案をした株主から説明の申出があったときは、その機会を与える。

（会社の意見の説明）

第8条　会社は、必要であると認めるときは、株主提案に対する会社の意見を説明し、株主の理解を求める。

（株主提案が可決されたとき）

第9条　会社は、株主提案が適正に可決されたときは、提案内容を実施する。

（付則）

この規程は、　　年　月　日から施行する。

第5節　メール投票規程

1　規程の趣旨

　パソコンや携帯電話が広く普及し、メールが日常的な通信手段として活用されている。このような時代の流れを受けて、会社法は、「取締役（会）は、株主総会に出席しない株主に対し、電磁的方法による議決権行使を認めることができる」旨、定めている（第298条第1項第4号）。
　メールによる投票制度は、書面投票制度のように、議決権を有する株主が1,000人以上であっても強制されているわけではない。しかし、メールが日常的な通信手段となっている現状に配慮し、前向きに取り組むべきであろう。

2　規程の内容

（1）招集通知への記載
　会社法は、メール投票制度を実施するときは、株主総会の招集通知にその旨を記載または記録しなければならないと定めている（第299条第4項）。
（2）ログインID・パスワード
　メールで議決権の行使を行う株主のために、議決権行使書面に、株主名簿管理人が提供するインターネットWEBサイトに入るためのログインIDと（仮）パスワードを記載する。
（3）メールによる議決権行使の期限
　メールによる議決権の行使は、株主総会の日時の直前の営業時間の終了時までに行わなければならないものとする。
（4）議決権の重複行使の取扱い
　議決権の行使が、書面とメールの双方により重複して行われた場合には、メールによる議決権行使の内容を有効として取扱う。
　また、メールにより複数回にわたって議決権の行使が行われた場合には、最後に行使された内容を有効として取扱う。

第2章　株主総会

3　モデル規程

メール投票規程

（総則）
第1条　この規程は、メールによる議決権の行使について定める。
2　メールによる議決権の行使についてこの規程に定めのない事項は、会社法または定款の定めによる。
（メール投票）
第2条　会社は、株主総会に出席しない株主がメールによって議決権を行使することを認める。
2　会社は、株主総会の招集通知に、株主がメールによって議決権を行使できる旨を記載または記録する。
（ログインID・パスワード）
第3条　会社は、メールで議決権の行使を行う株主のために、議決権行使書面に、株主名簿管理人が提供するインターネットWEBサイトに入るためのログインIDと（仮）パスワードを記載する。
（招集通知等の送信）
第4条　会社は、メールによって招集通知を受けることを承諾した株主に対しては、次のものもメールで送信する。
（1）株主総会参考資料に記載すべき事項
（2）議決権行使書面に記載すべき事項
2　メールによって招集通知を受けることを承諾しなかった株主についても、株主総会の会日の1週間前までに請求があったときは、次のものをメールで送信する。
（1）株主総会参考資料に記載すべき事項
（2）議決権行使書面に記載すべき事項
（メールによる議決権の行使）
第5条　メールによって議決権を行使する株主は、株主総会の日時の直前の営業時間終了時までにその権利を行使しなければならない。
2　メールによって行使された議決権の数は、出席した株主の議決権の数

に算入する。

（議決権の重複行使の取扱い）

第6条 議決権の行使が、書面とメールの双方により重複して行われた場合には、メールによる議決権行使の内容を有効として取扱う。

2　メールにより複数回にわたって議決権の行使が行われた場合には、最後に行使された内容を有効として取扱う。

（付則）

この規程は、　　年　月　日から施行する。

第3章　IR
（株主対策）

第1節　IR規程

第2節　IRサイト運用規程

第3節　メール配信サービス規程

第4節　海外IR規程

第5節　株主判明調査規程

第6節　株主名簿請求対策規程

第7節　株価・株主モニタリング規程

第8節　株主代表訴訟対策規程

第3章　IR（株主対策）

第1節　IR規程

1　規程の趣旨

　会社が株主・投資家に対して投資判断に必要な経営情報を提供する活動を「IR」（インベスター・リレーションズ）という。
　IRは、効率的・効果的に行われなければならない。このため、合理的なIR取扱基準を定めることが望ましい。
〈IRの効果〉

> ・株主・投資家との間において良好的な関係を構築・維持できる
> ・会社および会社の事業内容についての理解を促進できる
> ・会社の認知度・知名度を高められる
> ・適正な株価を形成できる

2　規程の内容

（1）IRの所管部門
　IRを組織的・計画的に行うため、その所管部門を定める。一般的には、企画部、広報部または総務部の所管とするのが適切であろう。

（2）IR実施上の留意事項
　IRの実施上の留意事項を明記する。
〈IR実施上の留意事項〉

> ①　経営方針・経営計画
> ②　株主の構成
> ③　業界の特性・動向
> ④　国内外の投資家の動向
> ⑤　法令
> ⑥　証券取引所の規則

（3）IRの方法

　IRの方法を定める。

〈IRの一般的方法〉

> ① 株主総会の開催
> ② 決算（年度決算、中間決算、四半期決算）説明会の開催
> ③ 経営方針・事業戦略説明会の開催
> ④ アニュアルレポートの発行
> ⑤ ホームページにおけるIRサイトの運用
> ⑥ 主要株主・機関投資家などの訪問
> ⑦ アナリストの取材対応
> ⑧ ニュースリリースの発信
> ⑨ 工場見学会の開催
> ⑩ 株主からの問い合わせ、資料請求などへの対応

（4）IR計画

　IRを計画的に行うため、毎年度IR計画を作成するのがよい。IR計画には、次の事項を盛り込むものとする。

　① IRの具体的方法
　② IRの方法ごとの実施月
　③ IRの方法ごとの経費

（5）IR年間カレンダーの公表

　IR計画を作成したときは、IRサイトにおいて、「IR年間カレンダー」を公表する。

3　モデル規程

IR規程

（総則）

第1条　この規程は、IRの取扱いについて定める。

（IRの目的）

第2条　IRは、次の目的で行う。

　（1）株主・投資家との間において良好的な関係を構築・維持すること
　（2）会社および会社の事業内容についての理解を促進すること

第3章　IR（株主対策）

（3）適正な株価を形成すること

（IR所管部門）

第3条　IRの所管は企画部（IR課）とし、その責任者は企画部長とする。

（IR実施上の留意事項）

第4条　企画部長は、次の事項に十分留意してIR活動を行わなければならない。

　（1）経営方針・経営計画

　（2）株主の構成

　（3）業界の特性・動向

　（4）国内外の投資家の動向

　（5）法令

　（6）証券取引所の規則

　（7）その他必要事項

（IRの方法）

第5条　IRは、次の方法で行う。

　（1）株主総会の開催

　（2）決算（年度決算、中間決算、四半期決算）説明会の開催

　（3）経営方針・事業戦略説明会の開催

　（4）アニュアルレポートの発行

　（5）ホームページにおけるIRサイトの運用

　（6）主要株主・機関投資家等の訪問

　（7）アナリストの取材対応

　（8）ニュースリリースの発信

　（9）工場見学会の開催

　（10）株主からの問い合わせ、資料請求等への対応

　（11）その他

（IR計画）

第6条　企画部長は、毎年度、経営方針・経営計画を踏まえてIR計画を作成し、社長の承認を得なければならない。

2　IR計画には、次の事項を記載しなければならない。

（1） IRの具体的方法
   （2） IRの方法ごとの実施月
   （3） IRの方法ごとの経費
   （4） その他必要事項
3　IR計画は、関係部門の長とよく協議して作成しなければならない。
4　企画部長は、経営環境等が変化したときは、IR計画の変更を申し出ることができる。
（IR年間カレンダーの公表）
第7条　企画部長は、IR計画が社長から承認されたときは、IRサイトにおいて、IR年間カレンダーを公表する。
（IR経費の有効活用）
第8条　企画部長は、IR経費を有効に活用しなければならない。
（IR報告書）
第9条　企画部長は、事業年度が終了したときは、IR報告書を作成し、これを社長に提出しなければならない。
2　IR報告書には、次の事項を記載しなければならない。
   （1） 実施したIRの方法
   （2） IRの方法ごとの実施月
   （3） IRの方法ごとの経費
   （4） その他必要事項
（IRへの協力義務）
第10条　各部門の長は、経営におけるIRの重要性をよく理解し、企画部長が行うIRに協力しなければならない。
（IRの禁止事項）
第11条　企画部長は、IRについて、次に掲げることをしてはならない。
   （1） 虚偽の経営情報を提供すること
   （2） 経営情報について、株主・投資家に誤解を与える表現をすること
   （3） 取締役会で決議されていない事項を決議されていると伝えること
   （4） 経営情報の提供について、特定の株主・投資家を優遇すること
   （5） 経営情報の提供の見返りに、相手から金品の提供を受けること

第 3 章　IR（株主対策）

（6）IR経費をIR以外のものに支出すること。IR経費以外の経費をIRに支出すること

（7）個人的な意見、評価、見通し等を会社のものとして述べること

（8）会社の意見、評価、見通し等を個人のものとして述べること

（IRの見直し）

第12条　企画部長は、随時、IRの方法、内容および実施時期等の見直しを行わなければならない。

2　見直しは、次のものを踏まえて行うものとする。

（1）他社のIR

（2）株主・投資家の希望

（3）会社の業績

（4）その他必要事項

（付則）

　この規程は、　　年　月　日から施行する。

(様式) IR計画書

　　　　　　　　　　　　　　　　　　　　　　　　　　年　月　日
取締役社長殿
　　　　　　　　　　　　　　　　　　　　　　　　　　企画部長

IR計画書（　　年度）

	方法	実施月	経費	備考
1	株主総会			
2	決算説明会			
3	経営方針・事業戦略説明会			
4	アニュアルレポート			
5	IRサイトの運用			
6	主要株主・機関投資家の訪問			
7	アナリストの取材対応			
8	ニュースリリースの発信			
9	工場見学会			
10	株主の問い合わせ等への対応			
11	その他（　　　）			

　　　　　　　　　　　　　　　　　　　　　　　　　　　　　　以上

第2節　IRサイト運用規程

1　規程の趣旨

　インターネットが広く普及していることを反映して、多くの会社がホームページにIRサイトを開いている。
　IRサイトは、会社にとって、「株主・投資家に最新の経営情報を提供できる」、「安いコストでIRができる」などのメリットがある。株主・投資家にとっても、「自分の好きなときに経営情報を入手できる」というメリットがある。
　このようなメリットがあるからこそIRサイトを開設する会社が多いのであるが、運用をめぐって利用者との間でトラブルが生じる可能性がある。例えば、「予告なしに内容が変更された」、「機能の安全性についての保証がまったくなく、不親切だ」、「運用が突然停止されたため、経営情報の入手が困難となり、株式取引において損害を被った」などの苦情を受ける。
　会社は、IRサイトの運用基準を明確にしておくことが望ましい。

2　規程の内容

（1）IRサイトの掲載事項
　IRサイトの掲載事項をリストアップする。
〈IRサイトの掲載事項〉

---
① 企業情報（社長挨拶、会社概要、組織図、会社沿革および定款など）
② 財務データ（決算短信、決算補足資料および有価証券報告書など）
③ IRカレンダー
④ 株式情報（発行済株式数、主要株主、決算期など）
⑤ 株価情報（株価、出来高数など）
⑥ 株式手続きの案内
⑦ ニュースリリース
⑧ ディスクロージャーポリシー
---

⑨　免責事項

(2) 会社の免責事項

IRサイトに関して株主・投資家との間でトラブルが生じないようにするため、会社の免責事項を明記するのがよい。会社の免責事項としては、一般的に、次のようなものが考えられる。

① 会社は、IRサイトに掲載されている内容について保証をしないこと
② IRサイトの掲載内容は、予告なしに変更または削除される場合があること
③ 会社は、IRサイトの機能および安全性に関していかなる保証もしないこと
④ 会社は、掲載内容の誤り、変更もしくは削除、サイト上での問題の発生、サイトの運営停止または中止などによって利用者に損害が生じても、いっさい責任を負わないこと
⑤ 会社は、IRサイトの利用者が株式投資において被った損害について、いっさい責任を負わないこと

3　モデル規程

IRサイト運用規程

（総則）
第1条　この規程は、IRサイトの運用基準について定める。
（所管部門）
第2条　IRサイトの管理・運用は企画部（IR課）の所管とし、その責任者は企画部長とする。
2　企画部長は、IRサイトの適正な管理・運用に努めなければならない。
（各部門長の協力義務）
第3条　各部門の長は、IRサイトの運用について企画部長に協力しなければならない。
（IRサイトの掲載事項）
第4条　IRサイトの掲載事項は、次のとおりとする。

第3章 IR（株主対策）

（1）企業情報（①社長挨拶、②経営理念、③会社概要、④組織図、⑤会社沿革、⑥定款、⑦その他）
（2）財務データ（①決算短信、②決算補足資料、③有価証券報告書、④その他）
（3）IRカレンダー
（4）株式情報（①発行済株式数、②主要株主、③決算期、④定時株主総会、⑤その他）
（5）株価情報（①株価、②株価収益率、③出来高数、④その他）
（6）株式手続きの案内（①株式代行機関、②名義書換手続き、③その他）
（7）ニュースリリース
（8）ディスクロージャーポリシー
（9）免責事項

（会社の免責事項）
第5条　IRサイトに関する会社の免責事項は次のとおりとし、IRサイト上に掲載する。
（1）会社は、IRサイトに掲載されている内容について、いかなる保証もしないこと
（2）IRサイトの掲載内容は、予告なしに変更または削除される場合があること
（3）会社は、IRサイトの機能および安全性に関して、いかなる保証もしないこと
（4）会社は、掲載内容の誤り、変更もしくは削除、サイト上での問題の発生、サイトの運営停止または中止等によって利用者に損害が生じても、いっさい責任を負わないこと
（5）会社は、IRサイトの利用者が株式投資において被った損害について、いっさい責任を負わないこと

（TDnet開示情報との関係）
第6条　企画部長は、証券取引所が定める適時開示規則に基づいてTDnetで公開した情報は、できる限り速やかにIRサイトに掲載するようにし

なければならない。
(付則)
　この規程は、　　年　月　日から施行する。

第3節　メール配信サービス規程

1　規程の趣旨

　電子メールは、「時間や場所に制約されることなく、相手に情報を伝達できる」、「テキストデータのみならず、画像や音声データも添付ファイルとして送信できる」、「同じ内容の情報を同時に多数の相手に送れる」など、さまざまなメリットがある。
　このため、IRにおいても、いわゆるメール配信サービスとして活用されている。株主・投資家のほとんどはパソコンを所有し、日常的に使用していると思われる。したがって、メール配信サービスは、IRの有効なツールといえる。
　しかし、その一方で、配信する情報の内容や個人情報の取扱いなどをめぐって、登録者との間においてトラブルが生じる可能性もある。
　株主・投資家に対してメール配信サービスを実施するときは、その取扱基準を明確にしておくことが望ましい。

2　規程の内容

（1）実施主体

　メール配信サービスについては、
・自社で実施する
・子会社に代行させる
・専門業者に委託する
などがある。
　自社で実施する場合には、その所管部門を定めるとともに、所管部門に対し、メール配信サービスの適正な管理・運用に努めることを求める。

（2）メール配信サービスの範囲

　メール配信サービスの範囲を定める。例えば、会社のIRサイトに掲載された情報のうち、ニュースリリースおよび新しいIR情報などとする。

(3) 登録の受付

随時登録を受け付ける。なお、未成年者については、保護者の同意がなければ登録を受け付けないものとするのが適切であろう。

(4) 登録に当たっての同意事項

配信サービスの利用について、登録者との間でトラブルが生じないようにするため、登録に当たって、一定の事項について同意を求めるのがよい。

〈登録に当たっての同意事項〉

> ① サービスの内容については、会社の都合により、登録者へ通知することなく、変更または中止することがあること
> ② 登録アドレスが認識できないなどの理由でメールが未達となった場合には、会社の判断で登録を削除することがあること
> ③ サービスが正常に利用できないことにより登録者に発生する不利益について、会社はいっさいの責任を負わないこと
> ④ 登録者の個人情報の取扱いについては、会社の「個人情報保護指針」の定めによること

3 モデル規程

メール配信サービス規程

（総則）

第1条 この規程は、メール配信サービスについて定める。

（所管）

第2条 メール配信サービスは企画部（IR課）の所管とし、その責任者は企画部長とする。

2 企画部長は、メール配信サービスの適正な管理・運用に努めなければならない。

（メール配信サービスの範囲）

第3条 メール配信サービスの範囲は、会社のIRサイトに掲載された情報のうち、次のものとする。

(1) ニュースリリース

(2) 新しいIR情報

第3章　IR（株主対策）

（3）その他
（配信先）
第4条　配信先は、会社が登録を受け付けたすべての株主・投資家とする。
（登録の受付）
第5条　会社は、登録を随時受け付ける。
2　16歳未満の者については、保護者の同意がなければ登録を受け付けないものとする。
（登録に当たっての同意事項）
第6条　会社は、登録の受付けに当たって、次の事項についてお客さまの同意を求める。
（1）サービスの内容については、会社の都合により、お客さまへ通知することなく、変更または中止することがあること
（2）登録アドレスが認識できないなどの理由でメールが未達となった場合には、会社の判断で登録を削除することがあること
（3）サービスが正常に利用できないことによりお客さまに発生する不利益について、会社はいっさいの責任を負わないこと
（4）お客さまの個人情報の取扱いについては、会社の「個人情報保護指針」の定めによること
2　同意しないお客さまについては、登録を受け付けないものとする。
（登録・利用料）
第7条　メール配信サービスの登録料および利用料は、無料とする。
（登録の取消し）
第8条　お客さまから申出があったときは、直ちに登録を取り消し、メール配信サービスを中止する。
（メール配信の記録）
第9条　企画部長は、メール配信について、次の事項を記録しておかなければならない。
（1）配信日時
（2）配信した情報の内容
（3）その他必要事項

(付則)
　この規程は、　　年　月　日から施行する。

(様式) メール配信サービス登録申込書

　　　　　　　　　　　　　　　　　　　　　　　　　　　年　月　日
○○○○株式会社殿
　　　　　　　　メール配信サービス登録申込書

メールアドレス	

　　　　　メール配信サービス登録に当たっての同意書
（1）サービスの内容については、会社の都合により、お客さまへ通
　　知することなく、変更または中止することがあること
（2）登録アドレスが認識できないなどの理由でメールが未達となっ
　　た場合には、会社の判断で登録を削除することがあること
（3）サービスが正常に利用できないことによりお客さまに発生する
　　不利益について、会社はいっさいの責任を負わないこと
（4）お客さまの個人情報の取扱いについては、会社の「個人情報保
　　護指針」の定めによること
　　　　　　　　　□同意する　　□同意しない
　　　　　　　　　　　　　　　　　　　　　　　　　　　　　以上

第3章　IR（株主対策）

第4節　海外IR規程

1　規程の趣旨

　経済のグローバル化を反映して、外国人による日本株の保有が増加している。国際的に事業展開をしている会社のなかには、外国人の持株が大きな比率を占めているところもある。これに伴い、海外の株主・投資家を対象としたIRの重要性が高まっている。

　株主・投資家の利害やロジックやメンタリティは、国内も海外も基本的にそれほどの差異はないであろう。しかし、海外の場合には、地理的および言語的な問題があるため、国内と比べて株主・投資家の実態を把握するのが困難であるという事情がある。このような困難さがあるからといって手を抜くことは問題である。

　外国人の持株比率が高い会社は、地理的・言語的な事情に十分配慮して、海外IRに最大限の努力をすることが望ましい。

2　規程の内容

（1）海外IR実施上の留意事項

　海外IRは、少しでも効果的・効率的に行われなければならない。このため、経営方針・経営計画などに十分留意して行うことを明記する。

〈海外IR実施上の留意事項〉

---
①　経営方針・経営計画
②　業界の特性・動向
③　国内外の投資家の動向
④　地理的な問題、制度上の相違
⑤　その他必要事項

（2）海外IRの方法

　海外IRの方法を定める。

〈海外IRの一般的方法〉

① 英文アニュアルリポートの作成・送付
② 英文ファクトシートの作成・送付
③ 証券会社などが主催する海外IRツアーへの参加
④ ホームページにおける英文IRサイトの運用
⑤ 来日する主要株主・機関投資家の対応
⑥ 海外報道機関の取材対応

（3）海外IR計画

海外IRは、計画的・効率的に行われる必要がある。このため、所管部門は、毎年度、海外IR計画を作成し、社長の承認を得るものとする。

〈海外IR計画に記載すべき事項〉

① 海外IRの具体的方法
② 海外IRの方法ごとの実施月
③ 海外IRの方法ごとの経費
④ その他必要事項

（4）海外IR報告書

海外IR所管部門は、事業年度が終了したときは、海外IR報告書を作成し、これを社長に提出するものとする。

3　モデル規程

海外IR規程

（総則）
第1条　この規程は、海外IRの取扱いについて定める。
（海外IRの目的）
第2条　海外IRは、次の目的で行う。
　（1）会社および会社の事業内容について、海外投資家の理解を促進すること
　（2）海外の資本市場における会社のプレゼンスを高め、資金調達の円滑化を図ること
　（3）会社のブランドの浸透を図り、事業の海外展開に資すること

第3章　IR（株主対策）

（所管部門）

第3条　海外IRの所管は企画部（海外IR課）とし、その責任者は企画部長とする。

（海外IRの実施基準）

第4条　企画部長は、次の事項に十分留意して海外IR活動を行わなければならない。
　（1）経営方針・経営計画
　（2）業界の特性・動向
　（3）海外投資家の動向
　（4）地理的な問題、制度上の相違
　（5）その他必要事項

（海外IRの方法）

第5条　海外IRは、次の方法で行う。
　（1）英文アニュアルリポートの作成・送付
　（2）英文ファクトシートの作成・送付
　（3）証券会社等が主催する海外IRツアーへの参加
　（4）ホームページにおける英文IRサイトの運用
　（5）来日する主要株主・機関投資家の対応
　（6）海外報道機関の取材対応
　（7）その他

（海外IR計画）

第6条　企画部長は、毎年度、海外IR計画を作成し、社長の承認を得なければならない。
2　海外IR計画には、次の事項を記載しなければならない。
　（1）海外IRの具体的方法
　（2）海外IRの方法ごとの実施月
　（3）海外IRの方法ごとの経費
　（4）その他必要事項
3　海外IR計画は、関係部門とよく協議して作成しなければならない。

（IR経費の活用）

第7条 企画部長は、海外IR経費を有効に活用しなければならない。

（海外IR報告書）

第8条 企画部長は、事業年度が終了したときは、海外IR報告書を作成し、これを社長に提出しなければならない。

（海外IRの見直し）

第9条 企画部長は、他社の海外IRおよび海外投資家の希望等を踏まえて、随時、海外IRの方法、内容および実施時期等の見直しを行わなければならない。

（付則）

この規程は、　　年　月　日から施行する。

第3章 IR（株主対策）

（様式）海外IR計画書

年　月　日

取締役社長殿

企画部長

海外IR計画書（　　年度）

方法	実施月	経費	備考
1　英文アニュアルリポートの作成・送付			
2　英文ファクトシートの作成・送付			
3　証券会社等が主催する海外IRツアーへの参加			
4　ホームページにおける英文IRサイトの運用			
5　来日する主要株主・機関投資家の対応			
6　海外報道機関の取材対応			
7　その他			

以上

第5節　株主判明調査規程

1　規程の趣旨

　株主名簿に記載されている株主を「名義株主」といい、投資や議決権行使の意思決定を行う株主を「実質株主」という。個人や事業法人や銀行の場合には、名義株主と実質株主とが同一である。すなわち、株主名簿に記載されている株主が実質株主である。

　これに対し、名義株主と実質株主とが異なる株主がいる。その代表は、信託銀行名義の株式のうち、信託銀行が委託者または第三者から管理を委託されている株式である。これらについては、信託銀行は管理のみを行い、投資の判断や議決権行使の意思決定は、委託者または第三者が行う。

　海外の株主の場合には、グローバル・カストディアンと呼ばれる資産管理専門機関が介在するケースが多いため、その大半が、名義株主と実質株主とが異なるといわれる。

　IRを的確に行うには、「実質株主は誰か」を明確にする必要がある。実質株主を割り出すための調査を「株主判明調査」という。

2　規程の内容

（1）対象株主

　株主判明調査の対象は、次のとおりとする。

① 　国内株主のうち、信託銀行名義のもの（ただし、信託銀行の自己勘定分は除く）
② 　海外株主

（2）調査の方法

　株主判明調査は、次の方法で行うのが合理的であるといわれる。

〈株主判明調査の方法〉

国内株式判明調査	① 　株主名簿による調査

	② 免税搭載申請書・非課税申請書による調査 ③ 投信情報・投信組入れ株式一覧表による調査 ④ 大量保有報告書による調査 ⑤ その他
海外株主判明調査	① 株主名簿による調査 ② DTC（アメリカの集中株券振替決済機関）リストの分析 ③ 投資情報の分析 ④ 大量保有報告書による調査 ⑤ その他

（3）調査の実施頻度

　株主判明調査は、毎年1度、定期的に行うのがよい。

（4）詳細調査の実施

　株主判明調査によって、保有株式数が前年に比較して著しく増加した株主がいることが確認されたときは、その株主について、次の事項について詳細な調査を行う。

　① 組織の内容
　② 経営方針
　③ 保有株式を増加させた理由
　④ その他必要事項

（5）調査の委託

　株主判明調査は、技術的に相当困難な面がある。このため、必要に応じて外部の調査会社に委託するのがよい。

〈委託先の選定基準〉

① 株主判明調査について一定の実績を有すること ② 調査スタッフが充実していること ③ 調査手法が合理的・現実的であること ④ 高い判明率が期待できること ⑤ 委託料が適正であること

3 モデル規程

株主判明調査規程

(総則)
第1条　この規程は、株主判明調査の取扱いについて定める。
(目的)
第2条　株主判明調査は、次の目的で行う。
　(1) 株主とその保有株式数を正確に把握すること
　(2) 株主を特定し、IR活動に役立てること
(所管部門)
第3条　株主判明調査は総務部の所管とし、その責任者は総務部長とする。
(対象株主)
第4条　株主判明調査の対象は、次のとおりとする。
　(1) 国内株主のうち、信託銀行名義のもの(ただし、信託銀行の自己勘定分は除く)
　(2) 海外株主
(調査の方法)
第5条　株主判明調査は、次の方法で行う。
　(1) 国内株式判明調査
　　① 株主名簿による調査
　　② 免税搭載申請書・非課税申請書による調査
　　③ 投信情報・投信組入れ株式一覧表による調査
　　④ 大量保有報告書による調査
　　⑤ その他
　(2) 海外株主判明調査
　　① 株主名簿による調査
　　② DTCリストの分析
　　③ 投資情報の分析
　　④ 大量保有報告書による調査
　　⑤ その他

第3章 IR（株主対策）

（調査の実施頻度）
第6条 株主判明調査は、毎年1度、定期的に行う。ただし、必要が生じたときは、臨時的に行う。

（社長への報告）
第7条 総務部長は、調査を終えたときは、その結果を直ちに社長に報告しなければならない。

（詳細調査の実施）
第8条 総務部長は、株主判明調査によって、保有株式数が前年に比較して著しく増加した株主がいることが確認されたときは、その株主について、次の事項を詳細に調査し、その結果を社長に報告しなければならない。
　（1）組織の内容
　（2）経営方針
　（3）保有株式を増加させた理由
　（4）その他必要事項
2　詳細調査の方法は、次による。
　（1）新聞報道等のレビュー
　（2）銀行、証券会社等からの聞き取り
　（3）相手のホームページの閲覧
　（4）有価証券報告書の閲覧
　（5）商業登記簿の閲覧
　（6）その他

（調査の委託）
第9条 総務部長は、必要に応じ、株主判明調査を外部の調査会社に委託することができる。
2　株主判明調査を外部委託するときは、あらかじめ社長に次の事項を申請し、その承認を得なければならない。
　（1）委託先
　（2）委託する業務の範囲
　（3）委託先を選定した理由

（４）委託期間

　（５）委託料

　（６）その他必要事項

3　委託先は、次に該当するものでなければならない。

　（１）株主判明調査について一定の実績を有すること

　（２）調査スタッフが充実していること

　（３）調査手法が合理的・現実的であること

　（４）高い判明率が期待できること

　（５）委託料が適正であること

（付則）

　この規程は、　　年　月　日から施行する。

第3章　IR（株主対策）

（様式1）株主判明調査報告

　　　　　　　　　　　　　　　　　　　　　　　　　　　年　月　日

取締役社長殿

　　　　　　　　　　　　　　　　　　　　　　　　　　　総務部長

　　　　　　　　　　　株主判明調査報告

名目株主	実質株主	実質株主の住所・所在地	実質株主の保有株式数	備考
1				
2				
3				
4				
5				
6				
7				
8				
9				
10				
11				
12				
13				
14				
15				

　　　　　　　　　　　　　　　　　　　　　　　　　　　　　以上

(様式2）保有株式数変動調査報告

年　月　日

取締役社長殿

総務部長

保有株式数変動調査報告

株　主　の 氏名・名称	前回調査時の 保有株式数	今回調査による保有株式数	保有株式数 の増減	備考
1				
2				
3				
4				
5				
6				
7				
8				
9				
10				

以上

第3章　IR（株主対策）

第6節　株主名簿請求対策規程

1　規程の趣旨

　会社法は、株主に対して、株主名簿を閲覧・謄写する権利を与えている（第125条第2項）。

　しかし、株主名簿の閲覧・謄写には、不正利用の可能性がある。そこで、会社法は、株主名簿の不正利用を防ぐため、
- ・請求者が会社の業務遂行を妨げる目的で請求するとき
- ・請求者が会社と競争関係にある事業を営んでいるとき
- ・請求者が株主名簿を第三者に提供して利益を得るとき

などの場合には、名簿の閲覧・謄写の請求を拒否できるとしている（第125条第3項）。

　会社は、株主名簿の請求について、その取扱基準を明確にしておくことが望ましい。そして、請求があったときは、取扱基準に従って粛々と処理する。

2　規程の内容

（1）請求者への請求
　株主名簿を請求する株主に対し、請求の理由などを明らかにすることを求める。

（2）資格審査
　株主名簿の請求について、次の事項を審査する。
- ①　請求者は請求資格を有するか（株主または債権者であるか）
- ②　請求目的は適正か

（3）株主名簿の提供
　審査の結果、請求者が請求資格を有し、かつ、請求目的が適正であると認めるときは、株主名簿を提供する。

〈提供に当たっての確認事項〉

① 請求目的以外の目的では使用しないこと
② 請求目的を達成したときは、責任をもって焼却処分するか、または会社に返却すること
③ 名簿を安全に保管すること（盗難、紛失等に注意すること）

(4) 請求の拒絶

次の場合には、会社法の定めるところにより、請求を拒絶するものとする。

① 請求者の権利の確保または行使に関する調査以外の目的で請求をするとき
② 請求者が、会社の業務遂行を妨げ、または株主の共同の利益を害する目的で請求するとき
③ 請求者が、会社の事業と実質的に競争関係にある事業を営み、またはこれに従事する者であるとき
④ 請求者が、名簿によって知り得た事実を、利益を得て第三者に通報するために請求するとき
⑤ 請求者が、過去2年以内において、名簿によって知り得た事実を、利益を得て第三者に通報した者であるとき

3 モデル規程

株主名簿請求対策規程

（総則）

第1条 この規程は、株主から株主名簿を請求されたときの取扱いについて定める。

（請求者への請求）

第2条 会社は、株主から株主名簿の請求があったときは、次の事項を書面で明らかにするよう求める。

(1) 氏名、住所
(2) 請求の理由
(3) コピーを受け取る年月日

第3章　IR（株主対策）

（4）その他（保有株式数その他）

2　請求書を受理するに当たり、必要に応じて、身分を証明するものの提示を求めるものとする。

（資格審査）

第3条　会社は、株主名簿の請求について、次の事項を審査する。

（1）請求者は請求資格を有するか

（2）請求目的は適正か

（株主名簿の提供）

第4条　会社は、審査の結果、請求者が請求資格を有し、かつ、請求目的が適正であると認めるときは、株主名簿を提供する。

（名簿提供に当たっての確認事項）

第5条　株主名簿の提供に当たり、次の事項を確認する。

（1）請求目的以外の目的では使用しないこと

（2）請求目的を達成したときは、責任をもって焼却処分するか、または会社に返却すること

（3）名簿を安全に保管すること（盗難、紛失等に注意すること）

2　請求者が請求目的以外の目的で使用した場合には、使用を中止し、かつ、名簿を返却するよう請求する。

（請求の拒絶）

第6条　会社は、次の場合には、会社法の定めるところにより、請求を拒絶するものとする。

（1）請求者の権利の確保または行使に関する調査以外の目的で請求するとき

（2）請求者が会社の業務遂行を妨げ、または株主の共同の利益を害する目的で請求するとき

（3）請求者が会社の事業と実質的に競争関係にある事業を営み、またはこれに従事する者であるとき

（4）請求者が名簿によって知り得た事実を、利益を得て第三者に通報するために請求するとき

（5）請求者が過去2年以内において、名簿によって知り得た事実を、

利益を得て第三者に通報した者であるとき
2　株主の請求を拒絶できるかどうかを判断するに当たり、必要に応じて弁護士の意見を聴くものとする。

（請求者への通知）

第7条　会社は、前条により請求を拒絶するときは、請求者に対し、次の事項を通知する。

（1）請求を拒絶する旨
（2）請求を拒絶する理由

（記録）

第8条　会社は、株主名簿の請求について、次の事項を記録しておく。

（1）請求者の氏名、住所
（2）請求の目的
（3）会社の対応（受理したか・拒絶したか）
（4）その他必要事項

（付則）

　この規程は、　　年　月　日から施行する。

第3章 IR（株主対策）

（様式1）株主名簿請求書

　　　　　　　　　　　　　　　　　　　　　　　　年　月　日

○○○○株式会社
取締役社長　　　　殿
　　　　　　　　　　　（住所）＿＿＿＿＿＿＿＿＿＿＿＿
　　　　　　　　　　　　　　　（氏名）＿＿＿＿＿＿印

株主名簿請求書

1	請求の理由	
2	名簿を受け取る年月日	年　月　日
3	保有株式数または債権の額	
4	株式または債権取得年月日	年　月　日

　　　　　　　　　　　　　　　　　　　　　　　　　　以上

（注）1　請求書の提出に当たっては、身分を証明するものを提示して下さい。
　　　2　請求の理由は具体的に記載して下さい。

(様式2) 株主名簿請求拒絶の通知状

年　月　日

○○○○様

○○○○株式会社
取締役社長　　　印

株主名簿請求の拒絶について（お知らせ）

拝啓
　貴殿におかれましては、時下益々ご健勝のこととお慶び申し上げます。
　さて、　年　月　日付で貴殿から当社の株主名簿のご請求がありましたが、請求の内容を審査した結果、次の理由によりこれをお断りすることといたしましたのでお知らせします。
□請求者の権利の確保または行使に関する調査以外の目的で請求したため
□会社の業務遂行を妨げ、または株主の共同の利益を害する目的で請求したため
□請求者が会社の事業と実質的に競争関係にある事業を営み、またはこれに従事する者であるため
□請求者が名簿によって知り得た事実を、利益を得て第三者に通報するために請求したため
□請求者が過去2年以内において、名簿によって知り得た事実を、利益を得て第三者に通報したため
以上、悪しからずご了承ください。

敬具

（追記）この件につき、ご意見・ご質問があるときは、下記担当者にお申し出ください。
　　　　（担当者）総務部長○○○○
　　　　　　　　電話××─××××─××××

以上

第7節　株価・株主モニタリング規程

1　規程の趣旨

　会社経営には、主要取引先の経営不振・倒産、欠陥商品の販売、労使紛争、地震・自然災害被害などさまざまなリスクがあるが、最大のリスクは、第三者による敵対的買収であろう。

　敵対的買収者は、いつ登場するか予想が付かない。しかし、予兆なく、ある日突然現れるということはない。事前に、「はっきりした材料がないのに株価が急上昇する」、「株式の売買高が急増する」、「これまで株主名簿に名前のなかった投資ファンドが名簿に登場する」、「短期間で株式を買い増す投資ファンドが現れる」などの予兆が出る。

　このため、会社としては、株価および株主構成を常時注意深くモニタリングする必要がある。モニタリングの結果、異常な動きのあることを察知したときは、直ちにその事実関係を調査する。そして、敵対的な買収に発展する可能性があるかどうかを判断する。もしも、敵対的買収に発展する可能性があると判断されたときは、その対抗策を講ずる。

　敵対的買収者から会社を防衛するうえで、株価および株主構成のモニタリングの必要性は、いくら強調しても強調しすぎることはない。

2　規程の内容

（1）モニタリングの対象事項
　モニタリングの対象事項を定める。
〈モニタリングの対象事項〉

---
① 株価（値動き、会社で算定するフェアバリューとの乖離、その他）
② 出来高（立会時間内出来高、立会時間外出来高、取引所外取引の出来高）
③ 株主構成

---

(2) モニタリングの体制

モニタリングの体制については、
- ・専門の部署を設けて行う
- ・プロジェクトチームを設置して行う
- ・外部の機関に委託する

などが考えられる。

(3) モニタリングの方法

モニタリングの方法を定める。

〈モニタリングの方法〉

---

① 株式情報端末の設置
② 株主名簿の精査
③ 大量保有報告書および同変更報告書の分析
④ 取引証券会社への問い合わせ
⑤ 証券代行会社への問い合わせ
⑥ メディア情報の分析
⑦ 株主判明調査会社の活用
⑧ その他

---

(4) 社長への報告

モニタリングの結果、敵対的買収の予兆を察知したときは、直ちに社長に報告する。

(5) 臨時取締役会の招集

社長は、敵対的買収の予兆について報告を受けたときは、直ちに臨時取締役会を招集して対策を協議する。敵対的買収対策の検討に当たっては、必要に応じて、弁護士や証券会社のM&Aコンサルティング部門など、専門家の協力を求める。

3　モデル規程

株価・株主モニタリング規程

（総則）

第1条　この規程は、株価および株主のモニタリングについて定める。

第3章　IR（株主対策）

（目的）
第2条　株価および株主のモニタリングは、敵対的買収の予兆を察知し、早期に有効な対策を講ずる目的で行う。

（モニタリングの対象事項）
第3条　モニタリングの対象事項は、次のとおりとする。
　（1）株価
　　　①　値動き
　　　②　会社で算定するフェアバリューとの乖離
　　　③　その他
　（2）出来高
　　　①　立会時間内出来高
　　　②　立会時間外出来高
　　　③　取引所外取引の出来高
　（3）株主構成

（モニタリングの所管部門）
第4条　モニタリング業務は、総務部の所管とし、その責任者は総務部長とする。

（モニタリングの方法）
第5条　モニタリングは、次の方法で行う。
　（1）株式情報端末の設置
　（2）株主名簿の精査
　（3）大量保有報告書および同変更報告書の分析
　（4）取引証券会社への問い合わせ
　（5）証券代行会社への問い合わせ
　（6）メディア情報の分析
　（7）株主判明調査会社の活用
　（8）その他

（社長への報告）
第6条　総務部長は、モニタリングの結果、敵対的買収の予兆を察知したときは、直ちに社長に次の事項を報告しなければならない。

（1）予兆の内容
（2）予兆を察知した経緯
（3）予兆であると判断する理由
（4）その他必要事項
2　総務部長は、敵対的買収の予兆であるかどうかを判断するに当たっては、必要に応じて、次のものの意見を求めるものとする。
（1）証券会社のM＆Aコンサルティング部門
（2）その他M＆Aの専門機関

（臨時取締役会の招集）
第7条　社長は、総務部長から敵対的買収の予兆について報告を受けたときは、直ちに臨時取締役会を招集し、次の事項を報告し、その対策を協議する。
（1）予兆の内容
（2）予兆を察知した経緯
（3）予兆であると判断する理由
（4）その他必要事項

（専門家の協力要請）
第8条　取締役会は、敵対的買収対策の検討において、必要に応じて、次のものの協力を求めるものとする。
（1）弁護士
（2）証券会社のM＆Aコンサルティング部門
（3）その他M＆Aの専門機関

（付則）
　この規程は、　　年　月　日から施行する。

第3章　IR（株主対策）

第8節　株主代表訴訟対策規程

1　規程の趣旨

　役員が会社に損害を与えることは本来的に好ましいものではない。しかし、実際には、生じ得ることである。

　役員が会社に損害を与えた場合の取扱いについて、会社法は、「6ヶ月前から引き続き株式を有する株主は、株式会社に対し、役員等の責任を追求する訴えの提起を請求することができる。ただし、責任追及等の訴えがその株主若しくは第三者の不正な利益を図り、または株式会社に損害を与える場合は、この限りでない」（第847条第1項）と、株主代表訴訟を規定している。

　役員の立場からすると、株主代表訴訟を提起されるのは誠に不本意であろう。しかし、会社法で認められている株主の正当な権利であるから、これを黙殺したり、否定したりすることは許されない。

　最近は、証券会社に行かなくてもインターネットで誰でも簡単に株式を購入できる。株主代表訴訟を提起したからといって、提起した株主自身に利益がもたらされるわけではないが、個人株主が増加している分だけ株主代表訴訟が提起される可能性が高まっているといえる。

　株主代表訴訟が提起されたときの対応を取りまとめておくことが望ましい。

2　規程の内容

（1）株主の資格の審査等

　株主から、役員の責任追及等の訴えの提起を請求されたときは、次の事項を審査する。

　① 請求者が株主になった年月日
　② 訴えの目的

（2）請求の不受理

審査の結果、株主からの請求が次のいずれかに該当するときは、請求を受理しない。
① 請求者が株主になった期間が6ヶ月に満たないとき
② 訴えの目的がその株主または第三者の不正な利益を図るものであるとき
③ 訴えの目的が会社に損害を与えることであるとき

（3）対応の決定基準

会社は、株主から責任追及等の訴えの提起の請求を受理したときは、訴えの対象とされた役員の法的責任の有無を調査して、対応を決定する。

（4）訴えを提起する場合、しない場合

調査の結果、役員に法的責任があると判断したときは、責任追及等の訴えを提起する。これに対し、法的責任がないと判断したときは、責任追及等の訴えを提起しない。

（5）公告

会社法は、「株式会社は、責任追及等の訴えを提起したときは、遅滞なくその旨を公告し、または株主に通知しなければならない」（第849条第4項）と規定している。

（6）請求者への通知

役員について訴えを提起しないことを決定したときは、株主から請求があった日から60日以内に、請求した株主に対し、訴えを提起しない理由を書面で通知する。

（7）訴訟参加

会社法は、「株式会社は、共同訴訟人として、または当事者の一方を補助するため、責任追及等の訴えに係る訴訟に参加することができる」（第849条）と規定している。

このため、株主が代表訴訟を提起したときは、その訴訟について役員を支援する。

3 モデル規程

株主代表訴訟対策規程

（総則）

第1条 この規程は、会社法第847条第1項の規定により、会社が、株主から取締役および監査役（以下、「役員」という）について、次のいずれかの訴えの提起を請求されたときの対策を定める。
（1）会社法第423条第1項に定める役員の責任を追求する訴え
（2）会社法第120条第3項に定める利益の返還を求める訴え
（3）会社法第212条第1項または第285条第1項に定める支払を求める訴え

（規程外の取扱い）

第2条 役員の責任追及等の訴えの提起について、この規程に定めのない事項については、次のものによる。
（1）会社法の規定
（2）取締役会の決議

（株主の資格の審査等）

第3条 会社は、株主から、役員の責任追及等の訴えの提起を請求されたときは、次の事項を審査する。
（1）請求者が株主になった年月日
（2）訴えの目的

2　訴えの目的を確認するために必要であると認めるときは、訴えの提起を請求した株主の意見を聴くものとする。

（請求の不受理）

第4条 会社は、前条に規定する審査の結果、株主からの請求が、次のいずれかに該当するときは、請求を受理しない。
（1）請求者が株主になった期間が6ヶ月に満たないとき
（2）訴えの目的がその株主または第三者の不正な利益を図るものであるとき
（3）訴えの目的が会社に損害を与えることであるとき

2 訴えの提起の請求に応じる義務があるかどうかを判断するに当たり、必要に応じて弁護士の意見を聴くものとする。

（対応の決定基準）

第5条 会社は、株主から責任追及等の訴えの提起の請求を受理したときは、訴えの対象とされた役員の法的責任の有無を調査して、対応を決定する。

（対応の決定手続き）

第6条 会社の対応は、取締役会において決定する。

（訴えを提起する場合）

第7条 会社は、調査の結果、株主から責任追及等の訴えの提起の対象とされた役員について法的責任があると判断したときは、責任追及等の訴えを提起する。

（公告）

第8条 会社は、前条の規定により訴えを提起したときは、その旨を公告する。

（訴えを提起しない場合）

第9条 会社は、調査の結果、株主から責任追及等の訴えの提起の対象とされた役員について法的責任がないと判断したときは、訴えを提起しない。

（不提訴理由の通知）

第10条 会社は、前条の規定により訴えを提起しないことを決定したときは、株主から請求があった日から60日以内に、請求した株主に対し、訴えを提起しない理由を書面で通知する。

（訴訟参加）

第11条 会社は、会社が株主から訴えの提起の対象とされた役員について訴えを提起しなかったために、株主が訴訟（以下、「株主代表訴訟」という）を提起したときは、その訴訟に参加し、役員を支援する。

（取材への対応）

第12条 会社は、株主代表訴訟について報道機関から取材の申し出があったときは、取材に応じる。

第3章　IR（株主対策）

2　取材への対応は、総務部長が行う。総務部長以外の者は、会社の許可を得ることなく、報道機関の取材に応じてはならない。

（付則）

　この規程は、　　年　月　日から施行する。

第4章　株式

第1節　株式譲渡取扱規程

第2節　自己株式取得規程

第3節　ストックオプション規程

第4節　社員持株会規程・社員持株会規約

第5節　取引先持株会規程・取引先持株会規約

第6節　配当金規程

第7節　新株予約権発行規程

第4章　株式

第1節　株式譲渡取扱規程

1　規程の趣旨

会社の経営において、株主は大きな発言権を有している。

経営に理解のある人が株主になるのは歓迎すべきことであるが、そうでない人が株主になると、経営に支障が生じる。株主総会に対する会社側の提案がことごとく否決されるというのでは、経営をやっていけない。

それどころか、株式がいわゆる「反社会的勢力」に譲渡されると、会社の社会的な信用が低下する。

このような事情に配慮して、会社法は、「株式会社は、その発行する株式のすべてについて、譲渡による取得を制限することができる」と定めている（第107条第1項）。

これを受けて、中小法人の大半は、定款において「当会社の株式を譲渡するには、会社の承認を得なければならない」と定めている。

定款において株式の譲渡制限を定めている会社は、譲渡をめぐるトラブルが生じることのないよう、その取扱基準を明文化しておくことが望ましい。

2　規程の内容

（1）株式譲渡の手続き

株主は、株式を他に譲渡するときは、あらかじめ会社に対し、氏名、譲渡株式数、譲渡日などを申し出て、その承認を受けるものとする。

（2）承認の決定基準

株主から株式譲渡の申出を受けたときの承認基準を定める。

（3）株式の買取り

株式の譲渡を認めなかった場合、その株式は、会社が買い取るものとする。

(4) 譲渡の届出

株主は、会社の承認を得て株式を他に譲渡したときは、速やかに会社に対し、譲渡した相手の氏名、譲渡株式数、譲渡年月日などを届け出るものとする。

(5) 申出を認めない場合の通知

譲渡の申出を認めない決定をしたときは、申出者に対し、次の事項を通知する。

① 申出を認めない旨
② 申出者が所有している株式については、会社自身が買い取る旨
③ 株式の買取価格
④ その他必要事項

(6) 譲渡の自動承認

次のいずれかの場合には、譲渡を自動的に認めるのが現実的であろう。

① 株主間の譲渡
② 会社の役員または従業員への譲渡

(7) 相続人等に対する売渡しの請求

必要と認めたときは、相続その他の一般承継により会社の株式を取得した者に対し、その株式の会社への売渡しを請求する。請求するときは、会社法の定めるところにより、その都度、株主総会において、次の事項を決議するものとする。

① 売渡しを請求する株主の氏名
② 売渡しを請求する株式の数

3　モデル規程（非公開会社）

株式譲渡取扱規程

（総則）

第1条　この規程は、株式譲渡の取扱いについて定める。

2　株式譲渡についてこの規程に定めのない事項は、会社法または定款の定めによる。

（株式譲渡の手続き）

第4章　株式

第2条　株主は、株式を他に譲渡するときは、あらかじめ代表取締役社長に次の事項を申し出て、その承認を受けなければならない。
　（1）住所、氏名
　（2）譲渡する相手の住所、氏名、職業、経歴
　（3）譲渡する相手との関係
　（4）譲渡する株式数
　（5）譲渡する年月日
　（6）譲渡する理由
　（7）譲渡の条件
　（8）その他必要事項
（承認の決定基準）
第3条　代表取締役社長は、株主から株式譲渡の申出を受けたときは、次の事項を勘案してその承認を決定する。
　（1）譲渡する理由
　（2）譲渡する相手の職業、経歴
　（3）その他
（株式の買取り）
第4条　株式の譲渡を認めなかった場合、その株式は、会社が買い取るものとする。
（申出を認める場合の通知）
第5条　代表取締役社長は、譲渡について申出を認める決定をしたときは、申出者に対し、申出を認める旨を通知する。
（譲渡の届出）
第6条　株主は、代表取締役の承認を得て株式を他に譲渡したときは、速やかに代表取締役社長に、次の事項を届け出なければならない。
　（1）住所、氏名
　（2）譲渡した相手の住所、氏名
　（3）譲渡した株式数
　（4）譲渡した年月日
　（5）譲渡の条件

（6）その他必要事項

（取得の届出）

第7条　株式を取得した者は、速やかに代表取締役社長に、次の事項を届け出なければならない。

（1）住所、氏名

（2）取得した相手の住所、氏名

（3）取得した株式数

（4）取得した年月日

（5）取得の条件

（6）その他必要事項

（申出を認めない場合の通知）

第8条　代表取締役社長は、譲渡の申出を認めない決定をしたときは、申出者に対し、次の事項を通知する。

（1）申出を認めない旨

（2）申出者が所有している株式については、会社自身が買い取る旨

（3）株式の買取価格

（4）その他必要事項

（自動承認）

第9条　前条までの規定にかかわらず、次のいずれかの場合には、譲渡を認める決定があったものとみなす。

（1）株主間の譲渡

（2）会社の役員または従業員への譲渡

（相続人等に対する売渡しの請求）

第10条　会社は、必要と認めたときは、相続その他の一般承継により株式を取得した者に対し、その株式の会社への売渡しを請求する。

2　株式の売渡しを請求するときは、会社法の定めるところにより、その都度、株主総会において、次の事項を決議するものとする。

（1）売渡しを請求する株主の氏名

（2）売渡しを請求する株式の数

3　株式の売渡しの請求は、相続等があったことを知った日から1年以内

第 4 章　株式

　に行う。
4　株式の売買価格は、相手方との協議によって決定する。
5　売買価格について相手方との協議が調わなかったときは、裁判所に対し、価格決定の申立てをする。
（付則）
　この規程は、　　年　月　日から施行する。

第2節　自己株式取得規程

1　規程の趣旨

　会社法は、「取締役会設置会社は、市場取引等により当該株式会社の株式を取得することを取締役会の決議によって定めることができる旨を定款で定めることができる」（第165条第2項）と定めている。すなわち、定款で「会社は、取締役会の決議によって、市場取引等により自己株式を取得することができる」と定めれば、経営上の必要が生じたときに、取締役会の決議により自己株式を取得できるのである。
　このため、定款で「会社は、取締役会の決議によって、市場取引等により自己株式を取得することができる」と定めておき、必要が生じたときに、取締役会の決議によって機動的に自己株式を取得するのがよい。

2　規程の内容

（1）自己株式取得の根拠
　はじめに、「会社は、経営上必要であると認めるときは、定款の定めるところにより、取締役会の決議により自己株式を取得する」と明記する。

（2）自己株式取得の方法
　自己株式の取得は、原則として、証券取引所における市場取引によって行う。

（3）取締役会の決議
　自己株式を取得するときは、取締役会において、取得する株式数などを決議する。

〈取締役会の決議事項〉

①　取得する株式の種類
②　株式の種類ごとの取得株式数
③　取得期間
④　1株当たりの所得価格

第4章　株式

⑤　取得費用
⑥　取得方法
⑦　買付代理証券会社
⑧　その他必要事項

(4) インサイダー取引規制等への配慮

　市場取引によって自己株式を取得するときは、インサイダー取引規制および相場操縦規制に十分配慮する。

3　モデル規程

自己株式取得規程

（総則）
第1条　この規程は、自己株式の取得について定める。
2　自己株式の取得について、この規程に定めのない事項については、会社法または定款の定めによる。
（自己株式の取得）
第2条　会社は、経営上必要であると認めるときは、定款の定めるところにより、取締役会の決議により自己株式を取得する。
（自己株式取得の方法）
第3条　自己株式の取得は、原則として、証券取引所における市場取引によって行う。
（取締役会の決議事項）
第4条　自己株式を取得するときは、取締役会において、次の事項を決議する。
　（1）取得する株式の種類
　（2）株式の種類ごとの取得株式数
　（3）取得期間
　（4）1株当たりの取得価格
　（5）取得に要する費用
　（6）取得方法
　（7）買付代理証券会社

（８）その他必要事項
２　取得株式数は、次の事項を総合的に勘案して決定する。
　（１）株式の市場価格
　（２）資金繰り
　（３）その他必要事項
３　取得に要する費用は、会社法第461条第１項第２号の定めるところにより、取得時点における分配可能額を超えないものとする。
（株主・投資家への公表）
第５条　会社は、前条第１項に定める決議の内容をプレスリリースおよびIRサイトにより株主・投資家に公表する。
（インサイダー取引規制等への配慮）
第６条　市場取引によって自己株式を取得するときは、次の規制に十分配慮するものとする。
　（１）インサイダー取引規制
　（２）相場操縦規制
（取締役会への報告事項）
第７条　自己株式を取得したときは、取締役会に対して、次の事項を報告する。
　（１）取得した株式の種類
　（２）株式の種類ごとの取得株式数
　（３）取得期間
　（４）１株当たりの取得価格
　（５）取得に要した費用
　（６）取得方法
　（７）買付代理証券会社
　（８）その他必要事項
（株主・投資家への公表）
第８条　会社は、前条に定める報告の内容をプレスリリースおよびIRサイトにより株主・投資家に公表する。
（自己株式の消却）

第4章　株式

第9条　会社は、経営上必要であると認めるときは、自己株式を消却する。

2　自己株式を消却するときは、取締役会において次の事項を決議する。

（1）消却する株式の種類

（2）株式の種類ごとの消却株式数

（3）消却年月日

（4）その他必要事項

3　自己株式を消却したときは、取締役会に対して、次の事項を報告する。

（1）消却した株式の種類

（2）株式の種類ごとの消却株式数

（3）消却年月日

（4）その他必要事項

（登記変更）

第10条　自己株式を消却したときは、登記してある発行済株式数を変更する。

（付則）

　この規程は、　　年　月　日から施行する。

第3節　ストックオプション規程

1　規程の趣旨

　役員・社員に対して、一定の価格で会社の株式を購入できる権利を与える制度を「ストックオプション」という。

　ストックオプションの権利を付与された者は、業績の向上によって株価が上昇したときに、権利を行使して株式を取得し、その株式を売却すれば大きな利益を得ることができる。一方、業績が向上せず、株価が下落した場合は、権利を行使しなければよいわけであるから、本人に損失が生じることはない。

　ストックオプションの場合、付与対象者は原則として、権利行使により株式を取得した時点において給与課税が行われ、さらにその株式を売却した時点において株式譲渡課税が行われる。

　しかし、一定の要件を満たしたストックオプション（「税制適格ストックオプション」という）については、権利行使時点では課税を行わず、株式の売却時点においてのみ、権利行使価額と売却価額との差額に対して課税を行うという優遇税制が設けられている。

　ストックオプション制度を実施するときは、税制適格ストックオプションを設計し、税制の優遇を受けるのがよい。

2　規程の内容

（1）対象者
　ストックオプション制度の対象者については、
① すべての社員と役員とする
② 課長職以上の社員と役員とする
③ 執行役員と役員に限定する
④ 役員に限定する
などが考えられる。経営の実態に即して決定するべきである。

（2）権利の付与

ストックオプションの権利の付与について、

① 実施について株主総会で決議された日に在籍し、かつ、株主総会で承認された者に対し、権利を付与する。
② 権利付与日は、ストックオプションの実施について株主総会で決議された日とする

と定める。

なお、権利付与の頻度については、

・毎年付与する
・数年に一回付与する

などがある。

（3）付与する株式数

付与する株式数については、

・役職に応じて決める
・全員一律とする

などがある。

役職に応じて、経営上の役割と責任度が異なる。このため、役職に応じて付与数を決めるのが合理的であろう。

（4）権利行使価格

税制適格ストックオプションとするためには、「1株当たりの権利行使価額は、付与決議をした時点における1株当たりの価額以上であること」という条件をクリアすることが必要である。

（5）権利行使期間

税制適格ストックオプションとするためには、「権利行使は、株主総会で付与決議された日後2年を経過した日から、その付与決議の日後10年を経過する日までに行うこと」という条件をクリアすることが必要である。

（6）分割行使

権利を分割して行使することができるかどうかを定める。なお、分割行使を認める場合には、事務処理が煩雑になるのを避けるため、

・分割の回数

・1回の行使株式数

を決めるのが合理的・現実的であろう。

(7) 株式の交付

会社は、権利付与者がその権利を行使したときは、本人に株式を交付する。

(8) 株式の保管委託

税制適格ストックオプションとするためには、「ストックオプションにより取得した株式は、その会社と証券会社等との間であらかじめ締結されている株式の保管委託または管理信託に関する取り決めに従い、その証券会社等に保管の委託等がされていること」という条件をクリアすることが必要である。

(9) 代金の払込期限

権利付与者は、会社から株式を交付されたときは、一定期限までに会社に代金を払い込むものとする。代金を払い込まなかったときは、付与契約は無効とし、会社に株式を返却させる。

(10) 権利の消滅

権利付与者が権利行使期間中にその権利を行使しなかったときは、権利は消滅するものとする。

(11) 売却時の心得

権利付与者による株式の売却について、

① インサイダー取引の疑惑を受けることのないよう十分注意すること
② 株式を売却して利益を得たときは、所得額を税務当局に正確に申告し、所定の税金を納付すること

を定める。

第4章　株式

3　モデル規程

ストックオプション規程
第1章　総則

（総則）
第1条　この規程は、ストックオプション制度の取扱いについて定める。
（対象者）
第2条　ストックオプション制度は、次の者に適用する。
　（1）課長職以上の社員
　（2）執行役員
　（3）役員
（目的）
第3条　ストックオプション制度は、次の目的で行う。
　（1）業績向上意欲を高めること
　（2）業績向上への努力に報いること
（株主総会の決議）
第4条　ストックオプション制度は、株主総会の決議を得て実施する。

第2章　権利の付与

（権利の付与）
第5条　会社は、ストックオプションの実施について株主総会で決議された日に在籍し、かつ、株主総会で承認された役職員に対し、ストックオプションの権利を付与する。
　2　権利を付与する日は、ストックオプションの実施について株主総会で決議された日とする。
（付与する株式の種類）
第6条　会社が付与する株式は、普通株式とする。
（付与する株式数）
第7条　会社が付与する株式数は、役位に応じて、次のとおりとする。
　　　　会長　　　　　　　　　7,000株

社長	7,000株
会長・社長以外の役付役員	6,000株
取締役・監査役	5,000株
執行役員	4,000株
部長	3,000株
部次長・課長	2,000株

2　2つ以上の役職を兼務しているときは、上位の役職に対応する株式数を付与する。

第3章　権利の行使

（権利行使価格）

第8条　権利付与者がその権利を行使できる価格は、次のとおりとする。権利行使価格の算定において1円未満の端数があるときは、1円に切り上げる。

> 権利行使価格―――ストックオプションの付与について株主総会で決議された日の前1ヶ月の東京証券取引所における株価終値平均値×1.05

（権利行使期間）

第9条　権利付与者がその権利を行使できる期間は、次のとおりとする。

> 権利行使期間―――ストックオプションの付与について株主総会で決議された日後2年を経過した日から、その付与決議の日後10年を経過する日まで

（権利行使の自由）

第10条　権利付与者がその権利を行使するかどうかは本人の自由とする。

（分割行使）

第11条　権利付与者は、その権利を分割して行使することができる。ただし、分割の回数は、3回を超えることはできず、かつ、1回の行使株式数は、1,000株単位とする。

（届出）

第12条　権利付与者は、その権利を行使するときは、行使日の1週間前ま

第4章　株式

でに、次の事項を会社に届け出なければならない。
（1）氏名
（2）権利行使株式数
（3）権利行使日

（株式の交付）
第13条　会社は、権利付与者がその権利を行使したときは、本人に株式を交付する。

（保管委託）
第14条　権利付与者は、会社から取得した株式を、会社が指定した証券会社に委託保管しなければならない。

（代金の払込）
第15条　権利付与者は、会社から株式を取得した日から4営業日以内に会社に代金を払い込まなければならない。
2　代金を払い込まなかったときは、付与契約は無効とし、会社に株式を返却しなければならない。

第4章　権利の消滅等

（権利の消滅）
第16条　権利付与者が権利行使期間中にその権利を行使しなかったときは、権利は消滅するものとする。

（退職者の取扱い）
第17条　権利付与者は、会社を退職した後においても、第9条に定める期間中であれば、その権利を行使できる。ただし、懲戒解雇された場合においては、この限りではない。

（譲渡の禁止）
第18条　権利付与者は、その権利を第三者に譲渡し、または質入れしてはならない。

第5章　株式の売却

（株式の売却）

第19条　権利付与者は、会社から取得した株式を自らの意思でいつでも自由に売却することができる。

（売却時の心得）

第20条　権利付与者は、株式の売却に当たっては、インサイダー取引の疑惑を受けることのないよう十分注意しなければならない。

（所得の申告）

第21条　権利付与者は、株式を売却して利益を得たときは、自らの責任において所得額を税務当局に正確に申告し、所定の税金を納付しなければならない。

（付則）

　この規程は、　　年　月　日から施行する。

第4章　株式

（様式）ストックオプション権利行使届

```
                                        年　月　日
取締役社長　　　殿
                                    ____部　　____課
                                   （氏名）　　　　印

            ストックオプション権利行使届
```

1	権利行使株式数	
2	権利行使日	年　月　日
3	その他	

以上

（注）1　権利行使日の1週間前までに提出すること。
　　　2　権利は分割して行使することができる。ただし、分割の回数は、3回を超えることはできず、かつ、1回の行使株式数は、1,000株単位とする。

第4節　社員持株会規程・社員持株会規約

1　規程の趣旨

　社員持株制度は、社員から構成される持株会が、社員に給与・賞与が支給される都度、会社の株式を購入するという制度である。社員は、無理のない形で自社株式を購入し、株価の上昇や配当金などで、資産形成を図ることができる。

　また、株式を取得することにより、会社への忠誠心や帰属意識が向上するという効果も期待できる。

　社員持株会は、本来、社員の資産形成を支援するという福利厚生制度としてスタートしたものである。現在でも、重要な福利厚生制度であることに変わりはないが、最近は、敵対的買収の防衛策として、その存在感を高めている。

2　規程の内容

(1) 社員持株会の性格

　社員持株会については、その法的な性格から、
① 民法上の組合（民法第667条に基づく団体。法人格を持たない）として設立する
② 任意団体（法人格を持たない）として設立する
③ 法人格のない社団（法人格は持たないが、社会的には1つの社団として取り扱われる）として設立する
の3つの形態がある。

　民法上の組合として設立すると、税務上、
・法人税を課税されない
・会員個人が配当控除の適用を受けられる
などの特典がある。このため、ほとんどの会社で採用されている。

（2）持株会の構成

持株会は、正社員だけで構成するのが現実的である。

（3）入会・退会

社員は、理事長に届けることにより、持株会に入会し、または退会することができるものとする。ただし、入会・退会が頻繁に繰り返されると、事務手続きが煩雑となるため、いったん退会したときは、理事会が認めた場合を除き、再加入できないものとするのが適切であろう。

（4）入会の時期

入会については、

- いつでも入会の申し込みを受け付ける
- 一定の時期を限って、入会の申し込みを受け付ける

の2つがある。

（5）会計年度

会計年度を具体的に定める。

（6）役員の選任と任期

持株会の運営を組織的・効率的に行うため、役員を選任する。役員は、理事（業務執行者）および監事（会計監査）とし、理事の互選により、理事長を選任する。

役員の任期は2年程度とするのが妥当であろう。ただし、再任を妨げないものとする。

（7）理事会

理事会について、招集時期、招集方法、成立要件、決議要件および決議事項などを定める。

〈理事会の決議事項〉

① 会計に関すること
② 諸規程の制定および改廃に関すること
③ 事務代行委託契約の締結に関すること
④ 理事長名義で行う株式の議決権の行使に関すること
⑤ その他持株会の運営に関する重要なこと

（8）**会員総会**

会員総会について、招集時期、招集方法、決議要件および決議事項などを定める。このうち、決議事項は、次のとおりとするのが妥当であろう。

① 社員持株会の重要事項
② 役員の選任

（9）**積立金**

積立金について、

① 積立方法
② 積立金の単位
③ 積立金の上限
④ 積立口数変更の手続き

などを定める。

（10）**奨励金**

持株会の重要な目的は、社員の財産形成の支援である。このため、社員の積立に対し、一定の奨励金を支給するのがよい。

奨励金の支給方法には、

・積立の都度、積立額に応じて支給する
・一定期間経過後に積立金の累計額に対して支給する

などがある。

なお、「社員の財産形成を支援したいから」とか、「社員の希望が強いから」とかいって、奨励金の額を過大にするのは好ましくない。株主平等の原則や、利益供与禁止規程に違反することになるからである。奨励金は、一般的には、積立金の5～10％程度とするのが適切であろう。

（11）**株式の購入**

持株会は、会員の積立金および会社からの奨励金の合計額から必要経費（株式売買手数料を含む）を差し引いて、一括して会社の株式を購入する。

（12）**配当金の取扱い**

配当金（税金を控除した額）の取扱いについては、

・一括して会社の株式の購入に当てる
・現金で交付する

などがある。

上場会社においては、配当金はすべて再投資に当てるのが一般的であるといわれる。

(13) 持分の計算

持株会は、株式（株式に対する配当株式および無償交付株式を含む）を購入したときは、購入の都度、会員の積立金および奨励金に応じる株式を、その会員の持分として、「会員別持分明細表」に登録する。

(14) 理事長への管理信託

会員は、自己に登録配分された株式を、管理の目的をもって理事長に信託するものとする（議決権の行使、株券の保管などの単なる管理だけを目的として信託することを「管理信託」という）。理事長は、受託した株式を理事長名義に書き換える。

管理信託方式を採用することにより、理事長名義とすることが、単なる名義借りではなく、信託に基づく名義変更となる。すなわち、名義変更することについて、法的な根拠が与えられることになる。

(15) 議決権の行使

理事長名義の株式の議決権は、理事長が行使する。

なお、社員持株会の株式は、会員の共有物であり、会員はそれぞれ持分を有している。したがって、会員は、各自の持分に相当する株式の議決権の行使について、理事長に対し、各株主総会ごとに特別の指示を出すことができるものとする。

(16) 株式の引き出し

会員は、登録配分された株式が一定数（例えば、1,000株）を超えたときは、理事長に届け出ることにより、一定数（例えば、1,000株）を単位として引き出すことができるものとする。

(17) 株式の返還

会員が退会するときは、その会員に登録配分された株式を返還する。

返還の取扱いについては、実務的に、

・すべてを株式で返還する

・一定数（例えば、1,000株）未満については、金銭（時価相当額）で

返還する

などがある。

3　モデル規程

社員持株会規程

（総則）

第1条　この規程は、社員持株会（以下、単に「持株会」という）の構成および運営等について定める。

（目的）

第2条　持株会は、社員の財産形成および会社経営の安定を図るために設立する。

（会員の構成）

第3条　持株会は、会社の社員で構成する。

（入会・退会）

第4条　社員は、理事長に届けることにより、持株会に入会し、または退会することができる。

2　入会申込み期間は、毎年4月1日から同月末日までの1ヶ月とする。

3　退会は随時できる。ただし、いったん退会したときは、理事会が認めた場合を除き、再加入できないものとする。

4　次の場合には、自動的に退会とする。

　（1）退職したとき

　（2）解雇されたとき

　（3）役員に昇格したとき

（会計年度）

第5条　持株会の会計年度は、4月1日から翌年3月31日までの1年間とする。

2　毎会計年度ごとに決算を行う。

（役員）

第6条　持株会の役員は、理事および監事とし、会員総会において選任する。

2　理事の互選により、理事長を選任する。
（理事長の権限）
第7条　理事長は、持株会を代表する。ただし、理事長に事故があるときは、他の理事がこれに代わる。
（監事の権限）
第8条　監事は、持株会の会計を監査し、その結果を定例会員総会に報告する。
（役員の任期）
第9条　役員の任期は、2年とする。ただし、再任を妨げないものとする。
（理事会）
第10条　理事長は、毎年5月に定例理事会を招集する。ただし、必要あるときは、その都度招集する。
2　理事会は、理事の過半数の出席によって成立し、出席理事の過半数の賛成によって決議する。
3　理事会の決議事項は、次のとおりとする。
　（1）会計に関すること
　（2）諸規程の制定および改廃に関すること
　（3）事務代行委託契約の締結に関すること
　（4）理事長名義で行う株式の議決権の行使に関すること
　（5）その他持株会の運営に関する重要なこと
（会員総会）
第11条　持株会は、重要事項の決議および役員の選任のため、毎年5月に定例会員総会を開催する。ただし、必要あるときは、臨時会員総会を開催する。
2　会員総会は、理事長が招集する。
3　会員総会の議決は、出席会員の過半数をもって行う。
4　会員は、会員総会において各自1個の議決権を有する。
5　会員は、書面または代理人（会員）を通じて、前項の議決権を行使することができる。
（積立金）

第12条　会員は、毎月の給与から一定口数の資金を積み立てる。ただし、やむを得ない場合は、理事長に届け出ることにより積立てを休止することができる。
2　積立金は、1口1,000円とする。
3　積立金の上限は、給与の10%とする。
4　賞与においては、積立口数の3倍を別途積み立てることができる。
5　口数を変更するときは、毎年3月または9月（いずれも1日から末日まで）に申し出るものとする。申し出があったときは、翌月分から積立口数を変更する。
（奨励金）
第13条　会社は、会員の積立に対し、1口50円の割合で奨励金を支給する。
2　奨励金は、税務上、給与所得とする。
（株式の購入）
第14条　持株会は、会員の積立金および会社からの奨励金の合計額から必要経費（株式売買手数料を含む）を差し引いて、一括して会社の株式を購入する。
2　保有する株式に対する配当金（税金を控除した額）も、一括して株式の購入に当てる。
（持分の計算）
第15条　持株会は、株式（この株式に対する配当株式および無償交付株式を含む）を購入したときは、購入の都度、会員の積立金および奨励金に応じる株式を、その会員の持分として、「会員別持分明細表」に登録する。
（理事長への信託）
第16条　会員は、自己に登録配分された株式を、管理の目的をもって理事長に信託する。
2　前項により理事長が受託した株式は、理事長名義に書き換えるものとする。
（議決権の行使）
第17条　理事長名義の株式の議決権は、理事長が行使する。

第4章　株式

2　会員は、各自の持分に相当する株式の議決権の行使について、理事長に対し、各株主総会ごとに特別の指示を出すことができる。

（権利の譲渡等の禁止）

第18条　会員は、登録配分された株式にかかわる権利を他に譲渡し、または質入してはならない。

（株式の引出し）

第19条　会員は、登録配分された株式が1,000株を超えたときは、理事長に申し出ることにより、1,000株を単位として引き出すことができる。

2　株式が引き出されたときは、「会員別持分明細表」から、引き出された分を抹消する。

（株式の返還）

第20条　会員が退会するときは、その会員に登録配分された株式を返還する。

2　前項の規定にかかわらず、1,000株未満については、金銭（時価相当額）で返還する。

（新株式の割当て）

第21条　増資の際における新株引受権については、割当日現在の会員の持分に応じて会員から払込相当額を徴収し、その権利を行使する。

2　会員は、払込金を支払うことにより、新株についての持分を取得する。

（事務処理の委託）

第22条　持株会の事務処理は、〇〇証券株式会社に委託する。

2　会社は、持株会が事務委託先に対して支払う、次のものを負担する。

　（1）委託事務手数料

　（2）委託事務手数料にかかる消費税相当額

（付則）

　この規程は、　　年　月　日から施行する。

4 モデル規約

社員持株会規約
第1章　総則

（名称）

第1条　この会は、○○社員持株会（以下、「本会」という）という。

（会の性格）

第2条　本会は、民法上の組合とする。

（目的）

第3条　本会は、○○株式会社（以下、「会社」という）の社員の財産形成および会社経営の安定を図るため、会社の株式の取得および保有を奨励することを目的とする。

（所在地）

第4条　本会は、会社の本店内に事務所を置く。

（会員の構成）

第5条　本会は、会社の社員で構成する。

（入会・退会）

第6条　社員は、理事長に届けることにより、本会に入会し、または退会することができる。

2　入会申込み期間は、毎年4月1日から同月末日までの1ヶ月とする。

3　退会は随時できる。ただし、いったん退会したときは、理事会が認めた場合を除き、再加入できないものとする。

4　次の場合には、自動的に退会とする。

（1）退職したとき

（2）解雇されたとき

（3）役員に昇格したとき

（会計年度）

第7条　本会の会計年度は、4月1日から翌年3月31日までの1年間とする。

2　毎会計年度ごとに決算を行う。

第4章　株式

第2章　会の構成と役員

(役員)

第8条　会員総会において、会員の中から理事5名および監事2名を選任する。

2　理事の互選により、理事長を選任する。

(理事長の権限)

第9条　理事長は、本会を代表する。ただし、理事長に事故があるときは、他の理事がこれに代わる。

(監事の権限)

第10条　監事は、本会の会計を監査し、その結果を定例会員総会に報告する。

(役員の任期)

第11条　役員の任期は、2年とする。ただし、再任を妨げないものとする。

(理事会)

第12条　理事長は、毎年5月に定例理事会を招集する。ただし、必要あるときは、その都度招集する。

2　理事会は、理事の過半数の出席によって成立し、出席理事の過半数の賛成によって決議する。

3　理事会の決議事項は、次のとおりとする。

　(1)　会計に関すること

　(2)　諸規程の制定および改廃に関すること

　(3)　事務代行委託契約の締結に関すること

　(4)　理事長名義で行う株式の議決権の行使に関すること

　(5)　その他本会の運営に関する重要なこと

(会員総会)

第13条　本会は、重要事項の決議および役員の選任のため、毎年5月に定例会員総会を開催する。ただし、必要あるときは、臨時会員総会を開催する。

2　会員総会は、理事長が招集する。

3　会員総会の議決は、出席会員の過半数をもって行う。

4 会員は、会員総会において各自1個の議決権を有する。
5 会員は、書面または代理人（会員）を通じて、前項の議決権を行使することができる。

第3章　株式の購入と引き出し

（積立金）

第14条　会員は、毎月の給与から一定口数の資金を積み立てる。ただし、やむを得ない場合は、理事長に届け出ることにより積立てを休止することができる。

2 積立金は、1口1,000円とする。
3 積立金の上限は、給与の10%とする。
4 賞与においては、積立口数の3倍を別途積み立てることができる。
5 口数を変更するときは、毎年3月または9月（いずれも1日から末日まで）に申し出るものとする。申し出があったときは、翌月分から積立口数を変更する。

（奨励金）

第15条　本会は、会員の積立に対し、1口50円の割合で会社から奨励金の支給を受ける。

（株式の購入）

第16条　本会は、会員の積立金および会社からの奨励金の合計額から必要経費（株式売買手数料を含む）を差し引いて、一括して会社の株式を購入する。

2 本会の保有する株式に対する配当金（税金を控除した額）も、一括して会社の株式の購入に当てる。
3 第1項による購入は、毎月積立金が本会の口座に振り込まれた後、遅滞なく行う。
4 第2項による購入は、本会が配当金を受け取った後、遅滞なく行う。

（持分の計算）

第17条　本会は、株式（この株式に対する配当株式および無償交付株式を含む）を購入したときは、購入の都度、会員の積立金および奨励金に応

第4章　株式

じる株式を、その会員の持分として、「会員別持分明細表」に登録する。

（理事長への信託）

第18条　会員は、自己に登録配分された株式を、管理の目的をもって理事長に信託する。

2　前項により理事長が受託した株式は、理事長名義に書き換えるものとする。

（議決権の行使）

第19条　理事長名義の株式の議決権は、理事長が行使する。

2　会員は、各自の持分に相当する株式の議決権の行使について、理事長に対し、各株主総会ごとに特別の指示を出すことができる。

3　前項に定めるところにより特別の指示を出す場合には、株主総会の1週間前までに、次の事項を書面により理事長に届け出なければならない。

（1）特別の指示を出す旨

（2）特別の指示の内容

（3）特別の指示を出す理由

（権利の譲渡等の禁止）

第20条　会員は、登録配分された株式にかかわる権利を他に譲渡し、または質入してはならない。

（株式の引き出し）

第21条　会員は、登録配分された株式が1,000株を超えたときは、理事長に申し出ることにより、1,000株を単位として引き出すことができる。

2　株式が引き出されたときは、「会員別持分明細表」から、引き出された分を抹消する。

（株式の返還）

第22条　会員が退会するときは、その会員に登録配分された株式を返還する。

2　前項の規定にかかわらず、1,000株未満については、金銭（時価相当額）で返還する。

（新株式の割当て）

第23条　増資の際における新株引受権については、割当日現在の会員の持

分に応じて会員から払込相当額を徴収し、その権利を行使する。

2　会員は、払込金を支払うことにより、新株についての持分を取得する。

（積立金・割当株数等の通知）

第24条　本会は、会計年度が終了したときは、その年度の積立金、奨励金および割当株式数等を遅滞なく各人に通知する。

第4章　会の事務等

（事務処理の委託）

第25条　本会の事務処理は、〇〇証券株式会社に委託する。

2　事務委託先に対して支払う次のものは、会社負担とする。

　（1）委託事務手数料

　（2）委託事務手数料にかかる消費税相当額

（会社との覚書の締結）

第26条　本会は、会社との間において、次の事項について覚書を締結する。

　（1）給与・賞与からの積立金の控除

　（2）控除した積立金の本会口座への振込み

　（3）会員に対する奨励金の支給

　（4）委託事務手数料および委託事務手数料にかかる消費税相当額の負担

　（5）その他必要事項

（付則）

1　この規約は、　　年　月　日から施行する。

2　この規約の改正は、会員総会において出席会員の3分の2以上の賛成を得て決議する。

第4章　株式

（様式１）社員持株会入会申込書

　　　　　　　　　　　　　　　　　　　　　　　年　　月　　日

社員持株会理事長殿

　　　　　　　　　　　　　　　　　　　　　　部　　　　課
　　　　　　　　　　　　　　　　　　　　　　　　　　　印

　　　　　　　　　　社員持株会入会申込書

　次のとおり、社員持株会への入会を申し込みます。

1	月例給与からの積立口数		口
2	夏季賞与からの積立口数		口
3	年末賞与からの積立口数		口
4	その他	社員持株会規約の定めるところによる	

　　　　　　　　　　　　　　　　　　　　　　　　　　　以上

（注）１　積立金は、１口1,000円とする。
　　　２　積立金の上限は、給与の10％とする。
　　　３　賞与の積立金の上限は、給与の積立口数の３倍とする。
　　　４　口数を変更するときは、毎年３月または９月（いずれも１日から末日まで）に申し出るものとする。申し出があったときは、翌月分から積立口数を変更する。

(様式2) 積立金変更申出書

　　　　　　　　　　　　　　　　　　　　　　　　年　　月　　日

社員持株会理事長殿

　　　　　　　　　　　　　　　　　　　　　　　　　部　　　課
　　　　　　　　　　　　　　　　　　　　　　　　　　　　　印

　　　　　　　　　　　積立金変更申出書

次のとおり、積立金の変更を申し出ます。

1	月例給与からの積立口数(変更後)	口
2	夏季賞与からの積立口数(変更後)	口
3	年末賞与からの積立口数(変更後)	口
4	その他	社員持株会規約の定めるところによる

　　　　　　　　　　　　　　　　　　　　　　　　　　以上

(注)　1　口数を変更するときは、毎年3月または9月（いずれも1
　　　　　日から末日まで）に申し出るものとする。
　　　2　申出があったときは、翌月分から積立口数を変更する。

第4章 株式

(様式3) 積立金・割当株式数等の通知

　　　　　　　　　　　　　　　　　　　　　　年　　月　　日

　　　　部　　課
　　　　　　　　様

　　　　　　　　　　　　　　　　　　社員持株会理事長

　　　　積立金・割当株式数等の通知（　　年度）

	積立金	奨励金	配当金	合計	割当株式数	引出株式数	株式数残高	備考
4月								
5								
6								
7								
8								
9								
10								
11								
12								
1								
2								
3								
合計								

　　　　　　　　　　　　　　　　　　　　　　　　　　以上

(様式4) 社員持株会退会申出書

　　　　　　　　　　　　　　　　　　　　　　　　　年　　月　　日

社員持株会理事長殿
　　　　　　　　　　　　　　　　　　　　　　　　　　部　　　課
　　　　　　　　　　　　　　　　　　　　　　　　　　　　　印

　　　　　　　　　　　　社員持株会退会申出書
　次のとおり、社員持株会からの退会を申し出ます。

1　退会する理由	□退職 □その他（　　　　　　　　　　）
2　退会日	年　　月　　日付
3　その他	

　　　　　　　　　　　　　　　　　　　　　　　　　　　　　以上
（注）1　退会したときは、原則として再入会は認めない。
　　　2　持株のうち1,000株を単位とする持分は株券で、1,000株未満の持分は時価換算のうえ現金で交付する。

第4章　株式

(様式5)　株式返還通知書

　　　　　　　　　　　　　　　　　　　　　年　　　月　　　日

　　　　部　　　課
　　　　　　　　様

　　　　　　　　　　　　　　　　　社員持株会理事長

　　　　　　　　　　株式返還通知書
　　　退会に伴い、あなたの持分を次のとおり、返還します。

1	あなたの持株数	
2	上記持株のうち、株式で返還する株式数	
3	上記持株のうち、金銭で返還する金額	
4	返還日	年　月　日
5	金銭で返還する金額の返還方法	口座振込による
6	その他	

　　　　　　　　　　　　　　　　　　　　　　　　　　以上

第5節　取引先持株会規程・取引先持株会規約

1　規程の趣旨

　取引先が会社（発注元）の株式の購入および所有を目的として設立する組織を「取引先持株会」という。

　取引先持株会は、会社にとって、「安定株主の増加と経営の安定を図れる」、「敵対的買収を防止できる」などの効果が期待できる。

　取引先にとっても、「発注元の経営の安定化を通じて、発注量の安定を期待できる」、「発注元との結び付きを強化できる」、「株価の上昇を通じて、資産の増加を図れる」などのメリットがある。

2　規程の内容

（1）取引先持株会の性格

　取引先持株会は、法人格のない社団として設立するのがよい。

（2）入会・退会

　入会および退会は、随時できるものとする。

（3）理事会・総会

　理事会および総会について、その構成、招集時期、招集方法、成立要件、決議要件および決議事項などを定める。

（4）積立金

　積立てについては、

・毎月一定額を積み立てる

・毎月積み立てるが、その額は特に定めない

・随時積み立てる

などがある。

　会社の経営の安定と取引先と会社との関係強化という持株会の趣旨からすると、毎月一定口数の資金を積み立てるのがよい。ただし、やむを得ない場合は、理事長の許可を受け、積立てを休止することができるものとす

第4章　株式

る。

（5）株式の購入

持株会は、会員の積立金から必要経費（株式売買手数料を含む）を差し引いて、一括して会社の株式を購入する。

なお、保有株式に対する配当金（税金を控除した額）の取扱いについては、

・一括して会社の株式の購入に当てる
・現金で会員に還付する

などがある。

（6）持分の計算

持株会は、株式を購入したときは、購入の都度、会員の積立金に応じる株式を、その会員の持分として「会員別持分明細表」に登録する。

（7）理事長への管理信託

会員は、持株会が購入した株式にかかわる持分を、管理の目的をもって理事長に信託する。理事長が受託した株式は、理事長名義に書き換えるものとする。

（8）議決権の行使

理事長名義の株式の議決権は、理事長が行使する。

なお、持株会の株式は、会員の共有物であり、会員はそれぞれ持分を有している。したがって、会員は、各自の持分に相当する株式の議決権の行使について、理事長に対し、各株主総会ごとに特別の指示を出すことができるものとする。

特別の指示を出す場合には、株主総会の一定期間（例えば、1週間）前までに、次の事項を書面により理事長に届け出なければならないものとする。

① 特別の指示を出す旨
② 特別の指示の内容
③ 特別の指示を出す理由

（9）株式の引き出し

会員は、登録された持分が一定数（例えば、1,000株）を超えたときは、

理事長に申し出ることにより、一定数(例えば、1,000株)を単位として引き出すことができるものとする。

(10) 株式の返還

会員が退会するときは、その会員に登録配分された株式を返還する。

3　モデル規程

取引先持株会規程

(総則)

第1条　この規程は、取引先持株会(以下、単に「持株会」という)の構成および運営等について定める。

(会の性格)

第2条　持株会は、法人格のない社団とする。

(目的)

第3条　持株会は、会社の経営の安定および取引先との関係強化を目的として設立する。

(会員の構成)

第4条　持株会は、会社の取引先で構成する。

(入会・退会)

第5条　取引先は、理事長に届けることにより、持株会に入会し、または退会することができる。

2　入会および退会は随時できる。ただし、いったん退会したときは、理事会が認めた場合を除き、再加入できないものとする。

(会計年度)

第6条　持株会の会計年度は、4月1日から翌年3月31日までの1年間とする。

2　毎会計年度ごとに決算を行う。

(役員)

第7条　会員総会において、会員の中から理事5名および監事2名を選任する。

2　理事の互選により、理事長を選任する。

第4章　株式

（理事長の権限）

第8条　理事長は、持株会を代表する。ただし、理事長に事故があるときは、他の理事がこれに代わる。

（監事の権限）

第9条　監事は、持株会の会計を監査し、その結果を定例会員総会に報告する。

（役員の任期）

第10条　役員の任期は、2年とする。ただし、再任を妨げないものとする。

（理事会）

第11条　理事長は、毎年5月に定例理事会を招集する。ただし、必要あるときは、その都度招集する。

2　理事会は、理事の過半数の出席によって成立し、出席理事の過半数の賛成によって決議する。

3　理事会の決議事項は、次のとおりとする。

　（1）会計に関すること

　（2）諸規程の制定および改廃に関すること

　（3）事務代行委託契約の締結に関すること

　（4）理事長名義で行う株式の議決権の行使に関すること

　（5）会員総会に提案する議案に関すること

　（6）その他持株会の運営に関する重要な事項

（会員総会）

第12条　持株会は、重要事項の決議および役員の選任のため、毎年5月に定例会員総会を開催する。ただし、必要あるときは、臨時会員総会を開催する。

2　会員総会は、理事長が招集する。

3　会員総会の議決は、出席会員の過半数をもって行う。

4　会員は、会員総会において各自1個の議決権を有する。

5　会員は、書面または代理人（会員）を通じて、前項の議決権を行使することができる。

（積立金）

第13条　会員は、毎月一定口数の資金を積み立てる。ただし、やむを得ない場合は、理事長に届け出ることにより積立てを休止することができる。
2　積立金は、1口1,000円とする。
3　積立金は、毎月末日までに、本会の口座に振り込むものとする。
4　口数を変更するときは、毎年3月または9月（いずれも1日から末日まで）に申し出るものとする。申し出があったときは、翌月分から積立口数を変更する。
（株式の購入）
第14条　持株会は、会員の積立金から必要経費（株式売買手数料を含む）を差し引いて、一括して会社の株式を購入する。
2　持株会の保有する株式に対する配当金（税金を控除した額）も、一括して会社の株式の購入に当てる。
3　第1項による購入は、毎月積立金が持株会の口座に振り込まれた後、遅滞なく行う。
4　第2項による購入は、持株会が配当金を受け取った後、遅滞なく行う。
（持分の計算）
第15条　持株会は、株式（この株式に対する配当株式および無償交付株式を含む）を購入したときは、購入の都度、会員の積立金に応じる株式を、その会員の持分として「会員別持分明細表」に登録する。
（理事長への信託）
第16条　会員は、自己に登録配分された株式を、管理の目的をもって理事長に信託する。
2　前項により理事長が受託した株式は、理事長名義に書き換えるものとする。
（議決権の行使）
第17条　理事長名義の株式の議決権は、理事長が行使する。
2　会員は、各自の持分に相当する株式の議決権の行使について、理事長に対し、各株主総会ごとに特別の指示を出すことができる。
（権利の譲渡等の禁止）
第18条　会員は、登録配分された株式にかかわる権利を他に譲渡し、また

第4章　株式

は質入してはならない。

（株式の引出し）

第19条　会員は、登録配分された株式が1,000株を超えたときは、理事長に届け出ることにより、1,000株を単位として引き出すことができる。

（株式の返還）

第20条　会員が退会するときは、その会員に登録配分された株式を返還する。

2　前項の規定にかかわらず、1,000株未満については、金銭（時価相当額）で返還する。

（新株式の割当て）

第21条　増資の際における新株引受権については、割当日現在の会員の持分に応じて会員から払込相当額を徴収し、その権利を行使する。

2　会員は、払込金を支払うことにより、新株についての持分を取得する。

（事務費の支出）

第22条　持株会の事務処理に必要な経費は、積立金の中から支出する。

（事務処理の委託）

第23条　持株会の事務処理は、○○証券株式会社に委託する。

（付則）

　この規程は、　年　月　日から施行する。

4　モデル規約

取引先持株会規約
第1章　総則

（名称）

第1条　この会は、○○産業取引先持株会（以下、「本会」という）という。

（会の性格）

第2条　本会は、法人格のない社団とする。

（目的）

第3条　本会は、○○産業株式会社（以下、「会社」という）の経営の安

定および取引先と会社との関係強化を図ることを目的とする。

（所在地）

第4条　本会は、東京都千代田区〇〇町〇丁目〇番〇号所在の□□工業株式会社本店に事務所を置く。

（会員の構成）

第5条　本会は、会社の取引先で構成する。

（入会・退会）

第6条　取引先は、理事長に届けることにより、本会に入会し、または退会することができる。

2　入会および退会は随時できる。ただし、いったん退会したときは、理事会が認めた場合を除き、再加入できないものとする。

（会計年度）

第7条　本会の会計年度は、4月1日から翌年3月31日までの1年間とする。

2　毎会計年度ごとに決算を行う。

第2章　会の構成と役員

（役員）

第8条　会員総会において、会員の中から理事5名および監事2名を選任する。

2　理事の互選により、理事長を選任する。

（理事長の権限）

第9条　理事長は、本会を代表する。ただし、理事長に事故があるときは、他の理事がこれに代わる。

（監事の権限）

第10条　監事は、本会の会計を監査し、その結果を定例会員総会に報告する。

（役員の任期）

第11条　役員の任期は、2年とする。ただし、再任を妨げないものとする。

（理事会）

第4章　株式

第12条　理事長は、毎年5月に定例理事会を招集する。ただし、必要あるときは、その都度招集する。

2　理事会は、理事の過半数の出席によって成立し、出席理事の過半数の賛成によって決議する。

3　理事会の決議事項は、次のとおりとする。

（1）会計に関すること
（2）諸規程の制定および改廃に関すること
（3）事務代行委託契約の締結に関すること
（4）理事長名義で行う株式の議決権の行使に関すること
（5）会員総会に提案する議案に関すること
（6）その他本会の運営に関する重要な事項

（会員総会）

第13条　本会は、重要事項の決議および役員の選任のため、毎年5月に定例会員総会を開催する。ただし、必要あるときは、臨時会員総会を開催する。

2　会員総会は、理事長が招集する。

3　会員総会の議決は、出席会員の過半数をもって行う。

4　会員は、会員総会において各自1個の議決権を有する。

5　会員は、書面または代理人（会員）を通じて、前項の議決権を行使することができる。

第3章　株式の購入と引出し

（積立金）

第14条　会員は、毎月一定口数の資金を積み立てる。ただし、やむを得ない場合は、理事長に届け出ることにより積立を休止することができる。

2　積立金は、1口1,000円とする。

3　積立金は、毎月末日までに、本会の口座に振り込むものとする。

4　口数を変更するときは、毎年3月または9月（いずれも1日から末日まで）に申し出るものとする。申し出があったときは、翌月分から積立口数を変更する。

（株式の購入）

第15条　本会は、会員の積立金から必要経費（株式売買手数料を含む）を差し引いて、一括して会社の株式を購入する。

2　本会の保有する株式に対する配当金（税金を控除した額）も、一括して会社の株式の購入に当てる。

3　第1項による購入は、毎月積立金が本会の口座に振り込まれた後、遅滞なく行う。

4　第2項による購入は、本会が配当金を受け取った後、遅滞なく行う。

（持分の計算）

第16条　本会は、株式（この株式に対する配当株式および無償交付株式を含む）を購入したときは、購入の都度、会員の積立金に応じる株式を、その会員の持分として「会員別持分明細表」に登録する。

（理事長への信託）

第17条　会員は、自己に登録配分された株式を、管理の目的をもって理事長に信託する。

2　前項により理事長が受託した株式は、理事長名義に書き換えるものとする。

（議決権の行使）

第18条　理事長名義の株式の議決権は、理事長が行使する。

2　会員は、各自の持分に相当する株式の議決権の行使について、理事長に対し、各株主総会ごとに特別の指示を出すことができる。

3　前項に定めるところにより特別の指示を出す場合には、株主総会の1週間前までに、次の事項を書面により理事長に届け出なければならない。

（1）特別の指示を出す旨

（2）特別の指示の内容

（3）特別の指示を出す理由

（権利の譲渡等の禁止）

第19条　会員は、登録配分された株式にかかわる権利を他に譲渡し、または質入してはならない。

（株式の引出し）

第 4 章　株式

第20条　会員は、登録配分された株式が1,000株を超えたときは、理事長に届け出ることにより、1,000株を単位として引き出すことができる。

2　株式が引き出されたときは、「会員別持分明細表」から、引き出された分を抹消する。

（株式の返還）

第21条　会員が退会するときは、その会員に登録配分された株式を返還する。

2　前項の規定にかかわらず、1,000株未満については、金銭（時価相当額）で返還する。

（新株式の割当て）

第22条　増資の際における新株引受権については、割当日現在の会員の持分に応じて会員から払込相当額を徴収し、その権利を行使する。

2　会員は、払込金を支払うことにより、新株についての持分を取得する。

（積立金・割当株数等の通知）

第23条　本会は、会計年度が終了したときは、その年度の積立金および割当株式数等を遅滞なく会員に通知する。

第 4 章　会の事務

（事務費の支出）

第24条　本会の事務処理に必要な経費は、積立金の中から支出する。

（事務処理の委託）

第25条　本会の事務処理は、○○証券株式会社に委託する。

（付則）

1　この規約は、　　年　月　日から施行する。

2　この規約の改正は、会員総会において出席会員の3分の2以上の賛成を得て決議する。

(様式1）取引先持株会入会申込書

年　　月　　日

〇〇産業取引先持株会

理事長　　　　殿

□□□□株式会社

取締役社長□□□□印

〇〇産業取引先持株会入会申込書

次のとおり、入会を申し込みます。

| 1 | 積立口数 | 口 |
| 2 | その他 | 〇〇産業取引先持株会規約の定めるところによる。 |

以上

（注）1　積立金は、1口1,000円とする。
　　　2　積立口数は、1口以上とする。
　　　3　積立口数を変更するときは、毎年3月または9月（いずれも1日から末日まで）に申し出るものとする。申し出があったときは、翌月分から積立口数を変更する。

第4章　株式

（様式2）取引先持株会退会申出書

　　　　　　　　　　　　　　　　　　　　　　　　　　　年　　月　　日

○○産業取引先持株会
　理事長　　　　殿

　　　　　　　　　　　　　　　　　　　　　　　□□□□株式会社
　　　　　　　　　　　　　　　　　　　　　　　取締役社長□□□□印

　　　　　　　　　　○○産業取引先持株会退会申出書

次のとおり、退会を申し出ます。

1　退会日	年　　月　　日付
2　退会する理由	

　　　　　　　　　　　　　　　　　　　　　　　　　　　　　　以上

（注）1　退会したときは、原則として再加入は認めない。
　　　2　持株のうち1,000株を単位とする持分は株券で、1,000株未満の持分は時価換算のうえ現金で交付する。

第6節　配当金規程

1　規程の趣旨

　配当金は、株価の上昇と並んで、株主の最大の関心事である。配当金が良くないと、株主の支持を得ることができない。

　会社は、分配可能額を超えなければ、事業年度中いつでも剰余金の配当をすることができる。

　剰余金の配当については、取締役会の決議を経て、株主総会の決議によって行われるのが原則である。なお、会社法は、「取締役会設置会社は、1事業年度中の途中において1回に限り、取締役会の決議によって中間配当をすることができる旨を定款で定めることができる」と定めている（第454条第5項）。

2　規程の内容

（1）配当の方針

　株主は、安定配当を希望している。このため、「会社は、安定配当を基本方針とする」と明記するのがよい。

（2）配当金の決定基準

　配当金の額（1株当たりの金額および総額）は、次の事項を総合的に勘案して決定するのが合理的である。

・業績の実績および見通し
・前年同期の配当金の実績
・株価
・その他必要事項

（3）支払方法

　配当金の支払いは、次のいずれかによるものとする。

・金融機関の預金口座への振込み
・郵便局の郵貯口座への振込み

第4章　株式

・現金払い（配当金領収書または郵便振替支払通知書による支払い）

3　モデル規程

配当金規程

（総則）

第1条　この規程は、剰余金の配当について定める。

2　剰余金の配当について、この規程に定めのない事項は、次のものによる。

　（1）会社法その他の法令

　（2）定款

　（3）株主総会の決議

　（4）取締役会の決議

（配当の種類）

第2条　配当の種類は、次のとおりとする。

　（1）期末配当

　（2）中間配当

2　期末配当は、毎年3月31日の最終の株主名簿に記載または記録された株主および登録株式質権者に対して行う。

3　中間配当は、取締役会の決議によって、毎年9月30日の最終の株主名簿に記載または記録された株主および登録株式質権者に対して行う。

（配当の方針）

第3条　会社は、安定配当を基本方針とする。

（配当金の決定基準）

第4条　配当金の額（1株当たりの金額および総額）は、次の事項を総合的に勘案して決定する。

　（1）業績の実績および見通し

　（2）前年同期の配当金の実績

　（3）株価

　（4）その他必要事項

（配当金の計算）

第5条　配当金は、各株主の所有する株式に1株当たりの配当金額を乗じることにより計算する。

2　配当金の計算において円未満の端数が生じるときは、1円に切り上げる。

（支払方法）

第6条　配当金の支払いは、次のいずれかによる。

（1）金融機関の預金口座への振込み

（2）郵便局の郵貯口座への振込み

（3）現金払い（配当金領収書または郵便振替支払通知書による支払い）

（送金手数料等の負担）

第7条　配当金の支払いにかかる送金手数料等の諸費用は、会社が負担する。

（除斥期間）

第8条　配当金は、支払開始の日から満3年を経過してなお受領されないときは、会社はその支払義務を免れる。

2　未払いの配当金には利息を付けない。

（付則）

この規程は、　　年　月　日から施行する。

第4章　株式

第7節　新株予約権発行規程

1　規程の趣旨

権利者（新株予約権者）が、あらかじめ定められた期間内に、あらかじめ定められた価額を会社に払い込めば、会社から一定数の新株の発行を受けることができる権利を「新株予約権」という。

新株予約権は、ストックオプション、社債発行、企業提携、資金調達、敵対的買収の防止など、さまざまな目的で活用することができる。

2　規程の内容

（1）募集事項の決定

会社法は、「会社は、新株予約権を発行するときは、株主総会（公開会社の場合は、取締役会）において、①新株予約権の内容および数、②新株予約権と引換えに金銭の払込みを要しないこととする場合には、その旨、③新株予約権と引換えに金銭の払込みを要する場合には、払込金額、④新株予約権と引換えにする金銭の払込みの期日を定める場合には、その期日、⑤その他を決議しなければならない」と定めている（第238条、第240条）。

（2）公告

会社法は、「会社は、新株予約権発行の募集事項を定めた場合には、割当日の2週間前までに、その内容を株主に通知するか、または公告しなければならない」と定めている（第240条第2項、第3項）。

（3）新株予約権の申込み

会社法は、「新株予約権の募集に応じる者は、①氏名または名称および住所、②引き受けようとする新株予約権の数を記載した書面を会社に提出しなければならない」と定めている（第242条第2項）。

（4）新株予約権原簿

会社法は、
・新株予約権を発行したときは、遅滞なく、新株予約権原簿を作成し、

必要事項を記載しなければならない
・新株予約権者は、会社に対し、新株予約権原簿記載事項を記載した書面の交付を請求することができる
・会社は、新株予約権原簿の作成および備え置きその他の新株予約権原簿に関する事務を株主名簿管理人に委託することができる

と定めている（第249条、第250条、第251条）。

（5）株主総会への報告

　新株予約権を発行したときは、直後の株主総会において、新株予約権の発行日、新株予約権の内容および数などを報告する。

（6）新株予約権の無償割当て

　会社法は、「会社は、株主に対して無償で新株予約権を割り当てることができる」と定めている（第277条）。このため、必要に応じて、株主を対象とした新株予約権の無償割当てを行う。

　なお、会社法は、「新株予約権の無償割当てをするときは、株主総会(取締役会設置会社の場合は、取締役会）において、①株主に割り当てる新株予約権の内容および数、②新株予約権が新株予約権付社債に付されたものであるときは、その新株予約権付社債についての社債の種類および各社債の金額の合計額、③新株予約権の無償割当てがその効力を生ずる日、を決議しなければならない」と定めている（第278条第1項、第2項）。

（7）新株予約権の行使

　新株予約権者は、新株予約権を行使するときは、会社に対し、次の事項を明らかにした書面を会社に提出し、かつ、権利行使価額に新株予約権の目的である株式数を乗じた額の全額を払い込まなければならないものとする。

　① 　行使する新株予約権の内容および数
　② 　新株予約権を行使する日

（8）株主となる日

　会社法は、「新株予約権を行使した新株予約権者は、その新株予約権を行使した日に、その新株予約権の目的である株式の株主となる」と定めている（第282条）。

第4章　株式

（9）新株予約権の消滅

会社法は、「新株予約権者がその有する新株予約権を行使することができなくなったときは、その新株予約権は消滅する」と定めている（第287条）。

3　モデル規程（公開会社）

新株予約権発行規程

（総則）
第1条　この規程は、新株予約権の発行について定める。
2　新株予約権の発行についてこの規程に定めのない事項は、会社法の定めるところによる。

（新株予約権の発行）
第2条　会社は、経営上必要であると認めるときは、取締役会の決議により、新株予約権を発行する。

（募集事項の決定）
第3条　新株予約権を発行するときは、取締役会において、次の事項を決議する。
　（1）新株予約権の内容および数
　（2）新株予約権と引換えに金銭の払込みを要しないこととする場合には、その旨
　（3）新株予約権と引換えに金銭の払込みを要する場合には、払込金額
　（4）新株予約権と引換えにする金銭の払込みの期日を定める場合には、その期日
　（5）その他法令で定める事項
2　取締役会は、必要に応じて、次の事項を決議する。
　（1）譲渡による新株予約権の取得について、会社の承認を要すること
　（2）会社に一定の事由が生じたときは、会社が新株予約権を取得すること
　（3）新株予約権を行使した新株予約権者に交付する株式の数に1株に満たない端数がある場合には、これを切り捨てること

（公告）

第4条　会社は、前条の内容を、割当日の2週間前までに公告する。ただし、会社法第240条第4項に定める要件に該当する場合は、この限りでない。

（新株予約権の申込者への通知）

第5条　会社は、新株予約権の引受けの申込みをしようとする者に対し、次に掲げる事項を通知する。

（1）会社の商号
（2）募集事項
（3）新株予約権の行使に際して金銭の払込みをすべきときは、払込みの取扱場所
（4）その他法令で定める事項

（新株予約権の申込み）

第6条　新株予約権の募集に応じる者は、次に掲げる事項を記載した書面を会社に提出しなければならない。

（1）氏名または名称および住所
（2）引き受けようとする新株予約権の数

（新株予約権の割当て）

第7条　会社は、申込者の中から新株予約権の割り当てを受ける者を定め、かつ、その者に割り当てる新株予約権の数を定める。この場合において、会社は、申込者に割り当てる新株予約権の数を引受希望数よりも減少することができる。

2　会社は、割当日の前日までに、申込者に対し、その申込者に割り当てる新株予約権の数を通知する。

（新株予約権原簿）

第8条　会社は、新株予約権を発行したときは、遅滞なく、新株予約権原簿を作成し、必要事項を記載する。

2　会社は、新株予約権者から新株予約権原簿記載事項を記載した書面の交付を請求されたときは、これを交付する。ただし、証券発行新株予約権および証券発行新株予約権付社債に付された新株予約権については、

第4章　株式

この限りでない。

3　会社は、新株予約権原簿の作成および備え置きその他の新株予約権原簿に関する事務を株主名簿管理人に委託する。

（株主総会への報告）

第9条　会社は、新株予約権を発行したときは、直後の株主総会において、次の事項を報告する。

（1）新株予約権の発行日

（2）新株予約権の内容および数

（3）その他必要事項

（新株予約権の無償割当て）

第10条　会社は、必要と認めるときは、株主に対して、無償で新株予約権を割り当てることができる。

2　新株予約権の無償割当てをするときは、取締役会において、次の事項を決議する。

（1）株主に割り当てる新株予約権の内容および数

（2）新株予約権が新株予約権付社債に付されたものであるときは、その新株予約権付社債についての社債の種類および各社債の金額の合計額

（3）新株予約権の無償割当てがその効力を生ずる日

（新株予約権の第三者割当て）

第11条　会社は、必要と認めるときは、特定の第三者に対して新株予約権の全部を割り当てることができる。

（新株予約権の行使）

第12条　新株予約権者は、新株予約権を行使するときは、次の事項を明らかにした書面を会社に提出し、かつ、権利行使価額に新株予約権の目的である株式数を乗じた額の全額を払い込まなければならない。

（1）行使する新株予約権の内容および数

（2）新株予約権を行使する日

2　新株予約権者は、所定の払込期日までに新株予約権の払込金額の全額を払い込まないときは、新株予約権を行使することができない。

（株主となる日）

第13条 新株予約権を行使した新株予約権者は、その新株予約権を行使した日に、その新株予約権の目的である株式の株主となる。

（新株予約権の消滅）

第14条 新株予約権者がその有する新株予約権を行使することができなくなったときは、その新株予約権は消滅する。

（付則）

　この規程は、　　年　月　日から施行する。

第5章　役員・執行役員

第1節　役員規程

第2節　役員職務権限規程

第3節　役員報酬規程

第4節　役員退職慰労金規程

第5節　役員生命保険規程

第6節　役員業務災害補償規程

第7節　役員定年規程

第8節　相談役・顧問規程

第9節　社外取締役規程

第10節　会計参与規程

第11節　会計監査人規程

第12節　執行役員規程

第5章　役員・執行役員

第1節　役員規程

1　規程の趣旨

　社員については、労働基準法によって、勤務時間・休日・休暇・給与・退職・解雇等の取扱いを就業規則において定めることが義務付けられている。

　役員については、社員の就業規則に相当する規則を作成すべき法的義務はない。しかし、役員の選任や処遇や服務規律を明文化したものが何もないというのは、好ましいものではないであろう。

　健全なコーポレートガバナンス（企業統治）の確立という観点からすると、取締役および監査役の就任、服務規律、勤務形態、報酬および退任等について定めた規程を作成することが望ましい。

　当然のことながら、役員規程は、会社法の規定を踏まえて作成されなければならない。

2　規程の内容

（1）会社との関係
　会社法は、「会社と役員との関係は、委任に関する規定に従う」と定めている（第330条）。

（2）役職
　役員については、会長、社長、副社長、専務、常務、取締役および監査役等の役職を置くのが一般的である。

（3）選任
　会社法は、「役員は、株主総会の決議によって選任する」と定めている（第229条第1項）。

（4）就任日
　役員への就任日は、株主総会において選任された日とする。

(5) 取締役の任期

会社法は、取締役の任期について、「①任期は、選任後2年以内に終了する最終の事業年度に関する定時株主総会の終結の時までとする。②非公開会社は、任期を選任後10年以内に終了する最終の事業年度に関する定時株主総会の終結の時まで伸長することができる」と定めている（第332条第1項、第2項）。

(6) 監査役の任期

会社法は、監査役の任期について、「①任期は、選任後4年以内に終了する最終の事業年度に関する定時株主総会の終結の時までとする。②非公開会社は、任期を選任後10年以内に終了する最終の事業年度に関する定時株主総会の終結の時まで伸長することができる」と定めている（第336条第1項、第2項）。

(7) 忠実義務

役員は、次に掲げるものを誠実に遵守し、会社のために忠実にその職務を遂行しなければならないものとする。

- 会社法その他の法令
- 定款
- 株主総会の決議
- 取締役会の決議

(8) 競業および利益相反取引の制限

会社法は、取締役の競業および利益相反取引を制限している。

(9) 機密の保持

役員は、職務上知り得た会社の機密を、在任中はもとより退任後も他に漏えいしてはならないものとする。

(10) 損害賠償責任

役員は、その任務に反する行為によって会社に損害を与えたときは、その損害を賠償しなければならないものとする。

(11) 勤務時間・休日・休暇

役員の勤務時間、休日および休暇は、社員と同一とする。

(12) 福利厚生

役員について、年1回の健康診断、業務災害補償、慶弔見舞金の支給等の福利厚生を実施するのがよい。

(13) 報酬

会社法は、「取締役の報酬、賞与その他の職務執行の対価として会社から受ける財産上の利益は、株主総会の決議によって定める」（第361条第1項）、「監査役の報酬等は、株主総会の決議によって定める」（第387条第1項）と定めている。

(14) 退職慰労金の支給

退任する役員で会社に功労のあった者に対して、株主総会に諮って退職慰労金を支給する。

(15) 退任の要件

役員が、次のいずれかに該当するときは退任とする。
・任期が満了したとき
・辞任を申し出て取締役会で承認されたとき
・死亡したとき
・株主総会で解任されたとき
・会社法に定める欠格事由に該当したとき

3 モデル規程

役員規程

第1章　総則

（目的）

第1条　この規程は、役員（取締役および監査役）の就任、服務規律、勤務形態、報酬および退任等について定める。

2　この規程に定めのない事項は、次に掲げるものによる。

　（1）会社法その他の法令
　（2）定款
　（3）株主総会の決議
　（4）取締役会の決議

（適用範囲）
第2条 この規程は、原則として常勤の役員に適用する。ただし、非常勤役員については、第4章を除いて準用する。
（会社との関係）
第3条 会社と役員との関係は、民法で定める委任関係とする。
（役職）
第4条 役員に、次の役職を置く。
（1）取締役会長
（2）取締役社長
（3）取締役副社長
（4）専務取締役
（5）常務取締役
（6）取締役
（7）監査役

第2章　就任

（選任）
第5条 役員の選任は、株主総会の決議による。
（推薦の手続き）
第6条 株主総会に対する役員の推薦は、取締役社長が取締役会に諮って行う。
2　役員推薦の基準は、次のとおりとする。
（1）豊かな業務経験を有すること
（2）経営感覚が優れていること
（3）リーダーシップ、マネジメントシップおよび企画力に優れていること
（4）役員にふさわしい人格、識見を有すること
（5）会社の経営方針に理解があること
（6）心身ともに健康であること
（7）会社法が定める役員の欠格事由に該当しないこと

第 5 章　役員・執行役員

（就任承諾書）
第 7 条　役員に選任された者が就任を承諾したときは、速やかに会社に就任承諾書を提出しなければならない。ただし、留任の場合は省略することができる。
（就任日）
第 8 条　役員への就任日は、株主総会において選任された日とする。
（任期）
第 9 条　取締役の任期は、選任後 2 年以内に終了する最終の事業年度に関する定時株主総会の終結の時までとする。
2　監査役の任期は、選任後 4 年以内に終了する最終の事業年度に関する定時株主総会の終結の時までとする。
3　前 2 項にかかわらず、前任者の任期中に後任として就任した場合は、前任者の残任期間を任期とする。

第 3 章　服務規律

（忠実義務）
第10条　役員は、次に掲げるものを誠実に遵守し、会社のために忠実にその職務を遂行しなければならない。
　（1）会社法その他の法令
　（2）定款
　（3）株主総会の決議
　（4）取締役会の決議
（競業および利益相反取引の制限）
第11条　取締役は、次に掲げる場合には、取締役会において、その取引につき重要な事実を開示し、その承認を受けなければならない。
　（1）自己または第三者のために会社の事業の部類に属する取引をしようとするとき
　（2）自己または第三者のために会社と取引をしようとするとき
　（3）会社が取締役の債務を保証することその他取締役以外の者との間において会社とその取締役との利益が相反する取引をしようとするとき

(機密の保持)
第12条 役員は、職務上知り得た会社の機密を、在任中はもとより退任後も他に漏えいしてはならない。

(個人的利益の禁止)
第13条 役員は、職務上の地位および権限を利用して、個人的に経済的利益を図ってはならない。

(損害賠償)
第14条 役員は、その任務に反する行為またはこの規程に反する行為によって会社に損害を与えたときは、その損害を賠償しなければならない。
2 損害賠償責任は、辞任することによって免れることはできない。

第4章 勤務条件

(勤務時間)
第15条 役員の勤務時間、休日および休暇は、社員就業規則の定めるところによる。

(休職)
第16条 役員は、健康を害したときは、健康が回復し業務を遂行できるまで休職することができる。
2 休職中も、役員としての身分を保証し、報酬を支払う。

(届出)
第17条 休暇を取得するとき、または休職するときは、あらかじめ社長に届け出るものとする。

第5章 福利厚生

(健康診断)
第18条 会社は、役員に対して毎年1回、健康診断を実施する。役員は、会社が実施する健康診断を受けなければならない。

(災害補償)
第19条 会社は、役員が通勤途上または業務遂行上において負傷し、疾病にかかり、または死亡したときは、別に定めるところにより補償を行う。

第5章　役員・執行役員

（慶弔見舞金）
第20条　会社は、役員に慶弔があるときは、慶弔見舞金を支給する。その金額は、社員に対する支給額に準じ、社長が取締役会に諮って決定する。

第6章　報酬等

（報酬・賞与）
第21条　取締役の報酬および賞与は、株主総会で決議された総額の範囲内で、社長が取締役会に諮って決定する。
2　監査役の報酬および賞与は、株主総会で決議された総額の範囲内で、監査役間で協議して決定する。

（退職慰労金の支給）
第22条　会社は、退任する役員で会社に功労のあった者に対して、株主総会に諮って退職慰労金を支給する。
2　退職慰労金の取扱いは、「役員退職慰労金規程」の定めるところによる。

第7章　退任

（退任の要件）
第23条　役員が、次のいずれかに該当するときは退任とする。
　（1）任期が満了したとき
　（2）辞任を申し出て取締役会で承認されたとき
　（3）死亡したとき
　（4）株主総会で解任されたとき
　（5）会社法に定める欠格事由に該当したとき

（辞任）
第24条　役員を辞任しようとするときは、原則として3ヶ月前までに社長に申し出なければならない。社長は、これを取締役会に諮って決定する。

（辞任勧告）
第25条　取締役会は、役員に不正もしくは会社の信用を損なう行為があると認める場合、または役員としての適格性を欠くと判断される場合には、その役員に対して辞任を勧告することができる。

（退任役員の心得）

第26条 役員を退任するときは、業務の引継ぎを完全に行い、かつ、退任後においても、在任中に担当した業務について責任を持たなければならない。

（付則）

　この規程は、　　年　月　日から施行する。

第2節　役員職務権限規程

1　規程の趣旨

　会社は、経営を組織的・効率的に行うため、取締役について、会長・社長・副社長・専務・常務・取締役などの職位を設けている。また、監査役については、常任監査役・監査役という職位を設けている。
　取締役および監査役について、職位を設けている場合には、会社の実態を踏まえ、各職位の職務権限を定めることが望ましい。

2　規程の内容

（1）取締役の職務権限

　取締役の職務権限をどのように決めるかは、きわめて高度の経営判断を要することである。基本的には、代表権の有無などを勘案して決められるべきであるが、一般的には、次のように決めるのが現実的であろう。

〈取締役の職務権限〉

取締役会長	①　会社の業務執行の最高責任者として、業務全般を総括すること ②　会社を代表し、契約の締結その他の対外的業務を処理すること
取締役社長	①　会社の業務執行の最高責任者として、業務全般を統括すること ②　株主総会および取締役会を招集し、その議長を務めること ③　会社を代表し、契約の締結その他の対外的業務を処理すること

取締役副社長	① 取締役社長を補佐して、業務全般を管理すること ② 取締役社長に事故あるとき、または取締役社長を欠くときは、株主総会および取締役会を招集し、その議長を務めること
専務取締役	取締役会の決定に従い、1つまたは2つ以上の部門の管理業務を分担し、取締役社長を補佐すること
常務取締役	取締役会の決定に従い、1つまたは2つ以上の部門の管理業務を分担し、取締役社長を補佐すること
取締役	取締役会の決定に従い、特定の部門の管理業務を分担し、または経営上重要な業務の処理に当たり、取締役社長を補佐すること

(2) 監査役の職務権限

　監査役の職務権限は、非公開会社では、会計に関する監査とし、公開会社では、取締役の職務執行の監査とする。

　なお、公開会社で、常任監査役と監査役を置く会社の場合、各監査役の職務権限は、次のように決めるのが現実的であろう。

〈監査役の職務権限（公開会社）〉

常任監査役	①監査役を指揮して、関係書類の精査および重要会議への出席等により、各取締役の業務執行および会社の会計を監査すること ②取締役会に出席し、必要に応じて意見を述べること
監査役	①常任監査役の定めるところに従い、常任監査役の職務の一部を分担して、関係書類の精査および重要会議への出席等により、各取締役の業務執行および会社の会計を監査すること ②取締役会に出席し、必要に応じて意見を述べること

第5章 役員・執行役員

3 モデル規程

(1) 非公開会社の場合

役員職務権限規程

(総則)
第1条 この規程は、役員(取締役・監査役)の職務権限について定める。
(職位)
第2条 役員の職位は、次のとおりとする。
　　　　取締役会長
　　　　取締役社長
　　　　取締役副社長
　　　　専務取締役
　　　　常務取締役
　　　　取締役
　　　　監査役
(取締役会長)
第3条 取締役会長は、会社の業務執行の最高責任者として、業務全般を総括する。
2　会社を代表し、契約の締結その他の対外的業務を処理する。
(取締役社長)
第4条 取締役社長は、会社の業務執行の最高責任者として、業務全般を統括する。
2　株主総会および取締役会を招集し、その議長を務める。
3　会社を代表し、契約の締結その他の対外的業務を処理する。
(取締役副社長)
第5条 取締役副社長は、取締役社長を補佐して、業務全般を管理する。
2　取締役社長に事故あるとき、または取締役社長を欠くときは、株主総会および取締役会を招集し、その議長を務める。
(専務取締役・常務取締役)

第6条　専務取締役および常務取締役は、取締役会の決定に従い、1つまたは2つ以上の部門の管理業務を分担し、取締役社長を補佐する。
（取締役）
第7条　取締役は、取締役会の決定に従い、特定の部門の管理業務を分担し、または経営上重要な業務の処理に当たり、取締役社長を補佐する。
（監査役）
第8条　監査役は、関係書類の精査等により、会計を監査する。
（付則）
　この規程は、　　年　月　日から施行する。

（2）公開会社の場合

役員職務権限規程

（総則）
第1条　この規程は、役員（取締役・監査役）の職務権限について定める。
（職位）
第2条　役員の職位は、次のとおりとする。
　　　　取締役会長
　　　　取締役社長
　　　　取締役副社長
　　　　専務取締役
　　　　常務取締役
　　　　取締役
　　　　常任監査役
　　　　監査役
（取締役会長）
第3条　取締役会長は、会社の業務執行の最高責任者として、業務全般を総括する。
2　会社を代表し、契約の締結その他の対外的業務を処理する。
（取締役社長）

第5章　役員・執行役員

第4条　取締役社長は、会社の業務執行の最高責任者として、業務全般を統括する。
2　株主総会および取締役会を招集し、その議長を務める。
3　会社を代表し、契約の締結その他の対外的業務を処理する。
（取締役副社長）
第5条　取締役副社長は、取締役社長を補佐して、業務全般を管理する。
2　取締役社長に事故あるとき、または取締役社長を欠くときは、株主総会および取締役会を招集し、その議長を務める。
（専務取締役・常務取締役）
第6条　専務取締役および常務取締役は、取締役会の決定に従い、1つまたは2つ以上の部門の管理業務を分担し、取締役社長を補佐する。
（取締役）
第7条　取締役は、取締役会の決定に従い、特定の部門の管理業務を分担し、または経営上重要な業務の処理に当たり、取締役社長を補佐する。
（常任監査役）
第8条　常任監査役は、監査役を指揮して、関係書類の精査および重要会議への出席等により、各取締役の業務執行および会社の会計を監査する。
2　取締役会に出席し、必要に応じて意見を述べる。
（監査役）
第9条　監査役は、常任監査役の定めるところに従い、常任監査役の職務の一部を分担して、関係書類の精査および重要会議への出席等により、各取締役の業務執行および会社の会計を監査する。
2　取締役会に出席し、必要に応じて意見を述べる。
（付則）
　この規程は、　　年　月　日から施行する。

第3節　役員報酬規程

1　規程の趣旨

　会社法は、役員の報酬については、「取締役の報酬、賞与その他の職務執行の対価として会社から受ける財産上の利益については、定款または株主総会の決議によって定める」（第361条第1項）、「監査役の報酬等は、定款または株主総会の決議によって定める」（第387条第1項）などと規定しているだけである。このため、一般的に、各役員の報酬の決定基準が曖昧であるという問題がある。

　また、会社によっては、会長・社長とそれ以外の役員との格差が著しく、多かれ少なかれ不満を持っている者がいるといわれる。

　役員の勤労意欲の向上、役員間の一体感・連帯感の形成、相互の信頼関係の確立という観点からすると、報酬の決定基準等を規程として取りまとめ、その透明化・公正化を図ることが望ましい。

2　規程の内容

（1）報酬の決定水準

　報酬は、次の事項を総合的に勘案して役位ごとに決定するのが合理的である。

〈報酬の決定基準〉

①　業務遂行の困難さ
②　責任の程度
③　会社の業績
④　社員給与とのバランス
⑤　同業他社の役員報酬の金額

（2）報酬の形態

　報酬は、常勤役員、非常勤役員とも、月額をもって定めるのが現実的で

あろう。

（3）支払いと控除

報酬は、毎月一定の期日（当日が会社の休日に当たるときは、その前日）に、本人が指定した銀行口座に振り込むことによって支払う。支払いに当たり、所得税、住民税、社会保険料、その他必要なものを控除する。

（4）兼務役員の取扱い

役員が使用人を兼務しているときは、役員報酬と使用人給与とに区分して支払う。

（5）賞与

会社の営業成績により、株主総会の承認を得て、賞与を支給する。

3　モデル規程

（1）標準的なもの

役員報酬規程

（総則）

第1条　この規程は、取締役および監査役（以下、「役員」という）の報酬に関する事項を定める。

（役員報酬の意義）

第2条　この規程において「報酬」とは、会社が役員に対して、取締役または監査役としての職務執行の対価として支払うものをいう。

（報酬の決定水準）

第3条　報酬は、次の事項を総合的に勘案して役位ごとに決定する。

　（1）業務遂行の困難さ
　（2）責任の程度
　（3）会社の業績
　（4）社員給与とのバランス
　（5）同業他社の役員報酬の金額

2　役位が変更になったときは、変更になった月から報酬を変更する。

3　非常勤取締役については、その役員の社会的地位、会社への貢献度お

よび就任の事情などを総合的に勘案して決定する。ただし、常勤取締役の報酬の20％を下回らない額とする。

（報酬の形態）

第4条　報酬は、常勤役員、非常勤役員とも、月額をもって定める。

（支払い）

第5条　報酬は、毎月25日（当日が会社の休日に当たるときは、その前日）に、本人が指定した銀行口座に振り込むことによって支払う。

（控除）

第6条　報酬の支払いに当たり、次のものを控除する。
　（1）所得税、住民税
　（2）社会保険料
　（3）その他必要なもの

（通勤手当）

第7条　報酬のほか、通勤交通費の実費を全額支給する。

（兼務役員の取扱い）

第8条　役員が使用人を兼務しているときは、役員報酬と使用人給与とに区分して支払う。

（休職時の取扱い）

第9条　役員が疾病その他やむを得ない事由によって休職するときも、報酬の全額を支払う。

（報酬の改訂）

第10条　社員給与のベースアップ等に伴い社員給与と報酬とのバランスが不適切になったと判断されるときは、報酬の増額改訂を行うことがある。

（減額措置）

第11条　会社業績の状況その他必要に応じ、取締役については取締役会の決定に基づき、監査役については監査役の協議に基づき、本人の同意を得た上で、臨時に報酬の減額措置を講ずることがある。

（賞与）

第12条　会社の営業成績により、株主総会の承認を得て、賞与を支給する。ただし、非常勤役員に対しては、原則として支給しない。

第5章 役員・執行役員

(付則)
　この規程は、　　年　月　日から施行する。

(2) 社員給与の最高額を基準として、各役位の報酬水準を明記したもの

役員報酬規程

(目的)
第1条　この規程は、役員（取締役および監査役）に対してその職務執行の対価として支給される報酬について定める。
(報酬総額)
第2条　役員の報酬総額は、株主総会において、取締役分と監査役分に区分して承認を受ける。
(各役員への配分)
第3条　各取締役への配分は、株主総会において承認された総額の範囲内において、取締役会において決定する。
2　各監査役への配分は、株主総会において承認された総額の範囲内において、監査役間の協議によって決定する。
(報酬の形態)
第4条　報酬は、常勤役員、非常勤役員とも、月額をもって定める。
(常勤役員の報酬の水準)
第5条　常勤役員の報酬は、社員給与の最高額を基準とし、おおむね、次のとおりとする（社員給与の最高額＝1.0）。

会　　長	3.5程度
社　　長	4.0程度
副社長	3.0程度
専　　務	2.5程度
常　　務	2.0程度
取締役	1.8程度
監査役	1.5程度

2　役位が変更になったときは、変更になった月から、変更後の役位に対

応する報酬を支給する。

（非常勤取締役の報酬）

第6条 非常勤取締役の報酬については、その役員の社会的地位、会社への貢献度および就任の事情などを総合的に勘案して決定する。ただし、常勤取締役の報酬の20％を下回らない額とする。

（報酬の改訂）

第7条 社員給与のベースアップ等に伴い社員給与と報酬とのバランスが不適切になったと判断されるときは、報酬の増額改訂を行うことがある。

（報酬の減額）

第8条 業績の悪化その他必要に応じ、臨時に報酬の減額措置を講ずることがある。

2　取締役の報酬の減額措置は、取締役会の決定によって行う。

3　監査役の報酬の減額措置は、監査役間の協議によって行う。

（報酬の支払い）

第9条 報酬は、毎月25日に、本人が指定した銀行口座に振り込むことによって支払う。

（報酬からの控除）

第10条 報酬の支払いに当たり、所得税、住民税および社会保険料を控除する。

（通勤手当）

第11条 公共交通機関を利用して通勤する役員に対しては、交通費の実費を支給する。

（付則）

　　この規程は、　　年　月　日から施行する。

（3）社長報酬を基準に各役位の報酬水準を明記したもの

役員報酬規程

（目的）

第1条 この規程は、役員（取締役および監査役）に対してその職務執行

の対価として支給される報酬について定める。

(報酬総額)

第2条 役員の報酬総額は、株主総会において、取締役分と監査役分に区分して承認を受ける。

(各役員への配分)

第3条 各取締役への配分は、株主総会において承認された総額の範囲内において、取締役会において決定する。

2 各監査役への配分は、株主総会において承認された総額の範囲内において、監査役間の協議によって決定する。

(報酬の形態)

第4条 報酬は、常勤役員、非常勤役員とも、月額をもって定める。

(常勤役員の報酬の水準)

第5条 常勤役員の報酬は、おおむね、次のとおりとする(社長報酬＝100％)。

会　　長	85〜125％程度
社　　長	100％程度
副社長	80〜90％程度
専　　務	60〜70％程度
常　　務	50〜60％程度
取締役	45〜50％程度
監査役	40〜45％程度

2 役位が変更になったときは、変更になった月から、変更後の役位に対応する報酬を支給する。

(非常勤取締役の報酬)

第6条 非常勤取締役の報酬については、その役員の社会的地位、会社への貢献度および就任の事情などを総合的に勘案して決定する。ただし、常勤取締役の報酬の20％を下回らない額とする。

(報酬の改訂)

第7条 社員給与のベースアップ等に伴い社員給与と報酬とのバランスが不適切になったと判断されるときは、報酬の増額改訂を行うことがある。

（報酬の減額）

第8条 業績の悪化その他必要に応じ、臨時に報酬の減額措置を講ずることがある。

2 取締役の報酬の減額措置は、取締役会の決定によって行う。

3 監査役の報酬の減額措置は、監査役間の協議によって行う。

（報酬の支払い）

第9条 報酬は、毎月25日に、本人が指定した銀行口座に振り込むことによって支払う。

（報酬からの控除）

第10条 報酬の支払いに当たり、所得税、住民税および社会保険料を控除する。

（通勤手当）

第11条 公共交通機関を利用して通勤する役員に対しては、交通費の実費を支給する。

（付則）

　この規程は、　　年　月　日から施行する。

第4節　役員退職慰労金規程

1　規程の趣旨

　役員が退任するときは、在任中の功労に報いるとともに、その後の生活の安定に役立てるため、退職慰労金を支給することが慣行となっている。
　退職慰労金を支給するときは、客観的・社会通念的に妥当性のある算定方法を決定した上で、その算定方法を具体的に明確にした規程を作成するのがよい。

2　規程の内容

(1) 退職慰労金の基準額の算定式

　退職慰労金の算定式には、主として、次のようなものがある。

〈退職慰労金の算定式〉

算定式	説明
Σ（役位別報酬月額×役位別在任年数×役位別倍率）	本人が歴任した役位ごとに、「報酬月額」に「在任年数」および「倍率」を乗じて得られる額の累計額とする
Σ（役位別報酬月額×役位別在任年数）	本人が歴任した役位ごとに、「報酬月額」に「在任年数」を乗じて得られる額の累計額とする
退任時報酬月額×Σ（役位別在任年数×役位別倍率）	「役位別在任年数」に「役位別倍率」を乗じて得られる額の累計額に「退任時報酬月額」を乗じて得られる額とする
退任時報酬月額×役員在任年数×退任時役位別倍率	「役位別報酬月額」に「役員在任年数」を乗じ、さらに「退任時役位別倍率」を乗じて得られる額とする

退任時報酬月額×役員在任年数	「退任時報酬月額」に「役員在任年数」を乗じて得られる額とする

(2) 役位別倍率

退職慰労金の算定において「役位別倍率」を使用する場合、倍率は、次の程度とするのが適切であろう。

〈役位別倍率の適正値〉

```
会  長    2.3～2.5
社  長    2.3～2.5
副社長    2.0～2.2
専  務    1.9～2.1
常  務    1.7～2.0
取締役    1.5～1.8
監査役    1.4～1.8
```

(3) 功労金

在任中特に功労のあった役員に対しては、退職慰労金の基準額の一定割合の範囲において功労金を支給する。この場合、一定割合は、30％程度とするのが適切であろう。

(4) 支給時期

退職慰労金は、後任者との間で業務の引継ぎを完全に終了させ、かつ、会社に対して返済すべき債務があるときはその債務を返済した日から、2ヶ月以内に一時金としてその全額を支給する。

(5) 使用人兼務役員の取扱い

使用人兼務役員に対しては、役員退職慰労金のみを支給し、使用人分退職金は支給しない。この場合、役員退職慰労金の算定において、報酬月額には使用人分給与を含めるものとする。

3 モデル規程

(1) Σ(役位別報酬月額×役位別在任年数×役位別倍率)という算式で算定するもの

役員退職慰労金規程

(総則)
第1条 この規程は、役員退職慰労金の支給基準について定める。
(適用範囲)
第2条 この規程は、常勤の役員に適用する。
(非常勤役員の取扱い)
第3条 非常勤役員については、在任中の功労および在任年数等を総合的に考慮し、その都度役員会において決定する。
(退職慰労金の基準額の算定式)
第4条 退職慰労金は、本人が歴任した役位ごとに、「報酬月額」に「在任年数」および「倍率」を乗じて得られる額の累計額とする。

> 退職慰労金＝Σ(役位別報酬月額×役位別在任年数×役位別倍率)

(役位別報酬月額)
第5条 退職慰労金の算定において「役位別報酬月額」は、次のように取り扱う。
(1) 退任時の役位については、本人の退任前1ヶ月の報酬月額とする。
(2) 従前に在任していた役位については、退任時に在任する他の同役位者の報酬月額(同役位者がいないときは、本人の過去の報酬月額を物価スライドした金額)とする。
(在任年数)
第6条 退職慰労金の算定において「役位別在任年数」は、本人がその役位へ就任した月から起算し、退任の月までとする。
2 在任年数の計算において、1年未満は月割計算とする。
3 役員就任後、改選によって役位に異動の生じたときは、異動の月から新しい役位を適用する。

（役位別倍率）

第7条　退職慰労金の算定において「役位別倍率」は、次のとおりとする。

　　　　　会　　長　　2.3
　　　　　社　　長　　2.3
　　　　　副社長　　　2.1
　　　　　専　　務　　1.9
　　　　　常　　務　　1.7
　　　　　取締役　　　1.5
　　　　　監査役　　　1.4

（功労金）

第8条　在任中特に功労のあった役員に対しては、退職慰労金の基準額の30％の範囲において功労金を支給することがある。

（減額等）

第9条　在任中会社に重大な損害を与えた役員については、退職慰労金の基準額を減額し、または支給しないことがある。

（支給時期）

第10条　退職慰労金は、後任者との間で業務の引継ぎを完全に終了させ、かつ、会社に対して返済すべき債務があるときはその債務を返済した日から、2ヶ月以内に一時金としてその全額を支給する。

（死亡のときの取扱い）

第11条　役員が在任中に死亡したときは、退職慰労金はその遺族に支給する。

（使用人兼務役員の取扱い）

第12条　使用人兼務役員に対しては、役員退職慰労金のみを支給し、使用人分退職金は支給しない。

2　役員退職慰労金の算定において、報酬月額には使用人分給与を含めるものとする。

3　使用人から兼務役員に昇格するときは、その時点で、昇格時までの勤続年数に対する使用人分退職金を支給する。

（関連会社の役員を兼務する者の取扱い）

第5章　役員・執行役員

第13条　役員が関連会社の役員を兼務し、関連会社からも役員退職慰労金を支給される場合には、役員会の判断により、役員退職慰労金を減額することがある。

（相談役・顧問）

第14条　この規程は、退職した役員を相談役または顧問として任用し、相当額の報酬を支給することを妨げるものではない。

（本規程に定めのない事項の取扱い）

第15条　役員退職慰労金の取扱いについてこの規程に定めのない事項については、役員会において協議し、決定する。

（改訂の手続き）

第16条　この規程の改訂は、役員会において行う。

（付則）

　この規程は、　　年　月　日から施行する。

（2）Σ（役位別報酬月額×役位別在任年数）という算式で算定するもの

役員退職慰労金規程

（総則）

第1条　この規程は、役員退職慰労金の支給基準について定める。

（適用範囲）

第2条　この規程は、常勤の役員に適用する。

（非常勤役員の取扱い）

第3条　非常勤役員については、在任中の功労および在任年数等を総合的に考慮し、その都度役員会において決定する。

（退職慰労金の基準額の算定式）

第4条　退職慰労金は、本人が歴任した役位ごとに、「報酬月額」に「在任年数」を乗じて得られる額の累計額とする。

退職慰労金＝Σ（役位別報酬月額×役位別在任年数）

（役位別報酬月額）

第5条　退職慰労金の算定において「役位別報酬月額」は、次のように取

り扱う。
（1）退任時の役位については、本人の退任前1ヶ月の報酬月額とする。
（2）従前に在任していた役位については、退任時に在任する他の同役位者の報酬月額（同役位者がいないときは、本人の過去の報酬月額を物価スライドした金額）とする。

（在任年数）
第6条　退職慰労金の算定において「役位別在任年数」は、その役位へ就任した月から起算し、退任の月までとする。
2　在任年数の計算において、1年未満は月割計算とする。
3　役員就任後、改選によって役位に異動の生じたときは、異動の月から新しい役位を適用する。

（功労金）
第7条　在任中特に功労のあった役員に対しては、退職慰労金の基準額の30％の範囲において功労金を支給することがある。

（減額等）
第8条　在任中会社に重大な損害を与えた役員については、退職慰労金の基準額を減額し、または支給しないことがある。

（支給時期）
第9条　退職慰労金は、業務の引継ぎを完全に終了させ、かつ、会社に対して返済すべき債務があるときはその債務を返済した日から、2ヶ月以内に一時金として支給する。

（死亡のときの取扱い）
第10条　役員が死亡したときは、退職慰労金はその遺族に支給する。

（使用人兼務役員の取扱い）
第11条　使用人兼務役員に対しては、役員退職慰労金のみを支給し、使用人分退職金は支給しない。
2　役員退職慰労金の算定において、報酬月額には使用人分給与を含めるものとする。
3　使用人から兼務役員に昇格するときは、その時点で、昇格時までの勤続年数に対する使用人分退職金を支給する。

第5章　役員・執行役員

(相談役・顧問)
第12条　この規程は、退職した役員を相談役または顧問として任用し、相当額の報酬を支給することを妨げるものではない。
(付則)
　この規程は、　　年　月　日から施行する。

(3) 退任時報酬×Σ（役位別在任年数×役位別倍率）という算式で算定するもの

役員退職慰労金規程

(総則)
第1条　この規程は、役員退職慰労金の支給基準について定める。
(適用範囲)
第2条　この規程は、常勤の役員に適用する。
(非常勤役員の取扱い)
第3条　非常勤役員については、在任中の功労および在任年数等を総合的に考慮し、その都度役員会において決定する。
(退職慰労金の基準額の算定式)
第4条　退職慰労金は、「退任時報酬月額」に、「役位別在任年数」に「役位別倍率」を乗じて得られる額の累計額を乗じて得られる額とする。

$$退職慰労金 = 退任時報酬月額 \times \Sigma（役位別在任年数 \times 役位別倍率）$$

(退任時報酬月額)
第5条　退職慰労金の算定において「退任時報酬月額」は、本人が退任1ケ月前に得ていた報酬月額とする。
2　退任時の報酬月額が従前の報酬月額を下回るときは、在任中の最高報酬月額をもって「退任時報酬月額」とする。
(在任年数)
第6条　退職慰労金の算定において「役位別在任年数」は、その役位へ就任した月から起算し、退任の月までとする。
2　在任年数の計算において、1年未満は月割計算とする。

3　役員就任後、改選によって役位に異動の生じたときは、異動の月から新しい役位を適用する。

（役位別倍率）

第7条　退職慰労金の算定において「役位別倍率」は、次のとおりとする。

　　　　会　　長　　2.3
　　　　社　　長　　2.3
　　　　副社長　　　2.1
　　　　専　　務　　1.9
　　　　常　　務　　1.7
　　　　取締役　　　1.5
　　　　監査役　　　1.4

（功労金）

第8条　在任中特に功労のあった役員に対しては、退職慰労金の基準額の30％の範囲において功労金を支給することがある。

（減額等）

第9条　在任中会社に重大な損害を与えた役員については、退職慰労金の基準額を減額し、または支給しないことがある。

（支給時期）

第10条　退職慰労金は、業務の引継ぎを完全に終了させ、かつ、会社に対して返済すべき債務があるときはその債務を返済した日から、2ヶ月以内に一時金として支給する。

（死亡のときの取扱い）

第11条　役員が死亡したときは、退職慰労金はその遺族に支給する。

（使用人兼務役員の取扱い）

第12条　使用人兼務役員に対しては、役員退職慰労金のみを支給し、使用人分退職金は支給しない。

2　役員退職慰労金の算定において、報酬月額には使用人分給与を含めるものとする。

3　使用人から兼務役員に昇格するときは、その時点で、昇格時までの勤続年数に対する使用人分退職金を支給する。

第5章　役員・執行役員

（相談役・顧問）
第13条　この規程は、退職した役員を相談役または顧問として任用し、相当額の報酬を支給することを妨げるものではない。
（付則）
　　　この規程は、　　年　月　日から施行する。

（4）退任時報酬×役員在任期間×退任時役位別倍率という算式で算定するもの

役員退職慰労金規程

（総則）
第1条　この規程は、役員退職慰労金の支給基準について定める。
（適用範囲）
第2条　この規程は、常勤の役員に適用する。
（非常勤役員の取扱い）
第3条　非常勤役員については、在任中の功労および在任年数等を総合的に考慮し、その都度役員会において決定する。
（退職慰労金の基準額の算定式）
第4条　退職慰労金は、「退任時報酬月額」に「役員在任年数」を乗じ、さらに「退任時役位別倍率」を乗じて得られる額とする。

$$退職慰労金 = 退任時報酬月額 \times 役員在任年数 \times 退任時役位別倍率$$

（退任時報酬月額）
第5条　退職慰労金の算定において「退任時報酬月額」は、本人が退任1ヶ月前に得ていた報酬月額とする。
2　退任時の報酬月額が従前の報酬月額を下回るときは、在任中の最高報酬月額をもって「退任時報酬月額」とする。
（在任年数）
第6条　退職慰労金の算定において「役員在任年数」は、役員へ就任した月から起算し、退任の月までとする。
2　在任年数の計算において、1年未満は月割計算とする。

（役位別倍率）

第7条 退職慰労金の算定において「役位別倍率」は、次のとおりとする。

　　　　会　長　　2.3
　　　　社　長　　2.3
　　　　副社長　　2.1
　　　　専　務　　1.9
　　　　常　務　　1.7
　　　　取締役　　1.5
　　　　監査役　　1.4

（功労金）

第8条 在任中特に功労のあった役員に対しては、退職慰労金の基準額の30％の範囲において功労金を支給することがある。

（減額等）

第9条 在任中会社に重大な損害を与えた役員については、退職慰労金の基準額を減額し、または支給しないことがある。

（支給時期）

第10条 退職慰労金は、業務の引継ぎを完全に終了させ、かつ、会社に対して返済すべき債務があるときはその債務を返済した日から、2ケ月以内に一時金として支給する。

（死亡のときの取扱い）

第11条 役員が死亡したときは、退職慰労金はその遺族に支給する。

（使用人兼務役員の取扱い）

第12条 使用人兼務役員に対しては、役員退職慰労金のみを支給し、使用人分退職金は支給しない。

2　役員退職慰労金の算定において、報酬月額には使用人分給与を含めるものとする。

3　使用人から兼務役員に昇格するときは、その時点で、昇格時までの勤続年数に対する使用人分退職金を支給する。

（相談役・顧問）

第13条 この規程は、退任した役員を相談役または顧問として任用し、相

第5章　役員・執行役員

当額の報酬を支給することを妨げるものではない。
（付則）
　この規程は、　　年　月　日から施行する。

（5）退任時報酬月額×役員在任期間という算式で算定するもの

役員退職慰労金規程

（総則）
第1条　この規程は、役員退職慰労金の支給基準について定める。
（適用範囲）
第2条　この規程は、常勤の役員に適用する。
（非常勤役員の取扱い）
第3条　非常勤役員については、在任中の功労および在任年数等を総合的に考慮し、その都度役員会において決定する。
（退職慰労金の基準額の算定式）
第4条　退職慰労金は、「退任時報酬月額」に「役員在任年数」を乗じて得られる額とする。

$$退職慰労金＝退任時報酬月額×役員在任年数$$

（退任時報酬月額）
第5条　退職慰労金の算定において「退任時報酬月額」は、本人が退任1ヶ月前に得ていた報酬月額とする。
2　退任時の報酬月額が従前の報酬月額を下回るときは、在任中の最高報酬月額をもって「退任時報酬月額」とする。
（在任年数）
第6条　役員在任年数は、役員へ就任した月から起算し、退任の月までとする。
2　在任年数の計算において、1年未満は月割計算とする。
（功労金）
第7条　在任中特に功労のあった役員に対しては、退職慰労金の基準額の30％の範囲において功労金を支給することがある。

（減額等）

第8条　在任中会社に重大な損害を与えた役員については、退職慰労金の基準額を減額し、または支給しないことがある。

（支給時期）

第9条　退職慰労金は、業務の引継ぎを完全に終了させ、かつ、会社に対して返済すべき債務があるときはその債務を返済した日から、2ケ月以内に一時金として支給する。

（死亡のときの取扱い）

第10条　役員が死亡したときは、退職慰労金はその遺族に支給する。

（使用人兼務役員の取扱い）

第11条　使用人兼務役員に対しては、役員退職慰労金のみを支給し、使用人分退職金は支給しない。

2　役員退職慰労金の算定において、報酬月額には使用人分給与を含めるものとする。

3　使用人から兼務役員に昇格するときは、その時点で、昇格時までの勤続年数に対する使用人分退職金を支給する。

（相談役・顧問）

第12条　この規程は、退任した役員を相談役または顧問として任用し、相当額の報酬を支給することを妨げるものではない。

（付則）

　この規程は、　　年　月　日から施行する。

第5節　役員生命保険規程

1　規程の趣旨

　役員の退職慰労金は、一般に高額となる。また、役員に万一のことがあると、会社は、さまざまな費用の支出を迫られる。このため、ふだんから退職慰労金・弔慰金等の確保に努めることが望まれる。

　退職慰労金・弔慰金等を安全確実に手当てする1つの方法は、生命保険への加入である。そして、万一の場合が生じたときは、保険金を退職慰労金・弔慰金等に充当する。

2　規程の内容

（1）保険金
　保険金の決め方には、
- 役位に関係なく一律とする
- 役位ごとに決める
- 本人の退職慰労金を基準とする

などがある。

（2）保険料
　保険料は、会社が全額負担する。

（3）保険金の受取人と使途
　保険金は、会社が受け取り、退職慰労金および弔慰金等に充当する。

3　モデル規程

（1）役位別に保険金を定めたもの

役員生命保険規程

（総則）

第1条　この規程は、役員生命保険の取扱いについて定める。

（生命保険契約の目的）

第2条 会社は、役員の退職慰労金および弔慰金を確保するため、生命保険会社との間で役員を被保険者、会社を保険金受取人とする生命保険契約を締結する。

（保険金）

第3条 保険金は、次のとおりとする。

会　　長　　〇〇〇〇万円
社　　長　　〇〇〇〇万円
副 社 長　　〇〇〇〇万円
専　　務　　〇〇〇〇万円
常　　務　　〇〇〇〇万円
取 締 役　　〇〇〇〇万円
監 査 役　　〇〇〇〇万円

（保険料）

第4条 保険料は、会社が全額負担する。

（保険金の使途）

第5条 保険金は会社が受け取り、退職慰労金および弔慰金等に充当する。

（保険証券の交付）

第6条 役員が退職するときは、退職慰労金の全部または一部として、保険契約上の名義を退職役員に変更のうえ、保険証券を交付することがある。この場合、保険契約の評価額は、解約払戻金相当額とする。

（付則）

　この規程は、　　年　月　日から施行する。

（2） 退職慰労金を基準に保険金を定めたもの

役員生命保険規程

（総則）

第1条 この規程は、役員生命保険の取扱いについて定める。

（生命保険契約の目的）

第5章　役員・執行役員

第2条　会社は、役員の退職慰労金および弔慰金を確保するため、生命保険会社との間で役員を被保険者、会社を保険金受取人とする生命保険契約を締結する。
（保険金）
第3条　保険金は、各人の退職慰労金相当額とする。
（保険料の負担）
第4条　保険料は、会社が全額負担する。
（保険金の使途）
第5条　保険金は会社が受け取り、退職慰労金および弔慰金等に充当する。
（保険証券の交付）
第6条　役員が退職するときは、退職慰労金の全部または一部として、保険契約上の名義を退職役員に変更のうえ、保険証券を交付することがある。この場合、保険契約の評価額は、解約払戻金相当額とする。
（付則）
　この規程は、　　年　月　日から施行する。

第6節　役員業務災害補償規程

1　規程の趣旨

　一般の社員の場合は、業務災害で死亡すると、労災保険による補償が行われる。

　これに対して、役員の場合は、「労働者」ではないため労災保険へ加入できない。したがって、業務上の事故で死亡しても、労災保険による補償は行われない。しかし、役員も業務上の事故によって死亡する可能性はある。

　このため、会社は、役員が業務上の事由で死亡したときの遺族補償について、一定の制度を設けることが望ましい。

2　規程の内容

(1) 適用者の範囲
　業務災害補償制度は、すべての常勤役員に適用するのがよい。

(2) 通勤災害への適用
　業務災害補償制度は、通勤途上の災害についても適用する。

(3) 遺族補償の決め方
　遺族補償の決め方には、
- ・役位にかかわらず一律とする
- ・役位ごとに決める
- ・各人の報酬月額を基準に決める

などがある。

(4) 遺族の範囲と順位
　遺族補償を受けるべき遺族の範囲とその順位は、労災保険に準じて取扱うのがよい。

3 モデル規程

(1) 役位別に補償額を定めたもの

役員業務災害補償規程

（総則）
第1条 この規程は、役員が業務上の事由で死亡したときの補償について定める。
（適用者の範囲）
第2条 この規程は、すべての常勤役員に適用する。
（通勤災害）
第3条 この規程は、通勤途上の災害についても適用する。
（遺族補償）
第4条 役員が業務上死亡したときは、遺族に対して補償を行う。遺族補償は、別表のとおりとする。
2 遺族補償は、その全額を一時金として支払う。
（遺族の範囲と順位）
第5条 遺族補償を受けるべき遺族は、配偶者を第1順位とする。
2 配偶者がいない場合は、子、父母、孫および祖父母で、本人の死亡当時その収入によって生計を維持していた者の順序とする。
3 該当者が複数いるときは、代表者に対して支給する。
（労災保険との関係）
第6条 役員が労働者災害補償保険によって遺族補償を受けるときは、この規程による補償は行わない。ただし、労働者災害補償保険による遺族補償の額がこの規程による補償額を下回るときは、その差額を支給する。
（第三者行為による災害との関係）
第7条 役員が第三者の行為によって業務災害を受け、第三者による補償が行われたときは、その補償がこの規程による補償を下回る場合にのみ、その差額を支給する。
（付則）

この規程は、　　年　月　日から施行する。

　　　（別表）　遺族補償

会　　長	5,000万円
社　　長	5,000
副社長	4,000
専　　務	3,500
常　　務	2,500
取締役	2,000
監査役	2,000

（2）補償額を本人の報酬を基準に定めたもの

役員業務災害補償規程

（総則）
第1条　この規程は、役員が業務上の事由で死亡したときの補償について定める。

（適用者の範囲）
第2条　この規程は、すべての常勤役員に適用する。

（通勤災害）
第3条　この規程は、通勤途上の災害についても適用する。

（遺族補償）
第4条　役員が業務上死亡したときは、遺族に対して補償を行う。遺族補償は、次のとおりとする。

　　（遺族補償）本人の報酬月額の24ヶ月分

（遺族の範囲と順位）
第5条　遺族補償を受けるべき遺族は、配偶者を第1順位とする。
2　配偶者がいない場合は、子、父母、孫および祖父母で、本人の死亡当時その収入によって生計を維持していた者の順序とする。
3　該当者が複数いるときは、代表者に対して支給する。

（労災保険との関係）

第5章　役員・執行役員

第6条　役員が労働者災害補償保険によって遺族補償を受けるときは、この規程による補償は行わない。ただし、労働者災害補償保険による遺族補償の額がこの規程による補償額を下回るときは、その差額を支給する。

（第三者行為による災害との関係）

第7条　役員が第三者の行為によって業務災害を受け、第三者による補償が行われたときは、その補償がこの規程による補償を下回る場合にのみ、その差額を支給する。

（付則）

　この規程は、　　年　月　日から施行する。

第7節　役員定年規程

1　規程の趣旨

個人差はあるものの、一般に高齢になると、
　・環境変化への適応力が低下する
　・考え方や行動が硬直的・マンネリに陥る
　・自己の主張や信念に強くこだわる
　・その場の状況に応じて適切な決断を下すことが困難となる
　・身体的機能が衰える
など、さまざまな弊害が生じる。

　会社としては、役員の高齢化に一定の歯止めをかける必要がある。何の歯止めをかけることなく、役員の高齢化が進むままにしておくと、知らず知らずのうちに対外的な競争力と対内的な活力が低下し、会社の成長力に好ましくない効果を与える。

　役員定年制は、あらかじめ一定の年齢を定めておき、その年齢に到達したときは役員を退任するか、あるいは、一定の年齢以上の者は役員に任用しないという制度である。役員の高齢化に歯止めをかける制度として有効である。

2　規程の内容

（1）定年制の対象者

定年制の対象者については、主として
　・会長・社長をはじめとし、すべての役員を対象とする
　・会長または社長を除くすべての役員を対象とする
などがある。

（2）定年の決め方

定年の決め方には、主として
　・全員一律に決める（例えば、全員一律に70歳とする）

・役位ごとに決める（例えば、社長75歳、副社長70歳、専務70歳、常務65歳、取締役63歳、監査役63歳とする）

などがある。

（3）任期中に定年に達したときの取扱い

任期中に定年に達したときの取扱いについては、主として

・任期満了日まで役員としての業務を継続し、任期満了後に退任する
・定年到達時に辞任する

などがある。

3 モデル規程

（1）会長については適用しないもの

役員定年規程

（目的）
第1条 この規程は、役員（取締役・監査役）の定年について定める。
（定年）
第2条 役員の定年は、次のとおりとする。

　　　　会　長　　特に定めず
　　　　社　長　　75歳
　　　　副社長　　73歳
　　　　専　務　　70歳
　　　　常　務　　70歳
　　　　取締役　　65歳
　　　　監査役　　65歳

2　任期中に定年に達したときは、任期満了日まで役員としての業務を継続し、任期満了後に退任するものとする。
（相談役・顧問）
第3条　会社は、定年退職した役員のうち在任中特に功労のあった者を相談役または顧問に委嘱することがある。

(付則)
1　この規程は、　　年　月　日から施行する。
2　この規程の改廃は、役員会の決議による。

（2）定年を一律に決めるもの

役員定年規程

(目的)
第1条　この規程は、役員（取締役・監査役）の定年について定める。
(定年)
第2条　役員の定年は、役位にかかわりなく65歳とする。
2　任期中に定年に達したときは、任期満了日まで役員としての業務を継続し、任期満了後に退任するものとする。
(相談役・顧問)
第3条　会社は、定年退職した役員のうち在任中特に功労のあった者を相談役または顧問に委嘱することがある。
(付則)
1　この規程は、　　年　月　日から施行する。
2　この規程の改廃は、役員会の決議による。

第8節　相談役・顧問規程

1　規程の趣旨

　会長・社長・役付役員を退任した者や、外部の専門家（弁護士など）を相談役または顧問として任用したり、迎え入れたりしている会社が多い。
　相談役・顧問制度は、その人数が少ないことや、対象者が特定の人物であったりするために、とかく恣意的に運用されやすい。しかし、経営の透明性・公正性という観点からして、そのような恣意的な運用は好ましくない。やはり、一定の運用基準を定め、それに従って公正に運用すべきである。

2　規程の内容

（1）任務
　相談役の任務は、「豊かな経験と見識を踏まえ、会社の経営方針について、大局的見地から適切な助言を与えること」とし、顧問の任務は、「高度の専門知識と豊かな経験を踏まえ、技術・税務・財務・法務などの特定の分野について、適切な助言を与えること」とするのが適切であろう。

（2）委嘱の基準
　相談役および顧問の委嘱の基準を定める。例えば、相談役は、「副社長以上の経験者」とし、顧問は、「取締役以上の経験者または学識経験者」とする。

（3）任期
　相談役および顧問の任期は、1年または2年程度とする。ただし、再任を妨げないものとする。

（4）報酬
　相談役および顧問の報酬は、社長が取締役会に諮って決定する。

3　モデル規程

相談役・顧問規程

（総則）
第1条　この規程は、相談役および顧問の取扱いについて定める。
（任務）
第2条　相談役および顧問の任務は、次のとおりとする。
　　　　　相談役──豊かな経験と見識を踏まえ、会社の経営方針について、大局的見地から会社に適切な助言を与えること
　　　　　顧　問──高度の専門知識と豊かな経験を踏まえ、技術、税務、財務、法務などの特定の分野について、会社に適切な助言を与えること
（委嘱の基準）
第3条　相談役および顧問の委嘱の基準は、おおむね、次のとおりとする。
　　　　　相談役──副社長以上の経験者
　　　　　顧　問──取締役以上の経験者または学識経験者
（委嘱の決定）
第4条　相談役および顧問の委嘱は、社長が取締役会に諮って決定する。
（任期）
第5条　相談役および顧問の任期は2年とする。ただし、再任を妨げない。
（勤務）
第6条　相談役および顧問は非常勤とする。
（報酬）
第7条　相談役および顧問の報酬は、社長が取締役会に諮って決定する。
（取締役会への出席）
第8条　会社は、必要に応じ、相談役および顧問に対し、取締役会に出席して意見を述べることを求めるものとする。
（付則）
　　この規程は、　　年　月　日から施行する。

第9節　社外取締役規程

1　規程の趣旨

　多くの会社は、取締役を社内出身者だけで構成している。社内出身の取締役は、組織の実情に通じていると同時に、経営情報を共有している。また、長年一緒に働いてきたので、人間的に親しい関係にある。このため、立ち入った議論を展開しなくても、迅速に意思決定を行うことができる。
　右へ進むべきか、それとも左へ舵を切るべきかをめぐって、取締役の意見が二分されるという事態はあまり考えられない。
　しかし、「身内だけ」という気安さから、ややもすれば、経営方針・経営姿勢が偏ったり、あるいは、独善的に流れたりする危険性がある。
　経営の健全性・公正性・透明性の確保というコーポレートガバナンスの観点からすると、社外の有識者を取締役に加え、客観的で公正な立場から、経営陣の監督と意見具申を求めることにするのが望ましい。

2　規程の内容

（1）社外取締役の選任基準

　社外取締役の選任基準を定める。
〈社外取締役の選任基準〉

```
・企業経営について高い見識を有すること
・会社と特別の利害関係がないこと
・取締役会に出席できること
```

（2）人数

　社外取締役の人数を定める。経営の健全性・公正性・透明性の確保のためには、社外取締役が取締役全体の半数以上を占めることにするのが望ましいという意見があるが、現状から判断すると、それは困難であろう。
　社外取締役は、一般に経営情報の保有量が少ない上に、日常的に経営に

タッチしているわけではない。このため、社外取締役が多いと、経営の効率性、意思決定の迅速性が失われる危険性がある。

社外取締役の人数は、1、2名程度とするのが現実的であろう。

(3) 報酬

社外取締役の報酬の額とその決定手続きを定める。

(4) 損害賠償責任の一部免除契約

取締役は、その任務を怠って会社に損害を与えたときは、その損害を賠償すべき責任を負うが、損害賠償責任を全面的に負わせると、社外取締役への就任をためらう者が出る可能性がある。

このため、社外取締役との間で、「職務を行うにつき善意でかつ重大な過失がない場合には、賠償責任の一部を免除する」旨の契約を締結するのがよい。

3　モデル規程

社外取締役規程

（総則）

第1条　この規程は、社外取締役の選任および報酬等について定める。

（目的）

第2条　会社は、経営を取り巻く環境が変化する中で、経営の健全性・公正性・透明性を確保する目的で、社外取締役を置く。

（選任）

第3条　社外取締役は、株主総会の決議によって選任する。

（推薦の基準）

第4条　会社は、次の条件を満たす者を取締役候補として株主総会に推薦する。

（1）会社経営について高い見識を有すること

（2）会社と特別の利害関係がないこと

（3）定例の取締役会に出席できること

（4）会社法第331条第1項に定める取締役の欠格事由に該当しないこと

（人数）

第5章　役員・執行役員

第5条　社外取締役の人数は、2名以内とする。
（任期）
第6条　社外取締役の任期は、選任後2年以内に終了する事業年度のうち最終のものに関する定時株主総会の終結の時までとする。ただし、再任を妨げないものとする。
（勤務形態）
第7条　社外取締役は、非常勤とする。
（報酬等）
第8条　社外取締役の報酬は、取締役報酬の20％を下回らない額とし、社長が取締役会に諮って決定する。
2　社外取締役に対しては、賞与は支給しない。
（退任）
第9条　社外取締役が、次のいずれかに該当するときは、退任とする。
（1）任期が満了したとき
（2）辞任を申し出て取締役会で承認されたとき
（3）死亡したとき
（4）株主総会で解任されたとき
（退任慰労金）
第10条　社外取締役が退任するときは、株主総会の承認を得て、退任慰労金を支給する。退任慰労金の算定は、次による。

$$退任慰労金＝退任時報酬月額×在任年数×功績係数$$

2　功績係数は、1.6とする。
（賠償責任の一部免除契約）
第11条　会社は、社外取締役との間で、会社法第423条第1項の賠償責任について、善意でかつ重大な過失がない場合には、賠償責任を限定する契約を締結する。ただし、その契約に基づく賠償責任の限度額は、金〇〇万円以上であらかじめ定めた額と法令の定める最低責任限度額とのいずれか高い額とする。
（付則）
この規程は、　　年　月　日から施行する。

第10節　会計参与規程

1　規程の趣旨

　貸借対照表・損益計算書などの計算書類の作成を任務とする役員を「会計参与」という。会計参与を置くかどうかは会社の自由であるが、会計書類に対する信頼性を高める効果がある。

　会計参与を置く会社は、その就任、退任、権限・服務規律および報酬等の取扱いを規程として定めることが望ましい。

2　規程の内容

（1）会社との関係

　会社法は、「会社と会計参与との関係は、委任に関する規定に従う」と定めている（第330条）。

（2）選任

　会社法は、「会計参与は、株主総会の決議によって選任する」と定めている（第329条第1項）。

（3）資格

会社法は、「会計参与は、公認会計士若しくは監査法人または税理士若しくは税理士法人でなければならない」と定めている（第333条第1項）。

（4）任期と就任日

　会計参与の任期は、1年または2年程度とするのがよい。就任日は、株主総会で選任された日とする。

（5）職務・権限・義務

　会社法は、会計参与の職務、権限および義務などについて、次のように定めている。

第5章　役員・執行役員

〈会計参与の職務・権限・義務等〉

	会社法の定め	条項
職務	会計参与は、取締役と共同して、計算書類およびその附属明細書、臨時計算書ならびに連結計算書類を作成する。この場合において、会計参与は、会計参与報告を作成しなければならない。	第374条第1項
会計帳簿の閲覧等	会計参与は、いつでも、会計帳簿およびこれに関する資料を閲覧および謄写をし、または取締役および従業員に対して、会計に関する報告を求めることができる。	第374条第2項
株主への報告	会計参与は、その職務を行うに際して、取締役の職務の執行に関し不正行為または法令もしくは定款に違反する重大な事実があることを発見したときは、遅滞なく、これを株主（監査役設置会社にあっては、監査役）に報告しなければならない。	第375条第1項
取締役会への出席	会計参与は、計算書類および事業報告ならびにこれらの附属明細書を承認する取締役会に出席しなければならない。この場合において、会計参与は、必要があると認めるときは、意見を述べなければならない。	第376条第1項
計算書類等の備置き	会計参与は、計算書類、附属明細書および会計参与報告を、定時株主総会の1週間（取締役会設置会社にあっては、2週間）前の日から5年間、会計参与が定めた場所に備え置かなければならない。	第378条第1項

(6) 賠償責任の一部免除契約

会社法は、「会社は、会計参与との間で、会社法第423条第１項の賠償責任について、善意でかつ重大な過失がない場合には、賠償責任を限定する契約を締結することができる。ただし、その契約に基づく賠償責任の限度額は、あらかじめ会社が定めた額と法令の定める最低責任限度額とのいずれか高い額としなければならない」と定めている（第427条第１項）。

(7) 守秘義務

会計参与は、職務執行において知り得た会社の機密を、在任中はもとより退任後においても他に漏らしてはならないものとする。

(8) 報酬

会計参与の報酬は、株主総会の決議によって定める。なお、賞与および退職慰労金は支給しないものとする。

(9) 費用の請求

会社法は、「会計参与がその職務の執行について、会社に対して費用の前払を請求ときは、会社は、これを阻むことができない」と定めている（第380条）。

3　モデル規程

会計参与規程

第１章　総則

（総則）

第１条　この規程は、会計参与の就任、退任、権限・服務規律および報酬等について定める。

2　この規程に定めのない事項は、次に掲げるものによる。
   (1) 会社法その他の法令
   (2) 定款
   (3) 株主総会の決議
   (4) 取締役会の決議

（会社との関係）

第２条　会社と会計参与との関係は、委任に関する規定に従う。

第5章　役員・執行役員

第2章　就任

（選任）

第3条　会計参与の選任は、株主総会の決議による。

（資格）

第4条　会計参与は、公認会計士または税理士でなければならない。

2　会社または子会社の取締役、監査役および従業員は、会計参与となることはできない。

（任期）

第5条　会計参与の任期は、選任後2年以内に終了する事業年度のうち最終のものに関する定時株主総会の終結の時までとする。

（就任承諾書）

第6条　会計参与に就任することを承諾したときは、速やかに会社に就任承諾書を提出しなければならない。ただし、留任の場合は、省略することができる。

（就任日）

第7条　会計参与の就任日は、株主総会で選任された日とする。

第3章　退任

（退任の要件）

第8条　会計参与が、次のいずれかに該当するときは、退任とする。

（1）任期が満了したとき

（2）辞任を申し出て取締役会で承認されたとき

（3）死亡したとき

（4）株主総会で解任されたとき

（5）会社法に定める欠格事由に該当したとき

2　定款で定めた員数を欠くときは、任期満了または辞任により退任した会計参与は、新たに選任された会計参与が就任するまで、なお会計参与としての職務を遂行しなければならない。

（辞任）

第9条　会計参与は、自らの都合で辞任しようとするときは、原則として

3ヶ月前までに社長に申し出なければならない。

第4章　権限・服務規律

（職務）
第10条　会計参与は、取締役と共同して、計算書類およびその附属明細書を作成する。
2　計算書類およびその附属明細書を作成したときは、会計参与報告を作成し、これを取締役社長に提出しなければならない。

（会計帳簿の閲覧権）
第11条　会計参与は、会計帳簿およびこれに関する資料を閲覧し、複写することができる。
2　取締役および従業員に対して、会計に関する報告を求めることができる。

（株主への報告義務）
第12条　会計参与は、その職務を行うに際して、取締役の職務の執行に関し不正行為または法令もしくは定款に違反する重大な事実があることを発見したときは、これを株主に報告しなければならない。

（取締役会への出席義務）
第13条　会計参与は、計算書類および事業報告ならびにこれらの附属明細書を承認する取締役会に出席し、必要があると認めるときは、意見を述べなければならない。
2　会社は、前項の取締役会を開催するときは、その1週間前までに会計参与に対して通知する。

（計算書類等の備置き）
第14条　会計参与は、計算書類、附属明細書および会計参与報告を、定時株主総会の2週間前の日から5年間、会計参与が定めた場所に備え置かなければならない。
2　株主および債権者から、計算書類、附属明細書および会計参与報告の閲覧または複写を請求されたときは、その請求に応じなければならない。

（賠償責任の一部免除契約）

第 5 章　役員・執行役員

第15条　会社は、会計参与との間で、会社法第423条第1項の賠償責任について、善意でかつ重大な過失がない場合には、賠償責任を限定する契約を締結する。ただし、その契約に基づく賠償責任の限度額は、金〇〇万円以上であらかじめ定めた額と法令の定める最低責任限度額とのいずれか高い額とする。

（第三者に対する損害賠償責任）

第16条　会計参与は、計算書類、附属明細書および会計参与報告に記載すべき重要な事項について虚偽の記載をし、それによって第三者に損害を与えたときは、その損害を賠償しなければならない。

（守秘義務）

第17条　会計参与は、職務執行において知り得た会社の機密を、在任中はもとより退任後も他に漏らしてはならない。

第 5 章　報酬等

（報酬）

第18条　会計参与の報酬は、株主総会の決議によって定める。

2　報酬は、月額で定め、毎月25日（当日が休日のときは、その前日）に支払う。

（賞与・退職慰労金の取扱い）

第19条　会計参与に対しては、賞与および退職慰労金は支給しない。

（費用の前払いの請求）

第20条　会計参与は、その職務の執行について、会社に対して費用の前払いを請求することができる。

（付則）

　この規程は、　　年　月　日から施行する。

第11節　会計監査人規程

1　規程の趣旨

　会社法は、大会社に対して会計監査人の設置を義務づけているが、それ以外の会社も定款で定めることにより会計監査人を設置することができる。
　会計監査人を設置することにより、計算書類の適正さを確保できる。
　会計監査人を設置する会社は、その選任、任期、権限等の取扱いを規程として定めることが望ましい。

2　規程の内容

（1）選任
　会社法は、「会計監査人は、株主総会の決議によって選任する」と定めている（第329条第1項）。

（2）会社との関係
　会社法は、「株式会社と会計監査人との関係は、委任に関する規定に従う」と定めている（第330条）。

（3）資格
　会社法は、「会計監査人は、公認会計士または監査法人でなければならない」と定めている（第337条第1項）。

（4）任期
　会社法は、「会計監査人の任期は、選任後1年以内に終了する事業年度のうち最終のものに関する定時株主総会の終結の時までとする」（第338条第1項）、「会計監査人は、前項の定時株主総会において別段の決議がされなかったときは、その定時株主総会において再任されたものとみなす」（第338条第2項）と定めている。

（5）監査役による解任
　会社法は、「監査役は、会計監査人が次のいずれかに該当するときは、その会計監査人を解任することができる。（1）職務上の義務に違反し、

または職務を怠ったとき、(2) 会計監査人としてふさわしくない非行があったとき、(3) 心身の故障のため、職務の執行に支障があり、またはこれに堪えないとき」と定めている（第340条第1項）。

(6) 職務・権限・義務等

会社法は、会計監査人の職務、権限および義務などについて、次のように定めている。

〈会計監査人の職務・権限・義務等〉

	会社法の定め	条項
職務	会計監査人は、会社の計算書類およびその附属明細書、臨時計算書類ならびに連結計算書類を監査する。この場合において、会計監査人は、会計監査報告を作成しなければならない。	第396条第1項
会計帳簿の閲覧等	会計監査人は、いつでも、会計帳簿（これに関する資料を含む）の閲覧および謄写をし、または取締役および使用人に対し、会計に関する報告を求めることができる。	第396条第1項
監査役への報告	監査役は、その職務を行うため必要があるときは、会計監査人に対し、監査に関する報告を求めることができる。	第397条第2項
株主総会での意見陳述	計算書類等が法令または定款に適合するかどうかについて会計監査人が監査役と意見を異にするときは、会計監査人は、定時株主総会に出席して意見を述べることができる。	第398条第1項

(7) 報酬の決定手続き

会社法は、「取締役は、会計監査人の報酬を定める場合には、監査役(監査役が2人以上ある場合には、その過半数)の同意を得なければならない」

と定めている（第399条第1項）。

（8）賠償責任の一部免除契約

会社は、会計監査人との間で、会社法第423条第1項の賠償責任について、善意でかつ重大な過失がない場合には、賠償責任を限定する契約を締結するのがよい。

3　モデル規程

会計監査人規程

（総則）
第1条　この規程は、会計監査人の選任、任期、権限および報酬等について定める。
2　この規程に定めのない事項は、次に掲げるものによる。
　（1）会社法その他の法令
　（2）定款
　（3）株主総会の決議
　（4）取締役会の決議
（会社との関係）
第2条　会社と会計監査人との関係は、委任関係とする。
（選任）
第3条　会計監査人の選任は、株主総会の決議による。
（資格）
第4条　会計監査人は、公認会計士または監査法人でなければならない。
2　会社法第337条第3項に定める者は、会計監査人になることはできない。
（任期）
第5条　会計監査人の任期は、選任後1年以内に終了する事業年度のうち最終のものに関する定時株主総会の終結の時までとする。
2　前項の定時株主総会において別段の決議がされなかったときは、その定時株主総会において再任されたものとみなす。
（解任）

第5章　役員・執行役員

第6条　会計監査人は、株主総会の決議によって解任される。
（監査役による解任）
第7条　監査役は、会計監査人が、次のいずれかに該当するときは、解任することができる。
　（1）職務上の義務に違反し、または職務を怠ったとき
　（2）会計監査人としてふさわしくない非行があったとき
　（3）心身の故障のため、職務の執行に支障があり、またはこれに堪えないとき
2　前項の解任は、監査役全員の同意によって行う。
（職務・権限等）
第8条　会計監査人は、会社法第5章の定めるところにより、会社の計算書類およびその附属明細書、臨時計算書類ならびに連結計算書類を監査する。この場合において、会計監査人は、法務省令で定めるところにより、会計監査報告を作成しなければならない。
2　会計監査人は、いつでも、会計帳簿（これに関する資料を含む）の閲覧および謄写をし、または取締役および使用人に対し、会計に関する報告を求めることができる。
3　会計監査人は、その職務を行うため必要があるときは、子会社に対して会計に関する報告を求め、または会社もしくは子会社の業務および財産の調査をすることができる。
（監査役への報告）
第9条　会計監査人は、監査役から監査に関する報告を求められたときは、報告をしなければならない。
（定時株主総会における意見の陳述）
第10条　第8条第1項に規定する書類が法令または定款に適合するかどうかについて会計監査人が監査役と意見を異にするときは、会計監査人は、定時株主総会に出席して意見を述べることができる。
（報酬）
第11条　会計監査人の報酬は、取締役社長が、次の事項を総合的に勘案して決定する。

（1）職務執行の困難さ
　　（2）職務上の責任
　　（3）会社の業績（支払能力）
　　（4）同業他社の会計監査人の報酬
2　取締役社長は、会計監査人の報酬を定める場合には、監査役の過半数の同意を得るものとする。

（賠償責任の一部免除契約）

第12条　会社は、会計監査人との間で、会社法第423条第1項の賠償責任について、善意でかつ重大な過失がない場合には、賠償責任を限定する契約を締結する。ただし、その契約に基づく賠償責任の限度額は、金〇〇万円以上であらかじめ定めた額と法令の定める最低責任限度額とのいずれか高い額とする。

（第三者に対する損害賠償責任）

第13条　会計監査人は、その職務を行うについて悪意または重大な過失があり、これによって第三者に損害を生じさせたときは、その損害を賠償しなければならない。

2　会計監査人が会計監査報告に記載し、または記録すべき重要な事項について、虚偽の記載または記録をしたときも、前項と同様とする。ただし、その行為をすることについて注意を怠らなかったことを証明したときは、この限りでない。

（付則）

　　この規程は、　　年　月　日から施行する。

第12節　執行役員規程

1　規程の趣旨

　営業部長・経理部長・人事部長・支店長・工場長などの要職にある幹部社員を役員（取締役）に準じて処遇する制度を、一般に「執行役員制度」という。

　執行役員制度には、
・会社との関係を雇用関係とする「雇用型」
・会社との関係を委任関係とする「委任型」
とがある。

　執行役員制度は、会社法で定められたものではなく、会社が任意に定める制度である。このため、雇用型の場合も、委任型の場合も、その取扱いを規程として明確にしておくことが必要である。

〈執行役員制度のメリット〉

・経営の健全性、公正性を確保できる
・経営の効率化、意思決定の迅速化を図れる
・業務執行区分を明確にできる
・取締役会の機能を強化できる
・社員の勤労意欲の向上を図れる

2　規程の内容

(1) 役職

　執行役員の役職については、
・役職を置く
・役職は置かない
の2つがある。

　役職を置く場合には、「専務執行役員・常務執行役員・執行役員」の3区分、または「上席執行役員・執行役員」の2区分とする。

(2) 選任

執行役員は、会社にとってきわめて重要な人事である。このため、取締役会において選任するべきである。

〈執行役員の選任基準〉

① 豊かな業務経験を有すること
② 経営感覚が優れていること
③ リーダーシップ、マネジメントシップおよび企画力に優れていること
④ 執行役員にふさわしい人格、識見を有すること
⑤ 心身ともに健康であること
⑥ 会社法に定める取締役の欠格事由に該当しないこと

(3) 任期

執行役員の任期は、1年または2年程度とするのが妥当であろう。ただし、再任を妨げないものとする。

(4) 退任の要件

退任の要件は、任期満了、辞任、定年、死亡および解任とする。

(5) 退任後の身分

雇用型の場合、執行役員を退任した者は、原則として社員の身分となる。委任型の場合は、会社との関係は消滅する。

(6) 権限

執行役員は、取締役会の決議に基づき、会社の業務執行を分担する。

(7) 忠実義務・報告義務・機密保持義務

執行役員に対して、

- 法令、会社の規則・規程ならびに取締役社長および取締役会の指示命令を遵守し、会社のために忠実にその職務を遂行する義務
- 業務の遂行状況を適宜適切に取締役社長および取締役会に報告する義務
- 職務上知り得た会社の機密を、在任中はもとより退任後も他に漏洩しない義務

などを課すのがよい。

（8）損害賠償責任

執行役員は、その任務または社内規程に反する行為によって会社に損害を与えたときは、その損害を賠償しなければならないものとする。

（9）報酬

執行役員の報酬は「執行役員報酬」一本とし、次の事項を勘案して取締役会において決定する。

〈執行役員報酬の決定基準〉

① 職務の内容（遂行の困難さ、責任の重さ）
② 社員給与の最高額
③ 取締役の報酬
④ 会社の業績

（10）賞与

会社の決算時に、営業成績により賞与を支給する。支給額は、その都度取締役会において決定する。

（11）退職慰労金

執行役員を退任するときは、退職慰労金を支給する。退職慰労金の算定方式には、主として、

・退任時報酬月額×執行役員在任年数
・退任時報酬月額×執行役員在任年数×功績倍率

などがある。

なお、在任中特に功労のあった者に対しては、功労金を加算し、在任中会社に重大な損害を与えた者については、退職慰労金を減額し、または支給しないものとする。

退職慰労金は、業務の引継ぎを完全に終了させ、かつ、会社に対して返済すべき債務があるときはその債務を返済した日から1、2ヶ月以内に、一時金として支給する。ただし、雇用型の場合は、引き続き社員の身分にあるわけであるから、社員としての退職時まで支給を延期する（社員として退職するときに、社員退職金と執行役員退職慰労金とを合わせて支給する）。

(12) 昇格前の社員分退職金の取扱い

所得税法基本通達30—2の2の「使用人から執行役員への就任に伴い退職手当等として支給される一時金の取扱いについて」では、「執行役員との契約関係が委任契約またはこれに類するものである場合には、使用人から執行役員に就任した者に対し、その就任前の勤続期間に係る退職手当等として一時に支払われる給与は、退職手当等に該当する」旨、定められている。

このため、委任型の場合には、社員から執行役員に昇格する時点において、社員退職金規程の定めるところにより退職金を支給するのがよい。

3 モデル規程

(1) 雇用型の場合

執行役員規程
第1章　総則

（目的）

第1条　この規程は、執行役員の就任、退任、権限・服務規律、報酬および退職慰労金等について定める。

2　この規程に定めのない事項は、次に掲げるものによる。

（1）労働基準法その他の労働法令

（2）社員就業規則

（3）取締役会の決議

（会社との関係）

第2条　会社と執行役員との関係は、民法に定める雇用関係とする。

（役職）

第3条　執行役員に、次の役職を置く。

（1）専務執行役員

（2）常務執行役員

（3）執行役員

第5章　役員・執行役員

第2章　就任

（選任）

第4条　執行役員は、取締役社長の推薦に基づき、取締役会において選任する。

（選任の基準）

第5条　執行役員の選任基準は、次のとおりとする。
（1）豊かな業務経験を有すること
（2）経営感覚が優れていること
（3）リーダーシップ、マネジメントシップおよび企画力に優れていること
（4）執行役員にふさわしい人格、識見を有すること
（5）心身ともに健康であること
（6）会社法に定める取締役の欠格事由に該当しないこと

（任期）

第6条　執行役員の任期は2年とする。ただし、再任を妨げないものとする。

第3章　退任

（退任の要件）

第7条　執行役員が、次のいずれかに該当するときは退任とする。
（1）任期が満了したとき
（2）辞任を申し出て取締役会で承認されたとき
（3）定年に達したとき
（4）死亡したとき
（5）取締役会で解任されたとき

（辞任）

第8条　執行役員を辞任しようとするときは、原則として3ヶ月前までに取締役社長に申し出なければならない。取締役社長は、これを取締役会に諮って決定する。

（定年）

第9条　執行役員の定年は65歳とする。任期中に定年に達したときは、任

期満了後に退任する。

(解任)

第10条 執行役員が、次のいずれかに該当するときは、取締役会の決議により、その職を解任されることがある。

（1）会社の信用と名誉を傷つける行為のあったとき
（2）会社の営業上の秘密を他に漏らしたとき
（3）故意または重大な過失によって、会社に損害を与えたとき
（4）合理的な理由がないのに、取締役社長または取締役会の指示に従わないとき
（5）業務上の成績が著しく不振であるとき
（6）健康を害し、職務に耐えないと認められるとき
（7）その他前各号に準ずる不都合な行為のあったとき

(退任後の身分)

第11条 執行役員を退任した者は、原則として社員の身分となる。

第4章　権限・服務規律

(権限)

第12条 執行役員は、取締役会の決議に基づき、会社の業務執行を分担する。

(忠実義務)

第13条 執行役員は、法令、会社の規則・規程ならびに取締役社長および取締役会の指示命令を遵守し、会社のために忠実にその職務を遂行しなければならない。

(報告義務)

第14条 執行役員は、担当する業務の遂行状況を適宜適切に取締役社長および取締役会に報告しなければならない。

(機密の保持)

第15条 執行役員は、職務上知り得た会社の機密を、在任中はもとより退任後も他に漏えいしてはならない。

(個人的利益の禁止)

第5章　役員・執行役員

第16条　執行役員は、職務上の地位および権限を利用して、個人的に経済的利益を図ってはならない。

（損害賠償）

第17条　執行役員は、その任務またはこの規程に反する行為によって会社に損害を与えたときは、その損害を賠償しなければならない。

2　損害賠償責任は、辞任することによって免れることはできない。

第5章　報酬

（報酬）

第18条　執行役員の報酬は「執行役員報酬」一本とし、次の事項を勘案して取締役会において決定する。
　（1）職務の内容（遂行の困難さ、責任の重さ）
　（2）社員給与の最高額
　（3）取締役の報酬
　（4）会社の業績

（賞与）

第19条　会社の決算時に、営業成績により賞与を支給することがある。支給額は、その都度取締役会において決定する。

第6章　退職慰労金

（退職慰労金）

第20条　執行役員を退任するときは、退職慰労金を支給する。退職慰労金の算定は、次の算式による。

　　退職慰労金＝退任時報酬月額×執行役員在任年数×功績倍率

2　退任時報酬月額は、退任1ヶ月前に得ていた報酬月額とする。

3　在任年数は、執行役員に就任した月から起算し、退任の月までとする。1年未満は月割計算とする。1ヶ月未満については、15日以上は1ヶ月とし、14日未満は切り捨てる。

4　功績倍率は、次のとおりとする。
　（1）専務執行役員　　1.4

（2）常務執行役員　　1.3
　　（3）執行役員　　　　1.2
（功労金）
第21条　在任中特に功労のあった者に対しては、退職慰労金の30％の範囲において功労金を支給することがある。
（減額等）
第22条　在任中会社に重大な損害を与えた者については、退職慰労金を減額し、または支給しないことがある。
（支給時期）
第23条　退職慰労金は、業務の引継ぎを完全に終了させ、かつ、会社に対して返済すべき債務があるときはその債務を返済した日から1ヶ月以内に、一時金として支給する。ただし、引き続き社員の身分にある場合は、社員としての退職時まで支給を延期する（社員として退職するときに、社員退職金と執行役員退職慰労金とを合わせて支給する）。
（付則）
　この規程は、　　年　月　日から施行する。

（2）委任型の場合

執行役員規程
第1章　総則

（目的）
第1条　この規程は、執行役員の就任、退任、権限・服務規律、報酬および退職慰労金等について定める。
2　この規程に定めのない事項は、次に掲げるものによる。
　　（1）会社法その他の法令
　　（2）取締役会の決議
（会社との関係）
第2条　会社と執行役員との関係は、民法に定める委任関係とする。
2　社員から執行役員に昇格するときは、その時点で、会社との雇用関係

第5章　役員・執行役員

は消滅するものとする。

（役職）

第3条　執行役員に、次の役職を置く。

（1）専務執行役員

（2）常務執行役員

（3）執行役員

第2章　就任

（選任）

第4条　執行役員は、取締役社長の推薦に基づき、取締役会において選任する。

（選任の基準）

第5条　執行役員の選任基準は、次のとおりとする。

（1）豊かな業務経験を有すること

（2）経営感覚が優れていること

（3）リーダーシップ、マネジメントシップおよび企画力に優れていること

（4）執行役員にふさわしい人格、識見を有すること

（5）心身ともに健康であること

（6）会社法に定める取締役の欠格事由に該当しないこと

（就任承諾書）

第6条　執行役員に選任された者が就任を承諾したときは、速やかに会社に就任承諾書を提出しなければならない。ただし、留任の場合は省略することができる。

（任期）

第7条　執行役員の任期は2年とする。ただし、再任を妨げないものとする。

第3章　退任

（退任の要件）

第8条　執行役員が、次のいずれかに該当するときは退任とする。
（1）任期が満了したとき
（2）辞任を申し出て取締役会で承認されたとき
（3）定年に達したとき
（4）死亡したとき
（5）取締役会で解任されたとき
（辞任）
第9条　執行役員を辞任しようとするときは、原則として3ヶ月前までに取締役社長に申し出なければならない。取締役社長は、これを取締役会に諮って決定する。
（定年）
第10条　執行役員の定年は65歳とする。任期中に定年に達したときは、任期満了後に退任する。
（解任）
第11条　執行役員が、次のいずれかに該当するときは、取締役会の決議により、その職を解任されることがある。
（1）会社の信用と名誉を傷つける行為のあったとき
（2）会社の営業上の秘密を他に漏らしたとき
（3）故意または重大な過失によって、会社に損害を与えたとき
（4）合理的な理由がないのに、取締役社長または取締役会の指示に従わないとき
（5）業務上の成績が著しく不振であるとき
（6）健康を害し、職務に耐えないと認められるとき
（7）その他前各号に準ずる不都合な行為のあったとき

第4章　権限・服務規律

（権限）
第12条　執行役員は、取締役会の決議に基づき、会社の業務執行を分担する。
（善管注意義務）
第13条　執行役員は、善良なる管理者としての注意義務をもってその職務

第5章　役員・執行役員

を遂行しなければならない。
（忠実義務）
第14条　執行役員は、法令、定款、会社の規則・規程ならびに取締役社長および取締役会の指示命令を遵守し、会社のために忠実にその職務を遂行しなければならない。
（報告義務）
第15条　執行役員は、担当する業務の遂行状況を適宜適切に取締役社長および取締役会に報告しなければならない。
（機密の保持）
第16条　執行役員は、職務上知り得た会社の機密を、在任中はもとより退任後も他に漏えいしてはならない。
（個人的利益の禁止）
第17条　執行役員は、職務上の地位および権限を利用して、個人的に経済的利益を図ってはならない。
（損害賠償）
第18条　執行役員は、その任務またはこの規程に反する行為によって会社に損害を与えたときは、その損害を賠償しなければならない。
2　損害賠償責任は、辞任することによって免れることはできない。

　　　　　　　　　　　第5章　勤務条件

（勤務時間・休日・休暇）
第19条　執行役員の勤務時間、休日および休暇は、社員就業規則の定めるところによる。
（休職）
第20条　執行役員は、健康を害したときは、健康が回復し業務を遂行できるようになるまで休職することができる。
2　休職中も、執行役員としての身分を保証し、報酬を支払う。
（届出）
第21条　休暇を取得するとき、または休職するときは、あらかじめ取締役社長に届け出るものとする。

第6章　福利厚生

（健康診断）

第22条　会社は、執行役員に対して毎年1回、健康診断を実施する。執行役員は、会社が実施する健康診断を受けなければならない。

（災害補償）

第23条　会社は、執行役員が通勤途上または業務遂行上において負傷し、疾病にかかり、または死亡したときは、別に定めるところにより補償を行う。

（慶弔見舞金）

第24条　会社は、執行役員に慶弔があるときは、慶弔見舞金を支給する。その金額は、社員に対する支給額に準じ、社長が取締役会に諮って決定する。

第7章　報酬等

（報酬）

第25条　執行役員の報酬は「執行役員報酬」一本とし、次の事項を勘案して取締役会において決定する。

（1）職務の内容（遂行の困難さ、責任の重さ）
（2）社員給与の最高額
（3）取締役の報酬
（4）会社の業績

（報酬の形態）

第26条　報酬は、月額で定め、毎月25日に支払う。

（報酬からの控除）

第27条　報酬の支払いに当たり、次のものを控除する。

（1）所得税
（2）住民税
（3）本人が申し出たもの

（賞与）

第28条　会社の決算時に、営業成績により賞与を支給することがある。支

第5章　役員・執行役員

給額は、その都度取締役会において決定する。

第8章　退職慰労金

（退職慰労金）

第29条　執行役員を退任するときは、退職慰労金を支給する。退職慰労金の算定は、次の算式による。

$$退職慰労金＝退任時報酬月額×執行役員在任年数×功績倍率$$

2　退任時報酬月額は、退任1ヶ月前に得ていた報酬月額とする。

3　在任年数は、執行役員に就任した月から起算し、退任の月までとする。1年未満は月割計算とする。1ヶ月未満については、15日以上は1ヶ月とし、14日未満は切り捨てる。

4　功績倍率は、次のとおりとする。

　（1）専務執行役員　　1.4
　（2）常務執行役員　　1.3
　（3）執行役員　　　　1.2

（功労金）

第30条　在任中特に功労のあった者に対しては、退職慰労金の30％の範囲において功労金を支給することがある。

（減額等）

第31条　在任中会社に重大な損害を与えた者については、退職慰労金を減額し、または支給しないことがある。

（支給時期）

第32条　退職慰労金は、業務の引継ぎを完全に終了させ、かつ、会社に対して返済すべき債務があるときはその債務を返済した日から1ヶ月以内に、一時金として支給する。

2　社員から執行役員に昇格する場合には、その時点において、社員退職金規程の定めるところにより退職金を支給する。

（付則）

　この規程は、　　年　月　日から施行する。

第6章 役員会・執行役員会

第1節　取締役会規程

第2節　常務会規程

第3節　監査役会規程

第4節　執行役員会規程

第6章　役員会・執行役員会

第1節　取締役会規程

1　規程の趣旨

取締役会の構成と運営について、特に規程を設けていない会社が多い。これは、会社法で規程の作成が義務付けられていないためであろう。

規程が作成されていないと、とかく運営がルーズになりやすい。取締役会は、会社の最高の意思決定機関であるから、その運営がルーズになるのは望ましくない。やはり、その構成と運営を規程として明文化し、それに従って適正に開催するべきである。

2　規程の内容

（1）種類

取締役会は、定例取締役会と臨時取締役会の2種類とするのが現実的である。

（2）招集権者

取締役会の招集権者を定める。

なお、会社法は、招集権者以外の取締役に対して、取締役会の招集を請求する権利を与えている（第366条第2項）。

（3）招集の手続き

会社法は、「取締役会を招集する者は、取締役会の日の1週間前までに各取締役および各監査役に対してその通知を発しなければならない」と定めている（第368条第1項）。

（4）監査役の出席

会社法は、「監査役は、取締役会に出席し、必要があると認めるときは、意見を述べなければならない」と定めている。ただし、監査役の監査の範囲を会計監査に限定している非公開会社には、この規定は適用されない（第389条第7項）。

（5）議長

　取締役会の議長を定める。

（6）決議事項

　取締役会の決議事項を定める。

〈取締役会の決議事項〉

①　株主総会に関する重要事項
②　取締役に関する重要事項
③　経営方針・経営計画に関する重要事項
④　資産および財務に関する重要事項
⑤　人事に関する重要事項
⑥　組織に関する重要事項
⑦　その他業務執行に関する重要事項

（7）決議の要件

　会社法は、「取締役会の決議は、議決に加わることができる取締役の過半数が出席し、その過半数をもって行う。ただし、その決議について特別の利害関係を有する取締役は、議決に加わることができない」と定めている（第369条第1項、第2項）。

（8）書面決議

　会社法は、「取締役が取締役会の決議の目的である事項について提案をした場合において、その提案につき取締役の全員が書面または電磁的記録により同意の意思表示をしたときは、その決議事項を可決する旨の取締役会の決議があったものとみなす。ただし、監査役が異議を述べたときは、この限りではない」と定めている（第370条）。

（9）議事録

　会社法は、「取締役会の議事については、法務省令で定めるところにより議事録を作成し、出席した取締役および監査役は、これに署名し、または記名捺印しなければならない」と定めている（第369条第3項）。

第6章 役員会・執行役員会

3　モデル規程

（1）非公開会社の場合

取締役会規程

（総則）
第1条　この規程は、取締役会の構成、開催、招集および運営等に関する基準を定める。
2　この規程に定めのない事項は、法令または定款の定めるところによる。
（構成）
第2条　取締役会は、すべての取締役をもって構成する。
（種類）
第3条　取締役会は、次の2種類とする。
　（1）定例取締役会
　（2）臨時取締役会
（定例取締役会）
第4条　定例取締役会は、毎月1回、第1月曜日に本社において開催する。当日が休日に当たるときは、その翌日とする。
（臨時取締役会）
第5条　臨時取締役会は、必要があるときに臨時に開催する。
（招集権者）
第6条　取締役会は、取締役社長が招集する。取締役社長に事故があるときは、あらかじめ定められた者が定められた順序により、これに当たる。
（招集の請求）
第7条　取締役は、議題およびその理由を記載した書面を招集権者に提出することにより、取締役会の招集を請求することができる。
（招集の手続き）
第8条　取締役会招集の通知は、開催日の1週間前までに各取締役に対して発する。
2　前項の定めにかかわらず、定例取締役会および緊急を要する場合は、

この招集手続きを省略して開催する。

(欠席届)

第9条 取締役は、やむを得ない事情で取締役会に出席できないときは、あらかじめ招集権者に届け出なければならない。

(議長)

第10条 取締役会の議長は、取締役社長が務める。取締役社長に事故あるときは、あらかじめ定められた者が定められた順序により、これを務める。

(役員以外の出席)

第11条 取締役会が必要と認めたときは、取締役以外の者を出席させて意見を聴くことができる。

(決議事項)

第12条 取締役会の決議事項は、次のとおりとする。
　(1) 株主総会に関する重要事項
　(2) 取締役に関する重要事項
　(3) 経営方針・経営計画に関する重要事項
　(4) 資産および財務に関する重要事項
　(5) 人事に関する重要事項
　(6) 組織に関する重要事項
　(7) その他業務執行に関する重要事項

(報告の請求)

第13条 取締役会は、各取締役に所管事項について報告を求めることがある。

(決議の要件)

第14条 取締役会の決議は、取締役の過半数が出席し、出席した取締役の過半数をもって行う。

2　取締役会の決議について特別の利害関係を有する取締役は、その議決権を行使することはできない。

(書面決議)

第15条 取締役の全員が取締役会の決議事項について書面または電磁的記

第6章 役員会・執行役員会

録により同意したときは、その決議事項を可決する旨の取締役会の決議があったものとみなす。

（議事録）
第16条 取締役会を開催したときは、その都度議事録を作成し、議事の経過の要領およびその結果その他法務省令で定める事項を記載し、出席した取締役全員がこれに署名捺印する。
2　議事録は10年間保存する。

（欠席者への通知）
第17条 取締役会の議長は、取締役会を欠席した者に対し、取締役会の議事の経過の要領およびその結果を通知しなければならない。

（付則）
1　この規程は、　　年　月　日から施行する。
2　この規程の改定は、取締役会の決議によって行う。

（2）公開会社の場合

取締役会規程

（総則）
第1条　この規程は、取締役会の構成、開催、招集および運営等に関する基準を定める。
2　この規程に定めのない事項は、法令または定款の定めるところによる。

（構成）
第2条　取締役会は、すべての取締役をもって構成する。

（監査役の出席義務）
第3条　監査役は、取締役会に出席し、必要があると認めるときは、意見を述べなければならない。

（種類）
第4条　取締役会は、次の2種類とする。
　（1）定例取締役会
　（2）臨時取締役会

（定例取締役会）

第5条　定例取締役会は、毎月1回、第1月曜日に本社において開催する。当日が休日に当たるときは、その翌日とする。

（臨時取締役会）

第6条　臨時取締役会は、必要があるときに臨時に開催する。

（招集権者）

第7条　取締役会は、取締役社長が招集する。取締役社長に事故があるときは、あらかじめ定められた者が定められた順序により、これに当たる。

（招集の請求）

第8条　取締役は、議題およびその理由を記載した書面を招集権者に提出することにより、取締役会の招集を請求することができる。

（招集の手続き）

第9条　取締役会招集の通知は、開催日の1週間前までに各取締役および各監査役に対して発する。

2　前項の定めにかかわらず、定例取締役会および緊急を要する場合は、この招集手続きを省略して開催する。

（欠席届）

第10条　取締役および監査役は、やむを得ない事情で取締役会に出席できないときは、あらかじめ招集権者に届け出なければならない。

（議長）

第11条　取締役会の議長は、取締役社長が務める。取締役社長に事故あるときは、あらかじめ定められた者が定められた順序により、これに当たる。

（役員以外の出席）

第12条　取締役会が必要と認めたときは、取締役および監査役以外の者を出席させて意見を聴くことができる。

（決議事項）

第13条　取締役会の決議事項は、次のとおりとする。

（1）株主総会に関する重要事項

（2）取締役に関する重要事項

（3）経営方針・経営計画に関する重要事項
（4）資産および財務に関する重要事項
（5）人事に関する重要事項
（6）組織に関する重要事項
（7）その他業務執行に関する重要事項

（報告の請求）

第14条 取締役会は、各取締役に所管事項について報告を求めることがある。

（決議の要件）

第15条 取締役会の決議は、取締役の過半数が出席し、出席した取締役の過半数をもって行う。

2 取締役会の決議について特別の利害関係を有する取締役は、その議決権を行使することはできない。

（書面決議）

第16条 取締役の全員が取締役会の決議事項について書面または電磁的記録により同意したときは、その決議事項を可決する旨の取締役会の決議があったものとみなす。ただし、監査役が異議を述べたときは、この限りではない。

（議事録）

第17条 取締役会を開催したときは、その都度議事録を作成し、議事の経過の要領およびその結果その他法務省令で定める事項を記載し、出席した取締役および監査役全員がこれに署名捺印する。

2 議事録は10年間保存する。

（欠席者への通知）

第18条 取締役会の議長は、取締役会を欠席した者に対し、取締役会の議事の経過の要領およびその結果を通知しなければならない。

（付則）

1 この規程は、　　年　月　日から施行する。
2 この規程の改定は、取締役会の決議によって行う。

第2節　常務会規程

1　規程の趣旨

　本来、経営の重要事項は取締役会において協議し、決定すべきである。しかし、取締役の人数が多くなると、協議は実質的に困難となる。

　このため、経営の効率化を図る目的で、常務取締役以上の役員で構成される常務会を設け、経営上の重要事項を協議している会社が少なくない。

　常務会を設けている会社は、その運営を規程として明確にしておくことが望ましい。

2　規程の内容

（1）任務

　常務会の任務を明確にする。一般的には、「取締役会で決定された経営方針に基づいて社長が業務を執行するに当たり、業務に関する重要事項を協議する」とするのが妥当であろう。

（2）構成

　常務会は、役付役員をもって構成する。

（3）開催

　常務会は、週1回程度開催するのが妥当であろう。

（4）議長

　常務会の議長を定める。

（5）付議事項

　常務会への付議事項を定める。例えば、次のとおりとする。

　① 取締役会の招集および提出議案に関する事項
　② 取締役会で決定された経営方針の執行に関する事項
　③ 重要な財産の取得、処分に関する事項
　④ 重要な職制・組織の変更、新設に関する事項
　⑤ 重要な人事・労務に関する事項

⑥　重要な規則・規程の制定、改廃に関する事項
⑦　関係会社の管理に関する重要事項
⑧　重要な契約に関する事項
⑨　その他会社経営上重要な事項

（6）決定
　常務会に付議された案件は、その協議を経て社長が決定する。

（7）報告
　社長は、常務会への付議事項および協議事項について、その実施経過および結果を常務会に報告するものとする。

3　モデル規程

常務会規程

（総則）
第1条　この規程は、常務会の構成、開催および運営等について定める。
（任務）
第2条　常務会は、取締役会で決定された経営方針に基づいて社長が業務を執行するに当たり、業務に関する重要事項を協議する。
（構成）
第3条　常務会は、役付役員をもって構成する。
（関係者の出席）
第4条　常務会は、必要と認めるときは、議事に関係する者を出席させ、その意見を聴き、もしくは説明を求めることがある。
（開催）
第5条　常務会は、原則として毎週月曜日に開催する。当日が休日のときは、その翌日に開催する。ただし、必要ある場合は、臨時に開催する。
（欠席届）
第6条　役付役員は、やむを得ない事情で常務会に出席できないときは、あらかじめ社長に届け出なければならない。
（議長）
第7条　常務会の議長は社長が務める。社長に事故あるときは、副社長が

務める。

（付議事項）

第8条　常務会への付議事項は、次のとおりとする。
　（1）取締役会の招集および提出議案に関する事項
　（2）取締役会で決定された経営方針の執行に関する事項
　　　① 生産計画に関すること
　　　② 販売計画に関すること
　　　③ 購入計画に関すること
　　　④ 資金計画に関すること
　　　⑤ 要員計画に関すること
　　　⑥ 期末決算方針に関すること
　（3）重要な財産の取得、処分に関する事項
　（4）重要な職制・組織の変更、新設に関する事項
　（5）重要な人事・労務に関する事項
　（6）重要な規則・規程の制定、改廃に関する事項
　（7）関係会社の管理に関する重要事項
　（8）重要な契約に関する事項
　（9）その他会社経営上重要な事項

（決定）

第9条　常務会に付議された案件は、その協議を経て社長が決定する。ただし、緊急を要する事項については、書類による持ち回り協議を行い、次の常務会において承認を求めることができる。

（報告）

第10条　社長は、常務会への付議事項および協議事項について、その実施経過および結果を常務会に報告するものとする。

（議事録）

第11条　常務会を開催したときは、その都度議事録を作成し、議事の経過および結果を記載し、出席者が署名捺印する。

（事務局）

第12条　常務会の事務は、総務課が所管する。

第6章 役員会・執行役員会

(付則)
　この規程は、　　年　月　日から施行する。

第3節　監査役会規程

1　規程の趣旨

　会社法は、「大会社は、監査役会を置かなければならない」と定めている（第328条第1項）。

　監査役会を置く会社は、その構成および運用等の基準を定めることが望ましい。

2　規程の内容

（1）構成

　会社法は、「監査役会は、すべての監査役で組織する」と定めている（第390条第1項）。

（2）招集権者

　会社法は、「監査役会は、各監査役が招集する」と定めている（第391条）。

（3）招集の手続き

　会社法は、「監査役会を招集するには、監査役は、監査役会の1週間前までに、各監査役に対してその通知を発しなければならない」と定めている（第392条第1項）。

（4）職務

　会社法の定めるところにより、監査役会は、次に掲げる職務を行う。ただし、第3号の決定は、監査役の権限の行使を妨げるものではないものとする。

　① 　監査報告の作成
　② 　常勤の監査役の選定および解職
　③ 　監査の方針、会社の業務および財産についての調査の方法その他監査役の職務の執行に関する事項の決定

（5）報告義務

　会社法は、「監査役は、監査役会の求めがあるときは、いつでもその職

務の執行の状況を監査役会に報告しなければならない」と定めている（第390条第4項）。

（6）決議の要件

会社法は、「監査役会の決議は、監査役の過半数をもって行う」と定めている（第393条第1項）。

（7）議事録

監査役会を開催したときは、法務省令で定めるところにより、議事録を作成する。

3 モデル規程

監査役会規程

（総則）
第1条　この規程は、監査役会の構成、開催、招集および運営等に関する基準を定める。
2　この規程に定めのない事項は、法令または定款の定めるところによる。
（構成）
第2条　監査役会は、すべての監査役をもって構成する。
（監査役の出席義務）
第3条　監査役は、監査役会に出席し、必要があると認めるときは、意見を述べなければならない。
（種類）
第4条　監査役会は、次の2種類とする。
　（1）定例監査役会
　（2）臨時監査役会
（定例監査役会）
第5条　定例監査役会は、毎月1回、第1月曜日に本社において開催する。当日が休日に当たるときは、その翌日とする。
（臨時監査役会）
第6条　臨時監査役会は、必要があるときに臨時に開催する。
（招集権者）

第7条　監査役会は、各監査役がこれを招集することができる。
(招集の手続き)
第8条　監査役は、監査役会を招集するときは、開催日の1週間前までに、各監査役に対してその通知を発しなければならない。
2　前項の定めにかかわらず、定例監査役会および緊急を要する場合は、この招集手続きを省略して開催することができる。
(欠席届)
第9条　監査役は、やむを得ない事情で監査役会に出席できないときは、あらかじめ招集権者に届け出なければならない。
(議長)
第10条　監査役会の議長は、監査役会において選定する。
(職務)
第11条　監査役会は、次に掲げる職務を行う。ただし、第3号の決定は、監査役の権限の行使を妨げるものではない。
　(1) 監査報告の作成
　(2) 常勤の監査役の選定および解職
　(3) 監査の方針、会社の業務および財産についての調査の方法その他監査役の職務の執行に関する事項の決定
(報告義務)
第12条　監査役は、監査役会の求めがあるときは、いつでもその職務の執行の状況を監査役会に報告しなければならない。
(決議の要件)
第13条　監査役会の決議は、法令に別段の定めがある場合を除き、監査役の過半数をもって行う。
(議事録)
第14条　監査役会を開催したときは、その都度議事録を作成し、監査役会の開催日時および場所、議事の経過の要領および結果その他法務省令で定める事項を記載し、出席した監査役全員がこれに署名する。
2　議事録は10年間保存する。
(欠席者への通知)

第6章 役員会・執行役員会

第15条 監査役会の決議の内容は、欠席した監査役に通知する。
（付則）
1　この規程は、　　年　月　日から施行する。
2　この規程の改定は、監査役会の決議によって行う。

第4節　執行役員会規程

1　規程の趣旨

　経営の効率化、意思決定の迅速化、人材の有効活用などを目的として、近年、執行役員制度を導入する会社が増加している。執行役員制度は、会社法の制約にとらわれることなく、会社側の意思で自由に設計できるというメリットも持っている。

　執行役員制度を実施するときは、執行役員会を置くのがよい。

2　規程の内容

（1）目的

　はじめに、執行役員会の目的を明記する。

〈執行役員会の目的〉

① 社長が執行役員から業務の執行状況について報告を受けること
② 執行役員相互において情報交換を行うこと
③ 取締役会に対し、必要に応じ、進言すること
④ 社長が執行役員に対し、取締役会の決定事項を伝達すること
⑤ その他執行役員の業務執行に関すること

（2）構成

　執行役員会は、執行役員と役付役員で構成する。

（3）会議の内容

　執行役員会の内容は、

・執行役員会が自分の担当業務の執行状況を報告すること
・執行役員が会社経営に関する情報を相互に交換し、業務の執行に役立てること
・必要に応じ、あるいは取締役会の求めに応じ、取締役会に対し、経営政策、経営戦略を進言すること

第6章　役員会・執行役員会

・社長が執行役員に対して取締役会の決定事項を報告すること

などとする。

（4）議長

執行役員会の議長を定める。

3　モデル規程

執行役員会規程

（総則）

第1条　この規程は、執行役員会について定める。

（目的）

第2条　執行役員会の目的は、次のとおりとする。

（1）社長が執行役員から業務の執行状況について報告を受けること

（2）執行役員相互において情報交換を行うこと

（3）取締役会に対し、必要に応じ、進言すること

（4）社長が執行役員に対し、取締役会の決定事項を伝達すること

（5）その他執行役員の業務執行に関すること

（構成）

第3条　執行役員会の構成は、次のとおりとする。

（1）執行役員

（2）社長、副社長、専務取締役、常務取締役

（業務報告）

第4条　執行役員は、執行役員会において、担当する業務の執行状況を報告する。

（情報交換）

第5条　執行役員は、執行役員会において、会社経営に関する情報を相互に交換し、業務の執行に役立てなければならない。

（進言）

第6条　執行役員会は、必要に応じ、あるいは取締役会の求めに応じ、取締役会に対し、経営政策、経営戦略を進言する。

（取締役会の報告）

第7条　社長は、執行役員において、取締役会の決定事項を報告する。
（会議の種類）
第8条　執行役員会の種類は、次の2種類とする。

（1）定例執行役員会　　第1月曜日（当日が休日のときは、その翌日）に開催する。

（2）臨時執行役員会　　必要に応じ開催する。

2　執行役員は、執行役員会に出席できないときは、あらかじめ議長に届け出なければならない。
（議長）
第9条　執行役員会の議長は、筆頭専務執行役員が務める。筆頭専務執行役員に事故あるときは、あらかじめ定められた者があらかじめ定められた順序により、これを務める。
（議事録の作成）
第10条　執行役員会を開催したときは、議事録を作成する。

2　議事録は、議長が指名した者が作成する。
（事務局）
第11条　執行役員会の事務は、総務課で執り行う。
（付則）

この規程は、　　年　月　日から施行する。

第7章　企業行動憲章・社員行動規範

第1節　企業行動憲章

第2節　役員・社員行動規範

第7章 企業行動憲章・社員行動規範

第1節　企業行動憲章

1　行動憲章の趣旨

　会社の経営については、会社法、独占禁止法、不正競争防止法、労働基準法など、多くの法令が適用されている。会社は、法令とその精神を誠実に遵守して経営を行うことが求められる。

　また、法令が制定されていない事項については、社会的良識を持って行動しなければならない。会社は、単に公正な競争を通じて利潤を追求するという経済的主体ではなく、広く社会にとって有用な存在でなければならない。

　しかし、現実には、法令違反やルール違反が頻発する。不祥事を引き起こすと、社会の批判にさらされ、経営は深刻な危機に追い込まれる。それのみならず、経済界全体も社会的な批判の対象となる。

　不祥事を起こした会社の規模が大きければ大きいほど、また、知名度が高ければ高いほど、社会は敏感に反応する。

　会社としての行動基準を明文化したものを「企業行動憲章」という。行動憲章を定め、それを確実に実行することは、社会的な信頼を得る重要な要件といえる。

　なお、日本経営者団体連合会（日本経団連）は、企業倫理の確立を重要な使命として位置付け、企業行動憲章の策定とその普及に努めている。

　　　　　　（参考）日本経団連の企業行動憲章の内容

1　社会的に有用な製品・サービスを安全性や個人情報・顧客情報の保護に十分配慮して開発、提供し、消費者・顧客の満足と信頼を獲得する。
2　公正、透明、自由な競争ならびに適正な取引を行う。また、政治、行政との健全かつ正常な関係を保つ。
3　株主はもとより、広く社会とのコミュニケーションを行い、企業情報を積極的かつ公正に開示する。
4　従業員の多様性、人格、個性を尊重するとともに、安全で働きやす

い環境を確保し、ゆとりと豊かさを実現する。
5 環境問題への取り組みは人類共通の課題であり、企業の存在と活動に必須の要件であることを認識し、自主的、積極的に行動する。
6 「良き企業市民」として、積極的に社会貢献活動を行う。
7 市民社会の秩序や安全に脅威を与える反社会的勢力および団体とは断固として対決する。
8 国際的な事業活動においては、国際ルールや現地の法律の遵守はもとより、現地の文化や慣習を尊重し、その発展に貢献する経営を行う。
9 経営トップは、本憲章の精神の実現が自らの役割であることを認識し、率先垂範の上、社内に周知徹底するとともに、グループ企業や取引先に周知させる。また、社内外の声を常時把握し、実効ある社内体制の整備を行うとともに、企業倫理の徹底を図る。
10 本憲章に反するような事態が発生したときには、経営トップ自らが問題解決にあたる姿勢を内外に明らかにし、原因究明、再発防止に努める。また、社会への迅速かつ的確な情報の公開と説明責任を遂行し、権限と責任を明確にした上、自らを含めて厳正な処分を行う。

2 行動憲章の内容

(1) 行動基準の内容

企業の社会的な責任から判断すると、行動基準には、次のような事項を盛り込むのが適切であろう。

〈行動基準の内容〉

- ・開発・提供する商品・サービスに関すること
- ・個人情報の管理に関すること
- ・取引活動に関すること
- ・政治・行政との関係に関すること
- ・企業情報の開示に関すること
- ・社員の安全と労働条件の向上に関すること
- ・環境問題への取り組みに関すること
- ・地域社会との交流と社会貢献に関すること
- ・反社会的勢力との対決に関すること
- ・国際事業活動に関すること

（2）役員・役職者の使命

企業行動憲章が実現するかどうかは、役員・役職者の自覚と努力によるところがきわめて大きい。

このため、「役員および役職者は、この企業行動憲章の精神を実現することが自らの重要な役割であることをよく認識し、率先垂範の上、関係者に周知徹底する」旨明記する。

（3）原因の究明と再発防止

「万一、企業行動憲章に違反する事案が生じたときは、組織をあげて、原因の徹底究明、再発の防止に努める」旨明記する。

（4）情報公開と関係者の処分

「企業行動憲章違反の事案について、社内外に対し、迅速かつ的確な情報公開を行い、その説明責任を果すとともに、関係社員を厳正に処分する」旨明記する。

3　行動憲章のモデル

企業行動憲章

私たちは、事業を営む者として企業の社会的責任を自覚し、すべての法令を誠実に遵守するとともに、社会的良識をもって、次のとおり行動します。

1　開発・提供する商品・サービス

　　私たちは、優れた技術と豊かな経験をもとに、安全で品質の良い商品・サービスを開発し、消費者・取引先に提供します。

2　個人情報の管理

　　私たちは、商品・サービスの提供を通じて知り得た消費者の個人情報が他に漏えい・流失することのないよう安全に管理します。

3　取引活動

　　私たちは、取引において、法律を遵守し、同業他社と公正で自由な競争を行います。商品・サービスの販売または受注について、不正な手段

は使用しません。

4　政治・行政との関係

　私たちは、政治家・政党・政治団体および行政との間において、健全かつ正常な関係を保持します。違法な政治献金や利益供与や贈賄は行いません。

5　企業情報の開示

　私たちは、取引先、消費者、株主、投資家その他のステークホルダーに対し、適宜適切に企業情報を開示します。

6　社員の安全と労働条件の向上

　私たちは、社員の人格と個性を尊重するとともに、安全で快適な職場の形成に努めます。また、労働条件の向上により、社員の経済的・精神的・時間的なゆとりと豊かさの実現に努めます。

7　環境問題への取組み

　私たちは、環境問題の重要性を認識し、資源の有効活用、省エネルギーなどにより、環境問題に自主的・積極的に取り組みます。

8　地域社会との交流と社会貢献

　私たちは、良き企業市民として、地域社会との交流を深め、地域の社会活動への参加などを通じて、広く社会貢献に努めます。

9　反社会的勢力との対決

　私たちは、社会の秩序や企業の健全な活動に脅威を与える反社会的な勢力に対して、毅然とした態度を取ります。反社会的勢力に経済的な利益を供与しません。

第7章　企業行動憲章・社員行動規範

10　国際事業活動

　私たちは、国際的な事業活動においては、国際ルールおよび現地の法律を誠実に遵守します。また、現地の文化や慣習を尊重し、その発展に貢献するように努めます。

　なお、役員および役職者は、この企業行動憲章の精神を実現することが自らの重要な役割であることをよく認識し、率先垂範の上、関係者に周知徹底します。

　万一、この企業行動憲章に違反する事案が生じたときは、社長を先頭にして組織をあげて問題の解決に当たり、原因の徹底究明、再発の防止に努めます。

　さらに、私たちは、生じた事案について、社内外に対し、迅速かつ的確な情報公開を行い、その説明責任を果すとともに、社長を含め関係社員を厳正に処分します。

　　　　　　　　　　　　　　　　　　　　　　　　年　月　日
　　　　　　　　　　　　　　　　　　　　　　〇〇〇〇株式会社
　　　　　　　　　　　　　　　　　　　　　代表取締役社長〇〇〇〇

第2節　役員・社員行動規範

1　行動規範の趣旨

　会社は、法令と社会的ルールを誠実に遵守すべき義務がある。そのような義務を果たせるかどうかは、役員・社員の心構えによるところがきわめて大きい。

　とかく経営環境が厳しくなったり、あるいは同業他社との競争が激しくなったりすると、役員・社員は、「業績を達成するためには、法令に多少違反するのはやむを得ない」、「他社との競争に勝つためには、不正な手段を講じるのも仕方がない」と考え、そのように行動しがちである。しかし、そのようなことは決して許されない。

　ひとたび不祥事が発生し、それがマスコミで報道されると、会社の社会的信用は大きく低下する。その結果、経営基盤そのものが崩壊することになりかねない。

　会社は、役員・社員が遵守すべき行動規範を作成し、その周知徹底を図ることが望ましい。

2　行動規範の内容

(1) 行動規範の項目
　行動規範の項目としては、次のようなものが考えられる。
〈行動規範の項目〉

・法令および規則・規程の遵守
・権限の適正行使
・不正な利益の禁止
・営業秘密の漏えい禁止
・競業の禁止
・基本的人権の尊重
・セクハラの禁止

・自然環境への配慮

(2) 会社への通報

役員・社員に対して、「他の役員・社員が行動規範に違反する行為をしていることを知ったときは、本人に対してその行為の中止を勧告するか、または、会社に通報すること」を求める。

(3) 懲戒処分

行動規範に違反した場合には、就業規則等の定めるところにより懲戒処分に付すことを明記する。

3 モデル行動規範

役員・社員行動規範

役員・社員は、次に掲げる事項を誠実に遵守して行動しなければならない。

1 法令および規則・規程の遵守

役員・社員は、担当する職務を規制する法令および会社の規則・規程を誠実に遵守して、その職務を遂行しなければならない。

担当する職務を規制する法令または会社の規則・規程の内容が明らかでないときは、良識と常識をもって対処し、または、上司の指示命令を求めなければならない。

2 権限の適正行使

役員・社員は、会社から与えられている権限を職務のために適正に行使しなければならない。

3 不正な利益の禁止

役員・社員は、職務上の権限または地位を利用して、不正に個人的な利益を得てはならない。取引先などから、社会常識を超える接待を受け、または、金銭・物品を受け取ってはならない。

4　営業秘密の漏洩禁止
　　役員・社員は、在職中はもとより退職後も、職務上知り得た会社の営業上の秘密を他に洩らしてはならない。

5　競業の禁止
　　役員・社員は、在職中はもとより退職後2年間は、会社の許可を得ることなく、会社と競合する事業を自ら営み、または、会社と競合する事業を営む会社に雇われてはならない。

6　基本的人権の尊重
　　役員・社員は、他の役員・社員の基本的人権を十分尊重しなければならない。宗教、信条、国籍、性別、身体障害または年齢を理由として、他の役員・社員を差別的に取扱ってはならない。

7　セクハラの禁止
　　役員・社員は、他の役員・社員に対し、性的な嫌がらせをしてはならない。

8　自然環境への配慮
　　役員・社員は、自然環境の重要性を正しく理解し、自然環境に十分配慮して職務を遂行しなければならない。

9　会社への通報
　　役員・社員は、他の役員・社員がこの行動規範に違反する行為をしていることを知ったときは、本人に対してその行為の中止を勧告するか、または、会社に通報しなければならない。

付則
1　この行動規範は、会社の全役員および全社員に適用する。
2　この行動規範に違反した場合には、就業規則または役員規程の定める

第7章　企業行動憲章・社員行動規範

ところにより懲戒処分となる。
3　この行動規範の改訂は、取締役会の決議による。
4　この行動規範は、　　年　月　日から施行する。

第8章 コンプライアンス

第1節 コンプライアンス規程

第2節 コンプライアンス委員会規程

第3節 コンプライアンス推進リーダー規程

第1節　コンプライアンス規程

1　規程の趣旨

　会社の経営については、独占禁止法、不正競争防止法、不当表示禁止法その他の法令によって、一定の規制が行われている。会社は、法令を誠実に遵守することが求められている。しかし、現実には、法令違反がしばしば生じる。

　法令に違反すると、当然のことながら、刑事罰その他の罰則を課せられる。また、違反が新聞やテレビで報道されると、会社の社会的信用が大きく低下し、売上や受注が減少する。

　法令を遵守することを「コンプライアンス」という。会社は、コンプライアンス規程を作成し、その周知徹底を図るべきである。

　コンプライアンス規程の作成とその周知徹底は、重要なリスクマネジメントである。

2　規程の内容

（1）経営方針

　コンプライアンスが実現できるかどうかは、経営方針やトップの姿勢に大きく左右される。このため、はじめに、コンプライアンスを経営の基本方針とすることを明確にする。

（2）社員の禁止事項

　社員がしてはならないことを明記する。

〈社員の禁止事項〉

・法令に違反すること
・他の社員に対し、法令違反を指示すること
・他の社員に対し、法令違反を教唆すること
・他の社員の法令違反を黙認すること

（3）行動のセルフチェック

社員に対し、自らの考えや行動が法令と社会的良識に沿ったものであるかどうかを常にチェックすることを義務付ける。

（4）法務担当者への相談

社員に対し、自らの行動や意思決定が法令違反であるかどうか判断に迷うときは、あらかじめ法務担当者に相談することを義務付ける。なお、法務担当者は、社員から相談を受けた事案が法令に違反するかどうか判断に迷うときは、顧問弁護士に相談するものとする。

（5）通報の義務と事実関係の調査

社員に対し、他の社員が法令違反をしていることを知ったときは、速やかに会社に通報することを義務付ける。社員から通報があったときは、速やかに事実関係を調査する。

（6）懲戒処分

調査の結果、法令違反が行われたことが確認されたときは、法令違反をした社員を懲戒処分に付する。

なお、社員は、次に掲げることを理由として、自らが行った法令違反の責任を免れることができないものとする。

・法令について正しい知識がなかったこと
・法令に違反しようとする意思がなかったこと
・会社の利益を図る目的で行ったこと

3　モデル規程

コンプライアンス規程

（総則）

第1条　この規程は、コンプライアンス（法令を遵守すること）について定める。

（経営方針）

第2条　会社は、コンプライアンスを経営の基本方針とする。

（社員の義務）

第3条　社員は、会社の経営方針を踏まえ、法令を誠実に遵守して職務を

第8章　コンプライアンス

遂行しなければならない。
2　社員は、毎年1月、法令を誠実に遵守して職務を遂行することを誓約する書面を会社に提出しなければならない。

（社員の禁止事項）
第4条　社員は、次に掲げることをしてはならない。
（1）法令に違反すること
（2）他の社員に対し、法令違反を指示すること
（3）他の社員に対し、法令違反を教唆すること
（4）他の社員の法令違反を黙認すること

（拒否）
第5条　社員は、同業者から法令違反行為を持ちかけられたときは、これを拒否しなければならない。

（行動のセルフチェック）
第6条　社員は、自らの考えや行動が法令と社会的良識に沿ったものであるかどうかを、常にチェックしなければならない。
2　前項のチェックは、所定の「コンプライアンス・セルフチェックシート」によって行うものとする。
3　社員は、セルフチェックシートを常に携行するか、または身辺に置いておかなければならない。

（法務担当者への相談）
第7条　社員は、自らの行動や意思決定が法令違反であるかどうか判断に迷うときは、あらかじめ法務担当者に相談しなければならない。
2　法務担当者は、社員から相談を受けた事案が法令違反であるかどうか判断に迷うときは、顧問弁護士に相談しなければならない。
3　社員は、法務担当者から回答があるまでは、相談した事案を実行に移してはならない。
4　社員は、相談した事案について、法務担当者から「法令に違反する」または「法令に違反する恐れがある」と回答されたときは、その事案を実行してはならない。

（コンプライアンス研修会）

第8条 会社は、次に掲げる目的のため、必要に応じ、研修会を開催する。
 （1）コンプライアンスへの関心を高めること
 （2）コンプライアンスについての正しい知識を付与すること
（通報の義務）
第9条 社員は、他の社員の法令違反行為を知ったときは、速やかに監査室に通報しなければならない。
2　監査室への通報は、口頭、電話、メール、郵便その他いずれの方法でも差し支えないものとする。
3　監査室への通報は、匿名でも差し支えないものとする。
（事実関係の調査）
第10条　監査室は、社員から法令違反の通報があったときは、速やかに事実関係を調査しなければならない。
2　調査に当たっては、通報者に迷惑が及ばないように十分配慮しなければならない。
3　調査の結果、法令違反が行われたことが確認されたときは、その内容を社長に報告しなければならない。
（懲戒処分）
第11条　会社は、法令違反をした社員を懲戒処分に付する。
2　社員は、次に掲げることを理由として、自らが行った法令違反行為の責任を免れることはできない。
 （1）法令について正しい知識がなかったこと
 （2）法令に違反しようとする意思がなかったこと
 （3）会社の利益を図る目的で行ったこと
（付則）
　この規程は、　　年　月　日から施行する。

第8章 コンプライアンス

様式(1) 誓約書

　　　　　　　　　　　　　　　　　　　　　　　　年　月　日

取締役社長＿＿＿＿殿

　　　　　　　　　　　　　　　　　　　　(所属)＿＿＿＿
　　　　　　　　　　　　　　　　　　　　(氏名)＿＿＿＿印

　　　　　　　　　　誓約書
　企業倫理の重要性をよく認識し、法令および会社の規則・規程を誠実に遵守して職務を遂行することを誓約します。

　　　　　　　　　　　　　　　　　　　　　　　　　　　以上

様式(2) コンプライアンス・セルフチェックシート

　　　　　　コンプライアンス・セルフチェックシート
　あなたの考えや行動について、次の4項目を素直にチェックしてみてください。

＊法令、会社の規則・規程に違反していませんか。
＊社会的な良識に照らして問題はありませんか。
＊自分自身で本当に正しいと思いますか。
＊家族や同僚に自信を持って説明できますか。

　もしも判断に迷うときは、中止するか、あるいは法務担当者に相談してください。秘密は厳守します。

第2節　コンプライアンス委員会規程

1　規程の趣旨

　コンプライアンス（法令遵守）への組織的な取組みには、実務的にさまざまな方法があるが、委員会の設置もその1つである。すなわち、コンプライアンスを専門的に取り扱う、組織横断的な委員会を設置する。
　委員会方式は、
　・コンプライアンスに対する社員の意識を高められる
　・コンプライアンスについて、多くの社員の知恵を結集できる
などの効果が期待できる。

2　規程の内容

（1）委員会の業務
　委員会の業務を定める。
〈委員会の業務〉

・社員に対するコンプライアンス意識の普及、啓発
・法令違反についての社員の通報の受け付け
・通報があった事案の事実関係の調査
・法令違反が発生した原因の究明
・法令違反の再発防止策の検討、提言

（2）委員の任命の手続き
　委員会は会社にとってきわめて重要なものであるから、委員は社長が任命するのが適切である。

（3）任期
　委員の任期を具体的に定める。一般的にいえば、2年程度とするのが適切であろう。

第 8 章　コンプライアンス

3　モデル規程

コンプライアンス委員会規程
第 1 章　総則

（総則）

第 1 条　この規程は、コンプライアンス委員会（以下、単に「委員会」という）について定める。

（目的）

第 2 条　会社は、法令を誠実に遵守する公正な経営を実践することを目的として、委員会を設置する。

（業務）

第 3 条　委員会の業務は、次のとおりとする。

（1）社員に対するコンプライアンス意識の普及、啓発

（2）法令違反についての社員の通報の受け付け

（3）通報があった事案の事実関係の調査

（4）法令違反が発生した原因の究明

（5）法令違反の再発防止策の検討、提言

（6）その他コンプライアンスに関すること

第 2 章　構成、開催等

（構成）

第 4 条　委員会は、5 名以上の委員をもって構成する。

（任命）

第 5 条　委員は、次の要件に該当する者の中から社長が任命する。

（1）法令について一定の知識を有すること

（2）倫理意識が強いこと

（3）課長以上の役職にあること

（任期）

第 6 条　委員の任期は 2 年とする。ただし、再任を妨げない。

（責務）

第7条　委員は、法令を誠実に遵守する公正な経営を実践することが会社にとってきわめて重要であることを厳しく認識し、その業務を遂行しなければならない。

（委員長、副委員長）
第8条　委員会に委員長およびは副委員長を置く。
2　委員長は、委員会の活動を統括する。
3　副委員長は、委員長を補佐する。委員長に事故あるときは、その業務を代行する。

（開催）
第9条　委員会は、委員長が招集することによって開催する。

（議事録の作成）
第10条　委員会を開催したときは、議事録を作成する。
2　議事録の作成者は、委員長が指名する。

（事務）
第11条　委員会の事務は、総務部において執り行う。

第3章　コンプライアンス意識の啓発

（コンプライアンス意識の啓発）
第12条　委員会は、社員に対するコンプライアンス意識の啓発を図る。

（コンプライアンス教育）
第13条　委員会は、社員のコンプライアンス意識の啓発を図るため、必要に応じて、コンプライアンス教育を行う。

第4章　通報の受付、事実関係の調査等

（通報の受付）
第14条　委員会は、社員から法令違反行為の通報を受け付ける。
2　通報は、匿名でも受け付けるものとする。

（事実関係の調査）
第15条　委員会は、社員から通報があったときは、直ちに事実関係の調査を開始しなければならない。

第8章　コンプライアンス

2　調査に当たっては、通報者に迷惑が及ばないように十分配慮しなければならない。
3　調査は、公正かつ客観的に行わなければならない。
（社長への報告）
第16条　委員会は、事実関係の調査の結果、法令違反行為が行われたことを確認したときは、直ちにその内容を社長に報告しなければならない。
2　社長は、法令違反をした者を懲戒処分に付する。
（原因の究明）
第17条　委員会は、法令違反行為が発生した原因を究明し、社長に報告する。
（再発防止策の提言）
第18条　委員会は、法令違反行為の再発防止策を検討し、社長に提言する。

第5章　その他

（社員の協力義務）
第19条　社員は、委員会の活動に協力的態度を取らなければならない。
（委員の活動の停止）
第20条　委員が次のいずれかに該当するときは、その事案が完全に処理されるまで、委員としての活動を停止する。
（１）委員本人が法令違反行為の当事者となったとき
（２）委員の直属の上司または部下が法令違反行為の当事者となったとき
（付則）
　この規程は、　　年　月　日から施行する。

第3節　コンプライアンス推進リーダー規程

1　規程の趣旨

　会社は、経営を効率的・組織的に行うため、業務の内容ごとに、部や課という組織を設けている。

　コンプライアンスの徹底という観点からすると、部または課ごとに、法令の遵守、企業倫理の周知徹底を担当する責任者（コンプライアンス推進リーダー）を任命するのがよい。

　リーダーは、同僚に対してコンプライアンスの重要性を啓発すると同時に、職場において現実に法令違反が行われることのないよう、眼を光らせる。

　法令違反は、一般に、職場の最高責任者である課長や部長の暗黙の了解や指示命令に基づいて、職場ぐるみで行われる。役職者の意思が強く左右するのが一般的である。

　しかし、職場ごとに、コンプライアンスを担当する責任者が選任されていれば、役職者が法令違反を了解したり、指示命令したりすることが困難となる。その結果、不祥事の発生が抑制される。

　それぞれの職場において法令を遵守した業務が行われることにより、会社全体としてもコンプライアンスが徹底する。

2　規程の内容

（1）リーダーの任務

　リーダーの任務を明確にする。一般的にいえば、次のとおりとするのが適切である。

- 職場におけるコンプライアンスを徹底すること。法令違反を防止すること
- 職場のメンバーに対し、コンプライアンスへの関心を高めること。コンプライアンスの経営方針を周知すること
- 法令を遵守する公正、かつ、誠実な職場風土を形成すること

第8章 コンプライアンス

（2）リーダーの選任単位

リーダーの選任については、
- 係ごとに選任する
- 課ごとに選任する
- 部ごとに選任する
- 事業所ごとに選任する

などがある。

選任の単位が大きすぎると、リーダーが隅々にまで眼を光らせることが困難となる。逆に、選任の単位が小さすぎると、リーダーの数が多くなり、その存在感が低下する。選任の単位は企業の実態に即して決定するべきであるが、一般的にいえば課を単位として選任するのが適切であろう。

（3）リーダーの任命手続き

リーダーは、課長または部長が推薦する者を社長が任命することにするのがよい。

（4）リーダーの任期

リーダーについては、
- 任期を定める
- 任期は特に定めない

という2つの取り扱いがある。

任期を定めないと、時間が経過するにつれてリーダーとしての自覚が希薄となり、コンプライアンスへの取組みがおろそかになる可能性がある。このため、任期制を採用するのが適切である。

任期制を採用する場合、任期は2年程度とするのが妥当であろう。

（5）担当役員への定期報告

会社としては、職場において法令違反が行われていないかどうかを管理する必要がある。また、職場において法令違反が行われていないかどうかを最もよく知る立場にあるのは、リーダーである。

このため、リーダーに対し、職場におけるコンプライアンスの状況を毎年1回、正確に部門の担当役員に報告させるものとする。

(6) 責任の負担

リーダーは、その任務を怠ったことにより、職場において法令違反が発生したときは、責任を負わなければならないものとする。

3 モデル規程

コンプライアンス推進リーダー規程

(総則)

第1条 この規程は、コンプライアンス推進リーダー制度について定める。

(目的)

第2条 コンプライアンス推進リーダー制度は、法令を誠実に遵守する公正な経営を実践する目的で行う。

(任務)

第3条 コンプライアンス推進リーダー(以下、単に「リーダー」という)の任務は、次のとおりとする。

(1) 職場におけるコンプライアンスを徹底すること。法令違反行為を防止すること

(2) 職場のメンバーに対し、コンプライアンスへの関心を高めること。コンプライアンスの経営方針を周知すること

(3) 法令を誠実に遵守する公正な職場風土を形成すること

(選任単位)

第4条 リーダーは、原則として、課ごとに選任する。

(任命)

第5条 リーダーは、その課の課長が推薦する者を社長が任命する。

(推薦の基準)

第6条 課長は、次の条件を満たす者を社長に推薦しなければならない。

(1) 課の業務に精通していること

(2) 業務に関連のある法令について、一定の知識を有していること

(3) 勤務態度が良好であること

(任期)

第7条 リーダーの任期は、2年とする。ただし、再任を妨げない。

第8章　コンプライアンス

2　リーダーは、前条の規定にかかわらず、任期が満了しても後任者が選任されるまでは、その任務を継続しなければならない。

（後任者の推薦）

第8条　課長は、次の場合には、速やかに後任者を推薦しなければならない。
　（1）任期が満了したとき
　（2）リーダーが任期の途中で退職したとき

（法令違反の防止）

第9条　リーダーは、職場において法令違反行為が生じることのないよう、十分注意を払わなければならない。

（中止の説得）

第10条　リーダーは、職場において法令違反が行われそうになったときは、その行為を計画している者を説得し、これを中止させるように努めなければならない。

2　説得にもかかわらず、他の社員が法令違反行為の中止勧告に応じないときは、速やかに、所属課長または部門担当役員に通報しなければならない。

（担当役員への定期報告）

第11条　リーダーは、職場におけるコンプライアンスの状況を毎年1回、正確に部門担当役員に報告しなければならない。

（研修会等の開催）

第12条　会社は、コンプライアンスに関する知識の向上等を目的として、リーダーを対象として研修会、連絡会議等を開催する。

2　リーダーは、会社が主催する研修会、連絡会議等に出席しなければならない。

（課長の協力義務）

第13条　課長は、コンプライアンス推進リーダー制度の趣旨をよく理解し、リーダーの活動に協力しなければならない。

（責任の負担）

第14条　リーダーは、その任務を怠ったことにより、職場において法令違反行為が発生したときは、責任を負わなければならない。

（付則）

　この規程は、　　年　月　日から施行する。

様式（1）リーダーの辞令

```
                                                年　月　日
　　_____部_____課
　　_____殿
                                       取締役社長_____

                        辞令
コンプライアンス推進リーダーに任命する。
（任期）　年 月 日～　年 月 日
                                                    以上
＊リーダーとしての使命をよく自覚し、誠実に任務を遂行すること。
```

様式（2）業務点検結果報告書

```
                                                年　月　日
　（担当役員）_____殿
                                   _____部_____課
                              （推進リーダー）_____印
                       業務点検結果報告書
当課におけるコンプライアンスの状況は、次のとおりです。
□法令に違反する行為は行われていません
□その他
_____
_____
                                                    以上
```

第9章　個別業務の執行基本方針

第1節　品質方針
第2節　製品安全自主行動指針
第3節　製品事故対策方針
第4節　環境方針
第5節　労働安全衛生方針
第6節　プライバシーポリシー（個人情報取扱方針）
第7節　個人情報セキュリティポリシー（個人情報安全管理方針）
第8節　広告宣伝方針
第9節　勧誘方針
第10節　ディスクロージャーポリシー（情報開示方針）
第11節　苦情対応方針
第12節　リスクマネジメント方針

第9章　個別業務の執行基本方針

第1節　品質方針

1　品質方針の趣旨

　消費者に対して質の良い商品を提供することは、会社に課せられた重要な社会的責任である。消費者もまた、会社に対して、質の良い商品の提供を期待している。「価格が安ければ質にはこだわらない」という消費者は少ないであろう。

　消費者に対して質の良い商品を提供するためには、技術開発部門から生産・販売部門に至るまで、全部門の社員が「品質第一」、「品質本位」の思想に徹し、製品の品質と信頼性の向上に努めることが必要である。

　会社は、「品質第一」、「品質本位」の経営方針を全社員に周知徹底するとともに、そのような経営方針を採用していることをホームページなどにより消費者に広くPRすべきである。

2　方針の内容

　品質方針には、次の事項を盛り込むのがよい。

> （1）技術開発から生産・販売に至るまで、全部門において品質第一の思想に徹し、製品の品質と信頼性の向上に努めていること。
> （2）お客さまの声を真摯に聴いて、これを商品の開発と生産に反映させていること。
> （3）技術開発から生産・販売に至るまで、安全性を徹底的に追及していること。
> （4）環境問題の重要性を認識し、製品が地球環境に及ぼす影響の減少に努めていること。
> （5）製品に係る関連法令および社内基準を誠実に遵守していること。

3　モデル方針

品質方針

　お客さまの日々の暮らしに役立つ優良な製品を提供し、お客さまの満足と信頼を獲得することは、当社の使命です。当社は、すべての社員が一体となって品質保証活動を継続的に実践し、お客さま満足の向上に努めます。

1　品質と信頼性の向上
　技術開発部門から生産・販売部門に至るまで、全部門において品質第一の思想に徹し、製品の品質と信頼性の向上に努めます。全社員一体となって、品質マネジメントシステムの継続的な改善を図ります。

2　お客さまとの対話
　お客さまの声を真摯にお聴きし、商品の開発と生産に反映させます。日頃から品質に関する情報の収集に努めるとともに、正確でわかりやすい情報を提供いたします。

3　安全と機能の追求
　技術開発から生産・販売に至るまで、安全性を徹底的に追及するとともに、機能性の向上に積極的に取り組みます。

4　地球環境への配慮
　環境問題の重要性を厳しく認識し、製品が地球環境に及ぼす影響を減少させ、持続可能な社会の創造を目指します。

5　法令等の遵守
　当社の製品に係る関連法令および社内基準を誠実に遵守し、組織的・計画的に品質保証活動を展開します。

年　月　日
〇〇〇〇株式会社
代表取締役社長〇〇〇〇

第2節　製品安全自主行動指針

1　製品安全自主行動指針の趣旨

　消費者は、会社に対して、生活に役に立つ安全な商品を提供してくれることを望んでいる。安全な商品を提供することは、会社の重要な使命であり、責任である。安全性に欠ける商品を販売すると、組織としての刑事責任を問われるのみならず、社会的信用が著しく失墜する。一度低下した社会的信用を回復することは、容易ではない。

　会社は、製品の安全性を確保するために、組織をあげて取り組むことが望ましい。

　なお、経済産業省は、各社に対して「製品安全自主行動計画」を定めることを求めるとともに、「製品安全自主行動計画策定のためのガイドライン」を公表している。

2　指針の内容

　行動指針には、次の事項を盛り込むのがよい。

> （1）消費生活用製品安全法その他の製品安全に関する法令や安全基準を遵守していること。
> （2）品質管理マネジメントシステムを確立し、製品の設計から製造、販売、アフターサービスに至るすべてのプロセスにおいて、製品の安全性確保のための取り組みを実行していること。
> （3）お客さまに製品を安全に使用していただくために、製品や取扱説明書等に適切でわかりやすい注意書や警告を表示していること。
> （4）お客さまから当社製品に係る事故の情報を積極的に収集するとともに、お客さまに対して適切な情報提供を行っていること。
> （5）万一製品事故が発生した場合には、お客さまの安全を第一に考え、事故の発生や拡大を防止するため、ホームページでの公表、修理・交換、その他適切な措置を迅速に講じること。
> （6）製品安全に関する法令や社内規程等を社員に周知徹底するための

研修を実施していること。
(7) 社内において製品安全確保のための取り組みが適正に行われているかについて定期的なモニタリングを行い、継続的に製品の安全性確保と品質の向上に努めていること。

3 モデル指針

製品安全自主行動指針

当社は、製品の安全性と品質を確保し、お客さまに満足していただける製品を提供することが最も重要な経営課題であると認識し、次のとおり製品安全に関する基本方針を定め、製品の安全および品質の確保に努めてまいります。

1 法令の遵守

当社は、消費生活用製品安全法その他の製品安全に関する法令や安全基準を遵守します。

2 製品安全確保のための取組み

当社は、品質管理マネジメントシステムを確立し、製品の設計から製造、販売、アフターサービスに至るすべてのプロセスにおいて、製品の安全性確保のための取り組みを実行します。

また、お客さまに当社製品を安全に使用していただくために、製品や取扱説明書等に適切でわかりやすい注意書や警告を表示します。

3 製品事故情報の収集と開示

当社は、お客さまから当社製品に係る事故の情報を積極的に収集し、経営トップに迅速に報告するとともに、お客さまに対して適切な情報提供を行います。

4 製品事故への対応

当社は、万一製品の安全性に関する問題が発生した場合には、お客さま

第9章　個別業務の執行基本方針

の安全を第一に考え、事故の発生や拡大を防止するため、ホームページでの公表、修理・交換、新聞広告、法令で義務づけられた所轄官庁への報告、社外の関係者への情報開示など、適切な措置を迅速に講じます。

5　安全研修の実施

　当社は、製品安全に関する法令や社内規程等を社員に周知徹底するための研修を実施します。

6　モニタリングの実施

　当社は、社内において製品安全確保のための取り組みが適正に行われているかについて定期的なモニタリングを行い、継続的に製品の安全性確保と品質の向上に努めます。

年　月　日
〇〇〇〇株式会社
代表取締役社長〇〇〇〇

第3節　製品事故対策方針

1　製品事故対策方針の趣旨

　どの会社も、安全性に配慮して製品を生産している。しかし、安全性に欠ける製品を出荷・販売し、トラブルを起こしてしまうことがある。
　製品の不具合によって消費者の生命と健康に被害を与えると、会社の社会的信用は著しく低下する。また、場合によっては、業務上過失致死罪などで会社の刑事責任が問われる。
　会社は、安全で信頼できる製品の生産販売に努めるとともに、万一製品によって事故が発生した場合には、組織をあげて迅速に対応しなければならない。このため、あらかじめその取扱基準を定めるとともに、その内容を消費者に公表しておくことが望ましい。

2　方針の内容

　製品事故対策方針には、次の事項を盛り込むのがよい。

> （1）お客さまから製品事故についての情報を入手したときは、直ちにお客さまの自宅または事故発生現場に社員を派遣し、事実関係を調査すること。
> （2）調査の結果、製品事故の原因が製品の設計・生産方法等にあることが確認されたときは、事故がお客さまの安全と健康に与える重要度の判定を行うこと。
> （3）製品事故の重要度に応じて、お客さまへの謝罪、経済産業省への届出、事故情報の公表、同一製品の自主回収、製造出荷の停止その他適切な措置を講ずること。
> （4）製品事故によってお客さまが被害を受けた場合には、見舞金または賠償金を支払うこと。
> （5）製品事故が発生した原因を徹底的に究明するとともに、再発防止策を実施すること。

3　モデル方針

製品事故対応方針

当社は、お客さまに安心してご使用いただける安全な製品を提供することが最も重要な経営課題であると認識していますが、万一、当社製品によって事故が発生したときは、次のように対応いたします。

1　事実関係の調査

お客さまから製品事故についての情報を入手したときは、直ちにお客さまの自宅または事故発生現場に社員を派遣し、お客さまと面談したり、当該製品を点検するなどして事実関係を調査いたします。調査は、予断を持つことなく、公正に行います。

2　重要度の判定

調査の結果、製品事故の原因が製品の設計・生産方法等にあることが確認されたときは、事故がお客さまの安全と健康に与える重要度の判定を行います。重要度の区分は、次のとおりとします。

重要度（1）　お客さまの安全、健康にきわめて重大な影響を与える。
重要度（2）　お客さまの安全、健康に重大な影響を与える。
重要度（3）　お客さまの安全、健康に与える影響は少ない。
重要度（4）　お客さまの安全、健康に影響を与えることはない。

3　製品事故対策の実施

製品事故の重要度に応じて、次のうち、1つまたは2つ以上の対策を講じます。

（1）お客さまへの謝罪
（2）経済産業省への届出
（3）事故情報の公表
（4）同一製品の自主回収
（5）無償での同種製品との交換

（6）無償での修理

（7）製造出荷の停止

（8）謝罪文・謝罪広告の掲載

（9）販売広告・イベントの自粛

4　見舞金・賠償金の支払い

　製品事故によってお客さまが被害を受けた場合には、見舞金または賠償金をお支払いします。見舞金・賠償金の額は、お客さまの被害の内容・程度その他を総合的に勘案して決定させていただきます。

5　原因の究明と再発防止策の実施

　会社は、製品事故が発生した原因を徹底的に究明するとともに、再発防止策を実施いたします。

　　　　　　　　　　　　　　　　　　　　　　　　年　月　日
　　　　　　　　　　　　　　　　　　　　　　○○○○株式会社
　　　　　　　　　　　　　　　　　　　　代表取締役社長○○○○

第4節　環境方針

1　環境方針の趣旨

　会社は、研究、開発、生産、販売、物流、サービスなど、経営活動のすべての分野において、環境に大きな影響を及ぼしている。このため、環境保全への取り組みを経営の重要課題の一つとして認識し、持続可能な循環型経済社会の構築に積極的に参画することが求められている。

　自社の業態や規模を踏まえて、省資源、省エネルギー、リサイクルおよび廃棄物の削減に組織的・計画的に取り組まなければならない。

　経営活動によって生じる環境への影響を総合的・多角的に調査・検討した上で、技術的・経済的に達成可能な範囲において環境負荷低減目標を定め、その目標達成に向けて継続的に取り組む。

　環境方針の策定とその公表は、消費者の信頼を得るための重要な条件といえる。

2　方針の内容

　環境方針には、次の事項を盛り込むのがよい。

> （1）企業活動のすべての分野において、「省資源」、「省エネルギー」、「リサイクル」および「廃棄物の削減」に取り組むこと。
> （2）企業活動によって生じる環境への影響を総合的・多角的に調査・検討し、技術的・経済的に達成可能な範囲において環境負荷低減目標を定め、その目標達成に向けて継続的に取り組むこと。
> （3）環境基本法をはじめとする環境関連の法令・規制を遵守するとともに、必要に応じて自主基準を制定し、環境保全に取り組むこと。
> （4）企業活動に必要な資源（設備、原材料、副資材、部品など）は、技術的・経済的要求を満足し、かつ、環境負荷が小さく、地域住民および社員の健康への影響が少ないものを選択すること。
> （5）研究・開発においては、環境、安全および品質に十分配慮すること。
> （6）環境に対する社員の意識の向上を図るため、社内広報活動および

> 教育・研修の充実を図ること。

3 モデル方針

環境方針

　当社は、地球環境保全への取り組みを経営の最重要課題の一つと認識し、次のとおり、当社に求められている社会的責務を誠実に果たすことにより、持続可能な循環型経済社会の構築に積極的に参画します。

1　省資源・省エネルギー等への取組み

　研究、開発、生産、販売、物流、サービスにいたる企業活動のすべての分野において、「省資源」、「省エネルギー」、「リサイクル」および「廃棄物の削減」に取り組みます。

2　環境負荷の低減

　企業活動によって生じる環境への影響を総合的・多角的に調査・検討し、技術的・経済的に達成可能な範囲において環境負荷低減目標を定め、その目標達成に向けて継続的に取り組みます。

3　法令の遵守

　環境基本法をはじめとする環境関連の法令・規制を遵守します。また、必要に応じて自主基準を制定し、環境保全に取り組みます。

4　資源選択の基準

　企業活動に必要な資源(設備、原材料、副資材、部品など)は、技術的・経済的要求を満足し、かつ、環境負荷が小さく、地域住民および社員の健康への影響が少ないものを選択します。

5　研究・開発の視点

　研究・開発においては、環境、安全および品質に十分配慮して、環境に

第9章　個別業務の執行基本方針

貢献する製品の提供および技術開発を行います。

6　社員の環境意識の向上

環境に対する社員の意識の向上を図るため、社内広報活動および教育・研修の充実を図ります。

年　月　日
〇〇〇〇株式会社
代表取締役社長〇〇〇〇

第5節　労働安全衛生方針

1　労働安全衛生方針の趣旨

　会社は、雇用主として、社員の安全と健康を守る責任を負っている。安全のための設備投資や安全衛生担当組織の設置、あるいは安全衛生に関する教育研修は、売上や利益に直結するものではない。このため、経営環境が厳しくなると、とかく安全衛生への取り組みがおろそかになりがちであるが、そのようなことがあってはならない。

　会社は、安全と健康が社員の福祉とモラールの必須条件であり、また会社の成長・発展に寄与する重要な要素であることを認識しなければならない。そして、経営者から担当者まですべての者が一体となって、安全と健康の維持・向上に積極的・計画的に取り組まなければならない。

2　方針の内容

　労働安全衛生方針には、次の事項を盛り込むのがよい。

（1）安全で快適な職場環境を実現するために、労働安全衛生マネジメントシステムを構築し、これを確実に実施すること。

（2）すべての職場において、設備や作業方法の改善等に努め、安全で衛生的な職場環境の形成・保持に努めること。

（3）労働安全衛生法をはじめとする労働安全衛生関連法令、および安全衛生に関する社内規程を遵守すること。

（4）業務に起因する事故・災害の撲滅ならびにこれらを誘発するリスクを低減するため、安全目的および目標を設定し、その達成に向けて活動すること。

（5）すべての社員を対象として労働安全衛生研修を実施し、安全最優先で行動する意識の向上に努めること。

（6）労働安全衛生方針を、社員はもとよりのこと、外部関係者にも周知させること。

3　モデル方針

労働安全衛生方針

　安全衛生の確保は、当社が、当社で働く人々とその家族および社会に対して果たすべき重要な責務です。

　当社は、「安全」と「健康」を最優先とし、全役職員が協力し、当社で働く人々の安全で快適な職場環境の向上に努め、社会から信頼される会社を目指します。

1　労働安全衛生マネジメントシステムの実施

　当社は、安全で快適な職場環境を実現するために、労働安全衛生マネジメントシステムを構築し、これを確実に実施します。

2　設備・作業方法の改善等

　すべての職場において、設備や作業方法の改善等に努め、安全で衛生的な職場環境の形成・保持に努めます。

3　法令・社内規程の遵守

　労働安全衛生法をはじめとする労働安全衛生関連法令、および安全衛生に関する社内規程を遵守します。

4　安全目的・目標の設定

　業務に起因する事故・災害の撲滅ならびにこれらを誘発するリスクを低減するため、安全目的および目標を設定し、その達成に向けて活動します。

5　社員の安全意識の向上

　すべての社員を対象として労働安全衛生研修を実施し、安全最優先で行動する安全意識の向上に努めます。

6　社員・外部関係者への周知

　この労働安全衛生方針は、当社の社員はもとよりのこと、当社のために働く外部関係者にも周知させます。

7　本方針の定期的見直し

　労働安全衛生マネジメントシステムの有効性を維持するため、この労働安全衛生衛生方針を定期的に見直します。

　　　　　　　　　　　　　　　　　　　　　　　　　年　月　日
　　　　　　　　　　　　　　　　　　　　　　○○○○株式会社
　　　　　　　　　　　　　　　　　　　　代表取締役社長○○○○

第9章 個別業務の執行基本方針

第6節 プライバシーポリシー(個人情報取扱方針)

1 プライバシーポリシーの趣旨

　会社にとって、一般消費者の個人情報は、マーケティング政策上きわめて重要である。この個人情報について、「個人情報保護法その他の法令を誠実に遵守して管理していく」という経営方針を明確に宣言する文書を「プライバシーポリシー」(顧客情報憲章、顧客情報保護指針)という。

　政府が定めた「個人情報の保護に関する基本方針」は、「個人情報を取扱う企業は、個人情報保護に関する考え方や方針に関する宣言(いわゆる、プライバシーポリシー、プライバシーステートメント等)の策定・公表により、個人情報を目的外に利用しないことや苦情処理に適切に取り組むこと等を宣言することが望ましい」と明記している。

2 ポリシーの内容

　プライバシーポリシーには、次の事項を盛り込むのがよい。

> (1) 個人情報を取得するときは、あらかじめその利用目的を明らかにすること。利用目的を変更するときは、本人の同意を求めること。
> (2) 個人情報は公正・明朗な手段で取得すること。
> (3) 取得した個人情報は利用目的の範囲内に限って利用すること。利用目的の範囲を超えて利用するときは、あらかじめ本人の同意を求めること。
> (4) 個人情報は、法令に定めのある場合を除き、あらかじめ本人の同意なしに第三者に提供しないこと。
> (5) 個人情報は、外部に漏えいしたり、改ざんされたりすることのないように、管理責任者を置いて安全に管理すること。
> (6) 本人またはその代理人から、自己の個人情報について、利用目的の通知、開示、訂正、利用停止等を求められたときは、法令に基づき、適正に対応すること。
> (7) 個人情報の管理の重要性に対する認識を深め、その適正な管理を

行うため、社員に対して教育研修を行うこと。
（8）万一、個人情報保護法その他の法令に違反する事案が生じたとき
　　　は、会社をあげて問題の解決に当たり、原因の究明、再発の防止に
　　　努めること。また、生じた事案について、社内外に対し迅速かつ的
　　　確な情報公開を行うとともに、関係社員を処分すること。

3　モデルポリシー

プライバシーポリシー

　当社は、個人情報保護法その他の法令を誠実に遵守し、個人情報を、次のとおり管理します。

1　利用目的の明確化

　個人情報を取得するときは、あらかじめその利用目的を明らかにします。利用目的を変更するときは、本人の同意を求めます。

2　適正な手段による取得

　個人情報は公正・明朗な手段で取得します。いかなることがあっても、不正な手段で個人情報を取得することはしません。

3　個人情報の利用範囲

　取得した個人情報は利用目的の範囲内に限って利用します。利用目的の範囲を超えて利用するときは、あらかじめ本人の同意を求めます。

4　第三者への提供

　個人情報は、法令に定めのある場合を除き、あらかじめ本人の同意なしに第三者に提供しません。

5　安全管理

　個人情報が外部に漏えいしたり、改ざんされたりすることのないように、管理責任者を置いて安全に管理します。

第9章　個別業務の執行基本方針

6　開示・訂正等

本人またはその代理人から、自己の個人情報について、利用目的の通知、開示、訂正、利用停止等を求められたときは、法令に基づき、適正に対応します。

7　教育研修の実施

個人情報の管理の重要性に対する認識を深め、その適正な管理を行うため、社員に対して教育研修を行います。

万一、個人情報保護法その他の法令に違反する事案が生じたときは、会社をあげて問題の解決に当たり、原因の究明、再発の防止に努めます。
さらに、生じた事案について、社内外に対し迅速かつ的確な情報公開を行い、その説明責任を果すとともに、関係社員を厳正に処分します。

　　　　　　　　　　　　　　　　　　　　　　　　年　月　日
　　　　　　　　　　　　　　　　　　　　　　○○○○株式会社
　　　　　　　　　　　　　　　　　　　　　代表取締役社長○○○○

第7節　個人情報セキュリティポリシー（個人情報安全管理方針）

1　セキュリティポリシーの趣旨

　個人情報保護法は、「会社は、消費者の個人情報を安全に管理しなければならない」と、安全管理責任を定めている。しかし、現実には、流失・漏えいが後を絶たない。社員が社外に持ち出した記録媒体を電車に置き忘れたという事案もあれば、社員が名簿業者に売り渡したという悪質なケースもある。

　個人情報が流失・漏えいすると、会社の社会的な信用は著しく失墜する。

　消費者の個人情報の安全管理について、管理責任者の選任、記録媒体の社外への持ち出し禁止などの措置を制度的に講じている会社は、その内容を「個人情報セキュリティポリシー」として公表し、消費者の信頼を得るようにするのがよい。

2　ポリシーの内容

　個人情報セキュリティポリシーには、次の事項を盛り込むのがよい。

> （1）個人情報を安全に管理するため、個人情報管理責任者を選任していること。
> （2）社員に対して、個人情報への不正アクセス、業務以外の目的での使用などを禁止していること。
> （3）社員に対して、個人情報を閲覧、コピーまたは撮影するときは、あらかじめ管理責任者に申し出て、その許可を得ることを義務づけていること。
> （4）社員に対して、個人情報が記録されている媒体の社外持ち出しを原則的に禁止していること。やむを得ない事情によって持ち出さなければならないときは、あらかじめ管理責任者に申し出て、その許可を得ることを義務づけていること。
> （5）社員に対して、個人情報の流失・改ざん等に気づいたときは、直

> ちに個人情報管理責任者に届け出ることを義務づけていること。管理責任者は、社員から届出があったときは、直ちに事実関係を調査すること。

3　モデルポリシー

個人情報セキュリティポリシー

　当社は、お客さまの個人情報の安全管理について、次のような措置を講じています。

1　個人情報管理責任者の選任
　個人情報を安全に管理するため、個人情報管理責任者を選任しています。個人情報管理責任者の任務は、個人情報が外部に漏えい・流失したり、不正に改ざんされたりすることがないよう、安全に管理することです。

2　個人情報の禁止事項
　社員に対して、個人情報に関し、次に掲げる行為をすることを禁止しています。
（1）不正にアクセスすること
（2）外部の者に漏えいすること
（3）業務以外の目的で使用すること
（4）不正に改ざんすること
（5）その他不正を行うこと

3　閲覧等の手続き
　社員に対して、個人情報を閲覧、コピーまたは撮影するときは、その利用目的や情報の範囲などをあらかじめ管理責任者に申し出て、その許可を得ることを義務づけています。また、個人情報をコピーまたは撮影したときは、その管理に十分注意するよう求めています。

4　社外への持ち出しの禁止

　個人情報が記録されている媒体を社外に持ち出すことを原則的に禁止しています。やむを得ない事情によって持ち出さなければならないときは、あらかじめ管理責任者の許可を得ることを義務づけています。また、個人情報を外部へ持ち出したときは、その管理に十分注意するよう求めています。

5　管理責任者への届出

　社員に対して、個人情報の流失・改ざん等に気づいたときは、直ちに個人情報管理責任者に届け出ることを義務づけています。管理責任者は、社員から届出があったときは、直ちに事実関係の調査をします。

　　　　　　　　　　　　　　　　　　　　　年　月　日
　　　　　　　　　　　　　　　　　　　○○○○株式会社
　　　　　　　　　　　　　　　　　　代表取締役社長○○○○

第8節　広告宣伝方針

1　方針の趣旨

　会社にとって、広告宣伝は、きわめて有力な販売促進手段である。このため、各社とも、テレビ・ラジオや新聞・雑誌などのマスメディアによる広告宣伝に力を注いでいる。
　広告宣伝は、独占禁止法・景品表示法・公正競争規約（表示）・不正競争防止法その他の法令と規約を遵守し、かつ、社会的な良識を踏まえて公正に行われることが必要である。
　しかし、「消費者の関心を引き付けたい」、「少しでも注目されたい」、「広告効果を高めたい」という思惑から、表現が過剰・過大になったり、あるいは、消費者に誤解を生じさせる表現が使われたりする。また、第三者の商標権・著作権の侵害に当たる行為が行われることもある。
　会社は、広告宣伝の基本方針を定め、ホームページなどでその内容を広くPRすることが望ましい。

2　方針の内容

　広告宣伝方針には、次の事項を盛り込むのがよい。

（1）独占禁止法・景品表示法・公正競争規約（表示）・不正競争防止法その他の法令、規約に抵触する表現は使用しないこと。
（2）良識と品位、社会的倫理性に欠け、お客さまの信頼に背くような表現は使用しないこと。
（3）真実や事実を誇張する表現、虚偽の表現、誤解を招く表現は使用しないこと。
（4）競合他社や他社の商品を誹謗・中傷するような表現は使用しないこと。
（5）広告表現においては、製造物の安全性に十分留意すること。
（6）「男女」「地域」「人種」「身体」「国籍」「職業」「学歴」「政治」「宗教」「門地」「思想」「信条」「社会的身分」等の差別に繋がるような

表現は使用しないこと。
(7) リサイクル・環境保全に反する表現は使用しないこと。

3 モデル方針

広告宣伝方針

広告宣伝は、会社と会社の商品を消費者に知らせる上できわめて重要なツールです。会社は、広告宣伝において、以下の行動方針を遵守します。

1 法令の遵守

独占禁止法・景品表示法・公正競争規約（表示）・不正競争防止法その他の法令、規約に抵触する表現は使用しません。また、第三者の商標権・著作権等の知的財産権および肖像権等の法的に保護された権利を侵害することはしません。

2 社会的良識・倫理性の留意

良識と品位、社会的倫理性に欠け、お客さまの信頼に背くような表現は使用しません。真実や事実を誇張する表現、虚偽の表現、誤解を招く表現は使用しません。また、競合他社や他社の商品を誹謗・中傷するような表現は使用しません。さらに、社会に対して不快・不安を与えるような表現は使用しません。

3 製造物の安全性への留意

広告表現においては、製造物の安全性に十分留意します。危険な取扱いを助長するような表現は使用しません。また、取扱上の安全性を過度に期待させるような表現・表示は使用しません。

4 人権への留意

「男女」「地域」「人種」「身体」「国籍」「職業」「学歴」「政治」「宗教」「門地」「思想」「信条」「社会的身分」等の差別に繋がるような表現は使用し

第 9 章　個別業務の執行基本方針

ません。

5　環境問題への留意

　リサイクル・環境保全に反する表現は使用しません。また、エネルギー浪費を想起させたり、環境破壊に繋がるような表現・表示は使用しません。

年　月　日

〇〇〇〇株式会社

代表取締役社長〇〇〇〇

第9節　勧誘方針

1　勧誘方針の趣旨

　一般の投資家に対する金融商品の販売については、その性格上、「商品内容やリスク内容など重要な事項を十分に説明しないで販売する（あるいは、投資家が正しく理解しないまま購入する）」、「販売担当者が断定的判断を伝える」、「販売員が事実でない情報を提供する」、「投資家に誤解を招くような勧誘を行う」などの問題が生じやすい。また、投資家にとって不都合な時間帯や迷惑な場所などで勧誘を行うこともある。

　このため、金融商品の販売等に関する法律（金融商品販売法）は、「金融商品取扱事業者は、金融商品の販売に際し、適正な勧誘を行うため、勧誘方針を策定しなければならない」と定めている。

2　方針の内容

　勧誘方針には、次の事項を盛り込むのがよい。

> （1）お客さまの知識・経験、財産の状況および取引の目的に照らして、適正な金融商品の勧誘に努めること。
> （2）商品の勧誘に当たっては、お客さまに商品内容やリスク内容等の重要事項について、十分ご理解いただけるよう説明に努めること。
> （3）誠実・公正な勧誘・販売を心掛けること。
> （4）お客さまにとって不都合な時間帯や、お客さまにご迷惑をおかけするような場所・方法・手段での勧誘は行わないこと。
> （5）お客さまからのお問合わせには、迅速かつ適切に対応すること。
> （6）お客さまに対して適正な勧誘が行われるよう、社内管理体制の整備強化に努めるとともに、社員研修の充実に努めること。

3 モデル方針

勧誘方針

　私たちは、「金融商品の販売等に関する法律」に則り、金融商品の勧誘に当たっては、次の事項を遵守することをお約束いたします。

1　適切な金融商品の勧誘

　お客さまの知識・経験、財産の状況および取引の目的に照らして、適正な金融商品の勧誘に努めます。

2　商品内容・リスクの説明

　商品の選択・購入は、お客さまご自身の判断によってお決めいただきます。その際、お客さまに商品内容やリスク内容等の重要事項について、十分ご理解いただけるよう説明に努めます。

3　誠実・公正な勧誘・販売

　誠実・公正な勧誘・販売を心掛け、断定的判断の提供や事実でない情報の提供など、お客さまの誤解を招くような勧誘はいたしません。

4　不都合・迷惑な勧誘の禁止

　お客さまにとって不都合な時間帯や、お客さまにご迷惑をおかけするような場所・方法・手段での勧誘は行いません。

5　問い合わせへの対応

　お客さまからのお問合わせには、迅速かつ適切な対応に努めます。また、お客様のご意見・ご要望を真摯に受け止め、勧誘・アドバイスに活かしてまいります。

6　研修の徹底等

　お客さまに対して適正な勧誘が行われるよう、社内管理体制の整備強化

に努めるとともに、社員研修の充実に努めます。

　　　　　　　　　　　　　　　　　　年　月　日
　　　　　　　　　　　　　　　　〇〇〇〇株式会社
　　　　　　　　　　　　　　代表取締役社長〇〇〇〇

第9章　個別業務の執行基本方針

第10節　ディスクロージャーポリシー（情報開示方針）

1　ポリシーの趣旨

　東京証券取引所は、「有価証券上場規程」において、上場会社に対し、投資家に会社情報を適時・正確かつ公平に開示することを求めている。適時開示が求められる会社情報は、投資家の投資判断に重要な影響を与える会社の業務、運営または業績などに関する情報である。

　上場会社は、有価証券上場規程において定められている情報はもちろんのこと、上場規程には定められていなものについても、重要なものは迅速・正確かつ公平に開示し、株主・投資家の信頼を得ることが望ましい。

　経営情報の公開（ディスクロージャー）についての基本方針を明確にした文書を「ディスクロージャーポリシー」（情報公開方針）という。

　上場会社は、ディスクロジャーポリシーを策定し、それに沿って情報開示を行うべきである。

2　ポリシーの内容

　ディスクロジャーポリシーには、次の事項を盛り込むのがよい。

> （1）証券取引所の定める「上場有価証券の発行者の会社情報の適時開示等に関する規則」（適時開示規則）に沿って、ディスクロージャーを行うこと。
> （2）適時開示規則に規定されていない情報についても、株主および投資家の方々にとって有益であると判断されるものについては、積極的かつ公平に開示すること。
> （3）適時開示規則に該当する情報は、証券取引所への事前説明の後、取引所の提供する適時開示情報システム（TDnet）において開示すること。
> （4）TDnetにおいて開示した情報については、ホームページにも掲載すること。
> （5）開示資料については、内部牽制という観点から、関係部門がそれ

ぞれの立場で作成・検証すること。
(6) 決算情報の漏えいを防ぎ、公平性を確保するために、決算発表日の1ヶ月前から決算発表日までを「沈黙期間」に設定し、決算に関するコメントや質問への回答を差し控えること。

3　モデルポリシー

ディスクロージャーポリシー

　当社は、株主および投資家の方々に対して、会社としてのメッセージと経営情報を適時適切に開示することを基本方針としています。

1　ディスクロージャーの基準

　当社は、東京証券取引所の定める「上場有価証券の発行者の会社情報の適時開示等に関する規則」(以下、「適時開示規則」といいます)に沿って、ディスクロージャーを行います。
　また、適時開示規則に規定されていない情報についても、株主および投資家の方々にとって有益であると判断されるものについては、積極的かつ公平に開示するよう配慮します。ただし、関係者のプライバシーの侵害の恐れのある情報については、この限りではありません。

2　ディスクロージャーの方法

　「適時開示規則」に該当する情報は、同規則に従い、東京証券取引所への事前説明の後、同取引所の提供する適時開示情報システム(TDnet)において開示します。
　なお、TDnetにおいて開示した情報については、当社のホームページにも掲載します。ただし、掲載準備の都合上、ホームページへの掲載時期が多少遅れることがあります。

3　ディスクロージャーの社内体制

　開示資料については、内部牽制という観点から、財務部、広報部、総務部などの関係部門がそれぞれの立場で作成・検証することとしています。

第9章　個別業務の執行基本方針

　また、関係部門と法務部門とで二重に確認することにより、内容の適正さを確保することとしています。
　さらに、決算発表については、できる限り早期に行うべく最善の努力を払っています。

4　沈黙期間

　当社は、決算情報の漏えいを防ぎ、公平性を確保するために、決算発表日の1ヶ月前から決算発表日までを「沈黙期間」に設定し、決算に関するコメントや質問への回答を差し控えさせていただきます。ただし、この期間中であっても、業績予想を大きく修正すべき事情が発生した場合には、適時開示規則に基づき開示することとします。

年　月　日
〇〇〇〇株式会社
代表取締役社長〇〇〇〇

第11節　苦情対応方針

1　苦情対応方針の趣旨

　一般の消費者に商品を販売している会社の場合は、消費者からさまざまな苦情が寄せられる。苦情の内容は、商品の品質や機能に関するもの、価格に関するもの、広告宣伝に関するもの、販売の仕方や販売員の態度に関するものなど、多岐にわたる。

　消費者からの苦情に対しては、真摯に対応することが望ましい。それによって、消費者の信頼を確固たるものにすることができる。「高品質の商品を提供している」とか、「消費者の役に立つものを生産販売している」といくらPRしても、苦情への対応がよくないと、信用を獲得できない。

　消費者の苦情に真摯に対応することを経営方針としている会社は、その旨をインターネットなどで公表することが望ましい。

2　方針の内容

　苦情対応方針には、次の事項を盛り込むのがよい。

```
（1）全社員がお客さまからの苦情に対して迅速かつ誠実に対応し、お
　　客さまの立場を踏まえた解決を目指すこと。
（2）苦情は、その内容を問わず、すべて正確に記録し、適宜経営層や
　　関係部署へ報告していること。
（3）苦情の再発を防止するための改善策を検討し、実施していること。
　　また、お客さまの声を商品の改善改良、サービスの改善に活かして
　　いること。
（4）苦情を受け付ける社員に対して、教育や指導を計画的・継続的に
　　実施していること。
（5）苦情対応が迅速かつ誠実に行われているかなどについて、内部監
　　査を定期的に実施していること。
```

3 モデル方針

苦情対応方針

当社は、お客さまの苦情に迅速・適切・真摯に対応し、お客さまの満足度の向上に寄与するため、次の方針に従って行動します。

1 苦情への対応

当社のすべての社員は、お客さまからの苦情に対して、迅速かつ誠実に対応し、お客さまの立場を踏まえた解決を目指します。

2 苦情の管理

苦情は、その内容を問わず、すべて正確に記録し、適宜経営層や関係部署へ報告しています。苦情のうち、経営に重大な影響を与える事項については、苦情対応部門が取締役会に速やかに報告しています。

3 再発の防止

苦情の再発を防止するための改善策を検討し、実施しています。また、「お客さまの苦情は、商品とサービスの質を向上させるための重要な情報である」と認識し、お客さまの声を商品の改善改良、サービスの改善に活かしています。

4 教育の実施

苦情対応の迅速性・誠実性の向上を図るため、お客さまの苦情を受け付ける社員に対して、教育や指導を計画的・継続的に実施しています。

5 苦情対応の監査

苦情対応が迅速かつ誠実に行われているか、また正確に記録され経営層や関係部署へ報告されているかについて、独立した監査部門による監査を定期的に実施しています。監査の結果、不具合が発見された場合には、直ちに是正することを命令しています。

年　月　日
〇〇〇〇株式会社
代表取締役社長〇〇〇〇

第9章　個別業務の執行基本方針

第12節　リスクマネジメント方針

1　リスクマネジメント方針の趣旨

　会社は、さまざまなリスクに取り巻かれている。製品事故や敵対的な買収のように人為的なリスクもあれば、地震災害のような自然リスクもある。また、労働災害や火災のように古くから存在するリスクもあれば、新型インフルエンザのように新しいリスクもある。
　経済社会の高度化・複雑化に伴って、経営リスクは増加する傾向にある。
　会社は、自社の経営リスクを正しく認識し、それが発生した場合の損失を軽減させる対策を定めて実施するとともに、不幸にしてリスクが現実に発生したときは、迅速かつ的確に行動しなければならない。そうでないと、被害が必要以上に拡大するとともに、社会から「危機管理が甘い」と厳しく批判される。
　会社は、リスクマネジメントの基本方針を定め、その内容をホームページなどで広くPRすることが望ましい。

2　方針の内容

　リスクマネジメント方針には、次の事項を盛り込むのがよい。

(1) 会社は、会社経営に重大な影響を与えるリスクの発生を未然に防止する方策を策定するとともに、それが発生した場合の損失を最小化するリスク対策を定めて実施すること。
(2) 各部門は、自部門の業務遂行に重大な影響を与えるリスクの発生を未然に防止する方策を策定するとともに、それが発生した場合の損失を最小化するリスク対策を定めて実施すること。
(3) 会社および各部門は、リスク対策の実施結果を検証し、継続的にその改善を図ること。
(4) すべての役員および社員は、リスクマネジメントの重要性を厳しく認識し、積極的に行動すること。
(5) 会社経営に重大な影響を与える事案が発生したときは、社長また

> は副社長を本部長とする緊急対策本部を設置し、組織的に対策を講じること。
> （6）各部門は、部門の業務遂行に重大な影響を与える事案が発生したときは、その部門の長または部門次長を本部長とする緊急対策本部を設置し、本社と密接に連絡をとりつつ、組織的に対策を講じること。

3 モデル方針

リスクマネジメント方針

経営環境の変化に伴い、当社を取り巻くリスクが増大しています。経営リスクには、的確に対応することが求められます。

当社は、全社的に実効性のあるリスクマネジメントシステムを確立し、以下に示す行動方針に基づくリスクマネジメントを継続的・組織的かつ計画的に実践します。

1　全社的リスク対策の策定と実践

当社は、会社経営に重大な影響を与えるリスクを認識し、発生を未然に防止する方策を策定するとともに、それが発生した場合の損失を最小化するリスク対策を定めて実施します。

2　部門別リスク対策の策定と実践

各部門は、自部門の業務遂行に重大な影響を与えるリスクを認識し、発生を未然に防止する方策を策定するとともに、それが発生した場合の損失を最小化するリスク対策を定めて実施します。

3　リスク対策の改善

本社および各部門は、リスク対策の実施結果を検証し、継続的にその改善を図ります。

4　リスクマネジメントの重要性の認識

すべての役員および社員は、リスクマネジメントの重要性を厳しく認識

第 9 章　個別業務の執行基本方針

し、積極的に行動します。

5　緊急対策本部の設置
　当社は、会社経営に重大な影響を与える事案が発生したときは、社長または副社長を本部長とする緊急対策本部を設置し、組織的に対策を講じます。

6　部門緊急対策本部の設置
　各部門は、部門の業務遂行に重大な影響を与える事案が発生したときは、その部門の長または部門次長を本部長とする緊急対策本部を設置し、本社と密接に連絡をとりつつ、組織的に対策を講じます。

　　　　　　　　　　　　　　　　　　　　　　　　　　年　月　日
　　　　　　　　　　　　　　　　　　　　　　　　〇〇〇〇株式会社
　　　　　　　　　　　　　　　　　　　　　　代表取締役社長〇〇〇〇

第10章　営業・受注

第1節　営業規程

第2節　与信管理規程

第3節　債権管理規程

第4節　官庁との取引規程

第5節　取引先接待費・慶弔金規程

第10章　営業・受注

第1節　営業規程

1　規程の趣旨

会社にとって、営業業務はきわめて重要である。どの会社でも、営業活動は、中核的・基幹的な位置を占めている。

営業活動は、適正に行われなければならない。販売代金の回収が不能になったり、取引先からクレームを受けるようなことがあってはならない。

会社は、自社の営業活動に即した合理的・現実的な営業マニュアルを作成し、その周知徹底を図らなければならない。

2　規程の内容

（1）販売条件の遵守義務

営業担当者に対し、取引先から商品を受注するときは、会社が定める信用限度内で受注し、かつ、次の事項について会社が定める条件を遵守することを義務付ける。

① 販売価格
② 納入時期
③ 納入方法
④ 支払期限

（2）受注書の提出

営業担当者に対し、取引先から受注したときは、受注書を作成し、これを営業課長に提出することを義務付ける。

（3）支払の確認

営業担当者に対し、
・支払が確実に行われているかを確認すること
・契約で定められた支払日に支払いが行われなかったときは、会社に報告し、かつ、取引先に支払いを督促すること

を義務づける。

(4) 営業週報等の提出

営業担当者に対し、営業日報、営業週報または営業月報により営業活動を正確に報告することを求める。

(5) 営業経費の請求

営業担当者に対し、交通費その他営業活動に要した費用を一定期間ごとにきちんと会社に請求することを求める。

(6) クレームへの対応

営業担当者に対し、取引先からのクレームに誠実に対応することを求める。

3　モデル規程

営業規程
第1章　総則

（目的）

第1条　この規程は、営業業務の取扱いについて定める。

（遵守義務）

第2条　営業担当者は、この規程を誠実に遵守し、会社の利益のために忠実にその職務を遂行しなければならない。

（役職者の監督責任）

第3条　営業部門の役職者は、営業業務がこの規程を確実に遵守して行われるよう、部下を適切に指導・監督しなければならない。

第2章　営業活動

（アプローチに当たっての留意事項）

第4条　営業担当者は、取引先へのアプローチに当たっては、次のことに留意しなければならない。

(1) 会社の販売条件を正しく説明すること

(2) 商品の品質、会社の技術力等について、過度の説明をしないこと

(3) 同業他社の商品の品質、技術力等について、事実と異なる説明をしないこと

第10章　営業・受注

（4）取引先の購買担当者に対し、個人的な利益を与えることを約束しないこと
（5）法令違反をしないこと

（販売条件の遵守）
第5条　営業担当者は、取引先から商品を受注するときは、会社が定める信用限度内で受注し、かつ、次の事項について会社が定める条件を遵守しなければならない。
（1）販売価格
（2）納入時期
（3）納入方法
（4）支払期限

（信用限度額を超えるとき）
第6条　営業担当者は、信用限度額を超えて受注するときは、次の事項について、あらかじめ所属課長の許可を得なければならない。
（1）取引先の名称
（2）受注する商品の名称、数量
（3）受注額、信用限度を超える額
（4）信用限度額を超えて受注する理由

（会社の販売条件に拠らずに受注するとき）
第7条　営業担当者は、会社の販売条件に拠らずに受注するときは、次の事項について、あらかじめ所属課長の許可を得なければならない。
（1）取引先の名称
（2）受注する商品の名称、数量
（3）受注条件
（4）会社が定める受注条件に拠らずに受注する理由

（販売条件を変更するとき）
第8条　営業担当者は、取引先との間で契約した販売条件を変更するときは、あらかじめ所属課長に、次の事項を報告し、その許可を得なければならない。
（1）取引先の名称

（2）受注した時期
（3）受注した商品の名称、数量
（4）契約した販売条件
（5）変更する販売条件
（6）販売条件を変更する理由
（受注書の提出）
第9条 営業担当者は、取引先から受注したときは、受注書を作成し、これを所属課長に提出しなければならない。
（出荷の指示と出荷）
第10条 営業担当者は、所属課長から受注を承認されたときは、所属課長の認証を得て、倉庫課に対し、商品の出荷を指示しなければならない。
2　出荷の指示は、出荷指示書により行う。
3　倉庫課は、営業課から回付された出荷指示書の内容を確認し、取引先に商品を出荷する。出荷に当たっては、納品書および受領書を添付するものとする。
（受注書の経理課への回付）
第11条 営業担当者は、倉庫課に対して商品の出荷を指示したときは、当該出荷に係わる受注書の写しを経理部に回付する。
2　経理課は、受注書と受領書とを照合したうえで、請求書を発行し、取引先に送付する。
3　取引先による支払は、原則として口座振込とする。

第3章　販売代金の回収

（支払の確認）
第12条 営業担当者は、支払が確実に行われているかを確認しなければならない。
2　契約で定められた支払日に支払いが行われなかったときは、次の事項を所属課長に報告し、かつ、取引先に支払いを督促しなければならない。
（1）取引先の名称
（2）納入した商品の名称、数量

第10章　営業・受注

（3）契約金額
（4）支払日
（現金払い等のとき）
第13条　営業担当者は、契約で定めた支払方法が現金、小切手または手形（以下、「現金等」という）のときは、支払日に取引先を訪問して現金等を受け取らなければならない。
2　現金等を受け取ったときは、直ちに経理課に引き渡さなければならない。
3　取引先に差し出す領収書は、経理課で作成する。

第4章　返品の取扱い

（返品申出への対応）
第14条　営業担当者は、納品した商品について取引先から返品の申出を受けたときは、取引先に対し、その理由を確認しなければならない。
2　返品の申出について合理的な理由があると判断されるときは、これを受け入れなければならない。
（返品伝票の起票）
第15条　営業担当者は、返品の申出を受け入れたときは返品伝票を起票し、これを所属課長に提出し、その承認を受けなければならない。
2　所属課長から返品伝票の承認を受けたときは、商品とともに倉庫課に戻し入れるものとする。
（代金の返却）
第16条　経理課は、返品された商品についてその代金を受領しているときは、その代金を返却する。

第5章　その他

（営業週報の提出）
第17条　営業担当者は、1週間ごとにその週の営業活動を取りまとめ、これを所属課長に提出しなければならない。
（営業経費の請求）

第18条　営業担当者は、交通費その他営業活動に要した費用については、月末までに取りまとめ、会社に請求しなければならない。

（クレームへの対応）

第19条　営業担当者は、取引先からクレームを受けたときは、誠実に対応しなければならない。

2　クレームを解決するために安易に金銭を支払ってはならない。

3　クレームの解決に時間を要することが見込まれるとき、または、取引先から金銭の支払いその他不当な要求を受けたときは、所属課長に、次の事項を報告し、指示を求めなければならない。

（1）取引先の名称

（2）クレームの内容、発生の事情

（3）これまでの経緯

（4）その他必要事項

（営業秘密の漏えい禁止）

第20条　営業担当者は、在職中はもとより退職後においても、会社の営業秘密を第三者に漏えいしてはならない。

（付則）

　この規程は、　　年　月　日から施行する。

第2節　与信管理規程

1　規程の趣旨

　会社は、販売代金を完全に回収することが必要である。回収不能が生じると、資金繰りが苦しくなり、経営に支障が出る。

　代金の完全回収には、さまざまな方法が考えられるが、与信管理も有力な方法である。取引先各社について、その財務状況その他を総合的に評価して、信用限度額を設定し、その限度内で営業をする。与信管理の重要性は、いくら強調しても強調しすぎることはないであろう。

2　規程の内容

（1）適用範囲

　与信管理は、継続的な取引に適用し、現金取引や官公庁との取引は除外する。

（2）信用限度額の設定基準

　信用限度額は、取引先ごとに、次の事項を総合的に判断して設定する。
〈信用限度額の設定基準〉

①　これまでの取引実績
②　取引先の財務内容
③　会社が定めた支払条件の遵守状況
④　取引先の社会的信用度
⑤　取引先の成長性・将来性
⑥　その他必要事項

（3）決定手続き

　信用限度額の決定手続きを定める。

（4）遵守義務

　営業担当者に対し、
　①　信用限度額を遵守すること

② 限度額を超えて取引を行うときは、あらかじめ会社の許可を受けること

を義務づける。

(5) 信用力低下対策

取引先の信用力が低下したと認められるときは、必要に応じて、次に掲げる措置のうち、1つまたは2つ以上を講じる。

〈信用力低下対策〉

① 信用限度額の減額
② 取引額の縮小
③ 新規取引の停止
④ 支払条件の変更の申し入れ
⑤ 役員の個人保証の申し入れ
⑥ 連帯保証書提出の申し入れ
⑦ 担保提出の申し入れ
⑧ 担保の積み増しの申し入れ
⑨ 売掛金残高の確認

3 モデル規程

与信管理規程

第1章　総則

（総則）

第1条　この規程は、不良債権の発生を防止するための与信管理について定める。

（適用範囲）

第2条　この規程は、継続的な取引に適用し、次に掲げる取引には適用しない。

（1）現金取引

（2）短期的・一時的取引

（3）官公庁との取引

第2章　信用限度額の設定

（信用限度額の設定）

第3条　会社は、継続的に取引するすべての取引先について、取引先ごとに、その信用状態をもとに信用限度額を設定する。

（信用限度額の設定基準）

第4条　信用限度額は、次の事項を総合的に判断して設定する。

　（1）これまでの取引実績

　（2）取引先の財務内容

　（3）会社が定めた支払条件の遵守状況

　（4）取引先の社会的信用度

　（5）取引先の成長性・将来性

　（6）その他必要事項

（決定手続き）

第5条　信用限度額は、営業部長が営業担当者の意見を聴いて立案し、審査部の審査を経て、社長の決裁により決定する。

（審査の公正性）

第6条　審査部は、信用限度額の審査において公正を期さなければならない。

（取引先台帳への記載）

第7条　審査部は、信用限度額を決定したときは、取引先台帳に記載する。

（遵守義務）

第8条　営業担当者は、不良債権の発生を防止するため、信用限度額を遵守して取引を行わなければならない。

2　取引先に対し、信用限度額に余裕があることを理由として安易な取引をしてはならない。

（信用限度額を超える取引）

第9条　営業担当者は、取引先との間において信用限度額を超えて取引を行うときは、あらかじめ次の事項を上司に申し出て、その許可を受けなければならない。

　（1）取引先名

（2）取引年月日
（3）取引額および信用限度額を超える額
（4）信用限度額を超えて取引を行う理由
（5）その他必要事項

2　営業部門の役職者は、信用限度額を超えて取引を行うことが必要であると判断したときは、あらかじめ前項で定める事項を審査部に申し出て、その許可を受けなければならない。

（信用限度額の見直し）

第10条　会社は、毎年1月に信用限度額の見直しを行う。

（見直しの手続き）

第11条　信用限度額の見直しについては、第5条の規定を準用する。

2　信用限度額の見直しを行ったときは、見直し後の信用限度額を取引先台帳に記載する。

（漏えいの禁止）

第12条　社員は、信用限度額を社外の者に漏えいしてはならない。

第3章　信用力低下対策

（取引先の信用状況の注意）

第13条　営業担当者は、自らが担当する取引先の信用状況に絶えず注意を払わなければならない。

（所属課長への報告）

第14条　営業担当者は、日常の営業活動を通じて、取引先の信用状況に変化が生じていると判断したときは、直ちに所属課長に報告しなければならない。

（信用調査機関の活用）

第15条　会社は、取引先の信用状況の調査について、必要に応じ、信頼できる信用調査機関を活用する。

（信用力低下対策の実施）

第16条　営業部門の役職者は、取引先の信用力が低下したと認められるときは、必要に応じて、次に掲げる措置のうち、1つまたは2つ以上を講

じなければならない。
（1）信用限度額の減額
（2）取引額の縮小
（3）新規取引の停止
（4）支払条件の変更の申し入れ
（5）役員の個人保証の申し入れ
（6）連帯保証書提出の申し入れ
（7）担保提出の申し入れ
（8）担保の積み増しの申し入れ
（9）売掛金残高の確認

2　前号に掲げる対策のうち信用限度額の減額は、審査部と協議して行うものとする。

3　信用力低下対策を講じたときは、速やかにその内容を社長に報告しなければならない。

（付則）

　この規程は、　　年　月　日から施行する。

第3節　債権管理規程

1　規程の趣旨

　会社は、債権を安全・確実に管理する必要がある。債権管理が甘かったり、管理責任の所在が不明確であったりすると、どうしても不良債権が発生してしまう。

　債権管理について、その方法や手順、責任の所在を規程としてとりまとめ、その周知徹底を図ることは、会社にとって重要なリスクマネジメントである。

2　規程の内容

（1）営業部門の責務

　営業部門に対し、常に販売代金の回収可能性を念頭において営業活動を行うことを求める。

（2）契約の締結

　営業部門は、受注に当たっては、その金額の多少にかかわらず、必ず所定の契約書により契約を締結するものとする。

（3）集金・入金

　営業部門は、契約書に明記された支払日に取引先を訪問し、現金、小切手または手形により販売代金を受け取る。口座振込のものについては、支払日に入金を確認する。

（4）支払の督促等の措置

　営業部門は、支払日に入金が行われなかったときは、次の措置を講じる。

〈支払日に入金がなかったときの措置〉

① 　支払の督促
② 　新規契約の停止
③ 　既契約分について未出荷分があるときは、その出荷の停止
④ 　債務残高確認書の請求

⑤ 配達証明付内容証明郵便による催告状の送付

(5) 貸倒引当金の計上

売上債権の回収不能に備えて、毎期適正な額の貸倒引当金を計上する。

3 モデル規程

債権管理規程

（総則）
第1条 この規程は、債権管理について定める。
（経営方針）
第2条 会社は、経営の健全性を確保するため、販売代金を完全に回収することを経営の基本方針とする。
（営業部の責務）
第3条 営業部は、常に販売代金の回収可能性を念頭において営業活動を行わなければならない。
2 営業部は、販売代金の回収に積極的・計画的に取り組まなければならない。
（契約の締結）
第4条 営業部は、受注に当たっては、その金額の多少にかかわらず、必ず所定の契約書により契約を締結しなければならない。ただし、取引先において所定の契約書があるときは、それに代えることができる。
（請求書の送付）
第5条 経理部は、倉庫部から商品出荷の報告を受けたときは、遅滞なく請求書を作成し、これを取引先に送付する。
2 経理部は、請求書の写しを営業部に回付する。
（売上債権への計上）
第6条 経理部は、請求書を送付したものについて売上債権に計上する。
（集金・入金）
第7条 営業部は、契約書に明記された支払日に取引先を訪問し、現金、小切手または手形により販売代金を受け取らなければならない。

2　受け取った現金、小切手または手形は、遅滞なく入金伝票により経理部に引き渡さなければならない。

3　口座振込のものについては、支払日に入金を確認しなければならない。

（領収書の送付）

第8条　経理部は、入金されたものについて遅滞なく領収書を作成し、これを取引先に送付する。

（支払の督促）

第9条　営業部は、支払日に入金が行われないものについては、次の方法により、支払を督促しなければならない。

（1）訪問、電話

（2）督促状の送付

（新規契約の停止等）

第10条　営業部は、支払の督促にもかかわらず支払日から15日を経過しても支払が行われないときは、その取引先に対し、次の措置を講じなければならない。

（1）新規契約の停止

（2）既契約分について未出荷分があるときは、その出荷の停止

（債務残高確認書の請求）

第11条　営業部は、支払日から30日を経過しても支払が行われないときは、その取引先に対し、債務残高確認書の提出を求めなければならない。

2　取引先から債務残高確認書を受け取ったときは、その内容を確認し、その写しを経理部に回付する。

（催告状の送付）

第12条　営業部は、支払日から60日を経過しても支払が行われないときは、その取引先に対して催告状を送付し、「2週間以内に支払を行わないときは、法的手段を講じる」旨を通知する。

2　催告状は、配達証明付内容証明郵便で送付する。

（民事訴訟の検討）

第13条　営業部は、支払日から80日を経過しても支払が行われないときは、支払を求める民事訴訟の提訴については、顧問弁護士と相談する。

第10章　営業・受注

（支払条件変更の申出への対応）

第14条　営業部は、支払日を経過しても支払を行わない取引先から支払条件の変更について申出を受けたときは、その対応を経理部と協議する。

（貸倒引当金の計上）

第15条　経理部は、売上債権の回収不能に備えて、毎期適正な額の貸倒引当金を計上する。

2　貸倒引当金の額は、過去の実績を踏まえ、営業部の意見を聴いて立案し、社長の決裁を得て確定する。

（付則）

　この規程は、　　年　月　日から施行する。

第4節　官庁との取引規程

1　規程の趣旨

　一般の会社にとって、官庁との取引は、その会社の社会的な信用度を示すものである。これは、経営が安定し、かつ、技術力が一定レベル以上でなければ、官庁とは取引できないからである。したがって、取引のある会社では、会社案内や営業パンフレットで、官庁との取引実績を誇示している。

　また、官庁との取引は、支払が確実に行われるというメリットがある。

　このため、官庁との取引について、贈賄、談合などの不正が行われることが多い。不正が行われると、刑事罰と行政罰を科せられる。社会的な信用も著しく低下する。

　官庁との取引について、公正性という観点から一定のルールを定め、不正を防止することが望ましい。

2　規程の内容

（1）取引の原則

　官庁との取引について、

① その官庁が定めたルールがあるときは、これを遵守する
② 官庁が定めた取引ルールが特にないときは、独占禁止法その他の法令を遵守する

というルールを設けるのがよい。

（2）禁止事項

　営業社員に対し、官庁との取引について、次に掲げることを禁止する。

〈官庁との取引上の禁止事項〉

① 役職者および発注担当者に金銭および物品を贈ること
② 役職者および発注担当者を飲食、ゴルフ等に接待すること
③ 役職者および発注担当者に対し、発注価格を教えるように働きかけ

ること
④ 受注会社、受注額等について、同業者と話し合うこと
⑤ 政治家、政治家秘書等に対し、会社への発注を働きかけること
⑥ 採算を度外視した価格で受注すること
⑦ その他公正な競争を阻害すること

3 モデル規程

官庁との取引規程

（総則）
第1条 この規程は、官庁との取引について定める。
（適用範囲）
第2条 この規程は、次のものとの取引に適用する。
（1）中央官庁
（2）地方自治体
（3）特殊法人
（4）独立行政法人
（遵守義務）
第3条 営業社員は、官庁との取引について、この規程を遵守しなければならない。
2 「会社の利益を図るため」という理由で、この規程に違反することをしてはならない。
（取引の原則）
第4条 営業社員は、官庁との取引について、その官庁が定めたルールがあるときは、これを遵守しなければならない。
2 官庁が定めた取引ルールが特にないときは、独占禁止法その他の法令を遵守しなければならない。
（禁止事項）
第5条 営業社員は、官庁との取引について、次に掲げることをしてはならない。
（1）役職者および発注担当者に金銭および物品を贈ること

（2）役職者および発注担当者を飲食、ゴルフ等に接待すること
（3）役職者および発注担当者に対し、発注価格を教えるように働きかけること
（4）受注会社、受注額等について、同業者と話し合うこと
（5）政治家、政治家秘書等に対し、会社への発注を働きかけること
（6）採算を度外視した価格で受注すること
（7）その他公正な競争を阻害すること

（指示命令の禁止）

第6条 役職者は、営業社員に対し、前条各号の事項をするように指示命令してはならない。

（話合いの拒否）

第7条 営業社員は、官庁との取引について、同業者から、不正な取引制限に当たること（談合等）を話し合うように誘われたときは、これを拒否しなければならない。

（上司への相談）

第8条 営業担当者は、官庁との取引について判断に迷うときは、独断専行することなく、上司に相談しなければならない。

2　役職者は、担当者から相談を受けた事項について判断に迷うときは、法務担当者に相談しなければならない。

3　法務担当者は、役職者から相談を受けた事項について判断に迷うときは、顧問弁護士に相談しなければならない。

（付則）

　この規程は、　　年　月　日から施行する。

第5節　取引先接待費・慶弔金規程

1　規程の趣旨

　取引を円滑に進めていくためには、取引先の役職者や担当者との間で良好な人間関係を形成する必要がある。そのような目的で、多くの会社が接待費（交際費）や慶弔見舞金を支出している。接待費・慶弔見舞金は、ビジネスをスムーズに進めていくための潤滑剤ともいえる。

　接待費・慶弔見舞金は、適正に支出されなければならない。しかし、現実的には、不正が生じる。

　接待費については、「飲食を伴う」、「その効果を測定することが難しい」という性格上、とかく費用がオーバーしがちである。ときには、社員だけで飲食し、その請求書を会社に請求するということも起こる。

　慶弔見舞金についても、「領収書を受け取らない」という性格上、とかく不正が行われやすい。

　会社は、接待費および慶弔見舞金の支出について、合理的な取扱基準を定めることが望ましい。

2　規程の内容

（1）接待費の範囲
　接待費の範囲を明確にする。
（2）慶弔の範囲
　慶弔見舞金を贈呈する慶弔事の範囲を明確にする。
（3）支出の手続き
　接待費および慶弔見舞金の支出手続きを定める。

3 モデル規程

取引先接待費・慶弔金規程

第1章 総則

（目的）

第1条 この規程は、取引先に対する接待費および慶弔見舞金の取扱いを定める。

（支出の原則）

第2条 接待費および慶弔見舞金は、その金額のいかんにかかわらず、常に有効かつ適切に支出されなければならない。

第2章 接待費

（接待費の範囲）

第3条 この規程において接待費の範囲は、次のとおりとする。

（1）スポーツ（ゴルフ等）への招待に要する費用

（2）スポーツ観戦への招待に要する費用

（3）観劇、ショーへの招待に要する費用

（4）飲食店での飲食

（5）上記にかかわる交通費

（支出の手続き）

第4条 接待費は、部門ごとに決められた予算の範囲内で、部長または担当役員の判断により支出することができる。

2　前項の規定にかかわらず、1件3万円以上にわたるときは、あらかじめ、次の事項を届け出て社長の許可を得なければならない。

（1）接待先

（2）接待の方法、場所

（3）接待の日時

（4）会社側出席者

（5）接待の費用

（領収書の受取り）

第10章　営業・受注

第5条　接待費を現金で支出したときは、必ず領収書を受け取らなければならない。

（支払日）
第6条　請求書による支払の場合、支払日は原則として、次のとおりとする。

（支払日）月末締切り翌月末日払い

第3章　慶弔見舞金

（慶弔の範囲）
第7条　慶弔見舞金を贈呈する慶弔事の範囲は、次のとおりとする。
　（1）役員・社員の結婚
　（2）役員・社員の子女の結婚
　（3）社屋の落成（単なる移転は除く）
　（4）役員・社員の自宅の新築（単なる転居は除く）
　（5）社長就任
　（6）役員・社員の公職就任
　（7）役員・社員の叙勲
　（8）役員・社員の昇進・栄転
　（9）創業記念（5周年、10周年、15周年、20周年等、節目の年に当たり、取引先が祝賀行事を行う場合に限る）
　（10）役員・社員の退職（餞別金）
　（11）役員・社員の死亡（香典）
　（12）役員・社員の家族の死亡（香典）
　（13）役員・社員の入院
　（14）会社または役員・社員の災害

（慶弔見舞金の支給）
第8条　部門の長は、担当部門の取引先において慶弔事があった場合には、慶弔見舞金を贈呈することができる。
2　複数の部門がその取引先とかかわっているときは、関係部門の長が協議してその取扱いを決定するものとする。

3　贈呈に当たっては、相手の意向を十分尊重しなければならない。
4　部門の長は、必要であると判断したときは、同額程度の品物を贈呈することにより、慶弔見舞金の贈呈に代えることができる。

（贈呈金額）
第9条　贈呈する金額の基準は、別表のとおりとする。

（社長名による贈呈）
第10条　贈呈は、原則として社長名で行う。

（社内手続き）
第11条　慶弔見舞金の贈呈は、あらかじめ社長の決裁を得て行わなければならない。

（基準外の対応）
第12条　部門の長は、この規程で定める基準によらないほうがよいと判断されるときは、社長にその理由を説明し、その決裁を得なければならない。

（付則）
この規程は、　　年　月　日から施行する。

（別表）慶弔見舞金基準表　　　　　　　　　　　　（単位：円）

	きわめて重要な会社・人物	重要な会社・人物	通常の会社・人物
（1）結婚	50,000	30,000	20,000
（2）子女結婚	30,000	20,000	10,000
（3）社屋落成	100,000	50,000	30,000
（4）自宅新築	50,000	30,000	20,000
（5）社長就任	50,000	30,000	20,000
（6）公職就任	30,000	20,000	10,000
（7）叙勲	50,000	30,000	20,000
（8）昇進・栄転	30,000	20,000	10,000

(単位：円)

(9) 創業記念	30,000	20,000	10,000
(10) 退職（餞別金）	20,000	10,000	5,000
(11) 本人死亡	50,000	30,000	20,000
(12) 家族死亡	30,000	20,000	10,000
(13) 入院	20,000	10,000	5,000
(14) 災害（会社）	50,000	30,000	20,000
(15) 災害（個人）	30,000	20,000	10,000

第11章　個別業務の管理

第1節　予算管理規程

第2節　金銭出納管理規程

第3節　資金運用管理規程

第4節　在庫管理規程

第5節　固定資産管理規程

第6節　顧客情報管理規程

第7節　雇用管理規程

第8節　人件費管理規程

第9節　グループ会社管理規程

第10節　印章管理規程

第11章　個別業務の管理

第1節　予算管理規程

1　規程の趣旨

　経営は、「利益を上げるための活動」であるから、効率的・合理的に行われなければならない。効率性・合理性に欠けると、コストが上昇し、競争力が低下する。その結果、経営基盤が揺らぐことになる。

　経営を効率的・合理的に遂行するためには、予算制度の実施が必要不可欠である。あらかじめ一定期間について、インプット（資金・労働力・原材料その他）と、アウトプット（生産高・販売量・受注額その他）の目標を合理的・整合的に定め、その目標の達成に向けて全力を投入する。

　予算制度は、経営の健全性・堅実性を確保するための重要な条件である。このため、業種と規模とを踏まえて、予算制度の枠組みと運用基準を合理的に定めるべきである。

2　規程の内容

（1）予算の区分

　予算の区分は、次のとおりとする。

① 年度予算
② 半期予算
③ 四半期予算
④ 月次予算

（2）予算の体系

　会社の業態と規模に応じて、予算の体系を定める。例えば、次のとおりとする。

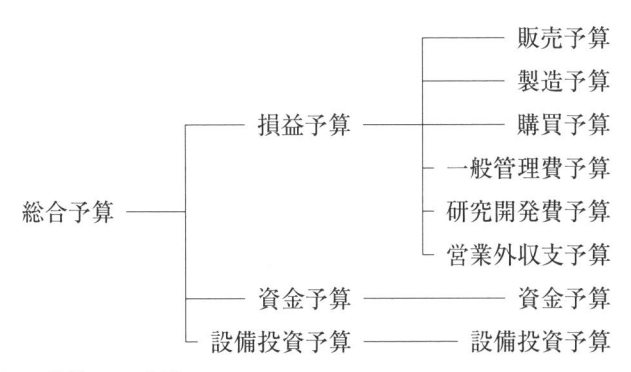

```
総合予算 ─┬─ 損益予算 ─┬─ 販売予算
         │            ├─ 製造予算
         │            ├─ 購買予算
         │            ├─ 一般管理費予算
         │            ├─ 研究開発費予算
         │            └─ 営業外収支予算
         ├─ 資金予算 ──── 資金予算
         └─ 設備投資予算 ─ 設備投資予算
```

(3) 予算管理の方法

　会社は、取引先や消費者に対して商品・サービスを販売し、その対価として金銭を受け取るという組織である。このため、予算管理は、数量および金額によって行うのが合理的である。

(4) 予算管理体制

　一般に、会社は、いくつかの部門から構成される。このため、予算管理は、全体予算と部門予算とに区分して行うものとし、それぞれの責任者を定めるのがよい。

(5) 総括責任者・部門予算管理者の権限

　全体予算を管理する「総括責任者」と、部門予算を管理する「部門予算管理責任者」について、その権限を定める。

〈総括責任者と部門予算管理責任者の権限〉

総括責任者の権限	部門予算管理責任者の権限
① 予算編成方針案の立案 ② 部門別予算案の総合調整 ③ 予算案の編成 ④ 予算の編成、執行および管理に関する関係部門への指示 ⑤ 予算実績の分析、作成 ⑥ 予算管理規程の改廃に関する立案 ⑦ 予算制度に関する調査研究	① 部門別予算の編成方針案の立案 ② 部門別予算案の編成 ③ 部門別予算の執行 ④ 部門別予算実績の報告

（6）予算編成と予算執行の手続き

予算編成および、予算執行の手続きを具体的に定める。

3　モデル規程

予算管理規程
第1章　総則

（総則）

第1条　この規程は、予算管理について定める。

（目的）

第2条　予算管理は、次の目的で行う。

（1）各部門の責任範囲を明確にし、部門の業務執行を管理・統制すること

（2）経営を合理的・効率的に行うこと

（適用範囲）

第3条　予算管理は、会社のすべての部門に適用する。

（予算の区分）

第4条　予算の区分は、次のとおりとする。

（1）年度予算

（2）半期予算

（3）四半期予算

（4）月次予算

（予算の期間）

第5条　予算の期間は、次のとおりとする。

（1）年度予算

　4月1日～翌年3月31日

（2）半期予算

　上期　4月1日～9月30日

　下期　10月1日～翌年3月31日

（3）四半期予算

　第1四半期　4月1日～6月30日

第2四半期　7月1日～9月30日
第3四半期　10月1日～12月31日
第1四半期　1月1日～3月31日
（4）月次予算
毎月1日～当月末日
（予算の体系）
第6条　予算の体系および種類は、次のとおりとする。

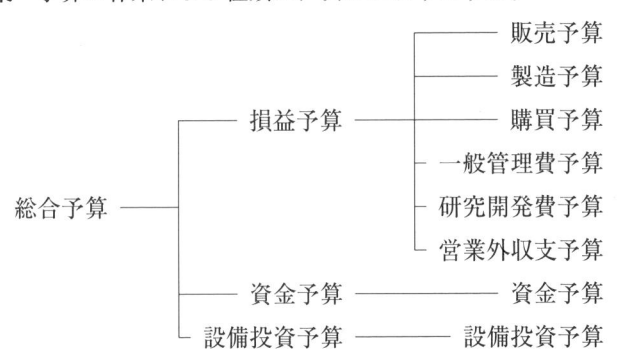

```
                              ┌── 販売予算
                              ├── 製造予算
                   ┌─ 損益予算 ─┼── 購買予算
                   │          ├── 一般管理費予算
総合予算 ──────────┤          ├── 研究開発費予算
                   │          └── 営業外収支予算
                   ├─ 資金予算 ─────── 資金予算
                   └─ 設備投資予算 ──── 設備投資予算
```

（予算管理の方法）
第7条　予算管理は、数量および金額によって行う。

第2章　予算管理体制

（総括責任者）
第8条　予算管理の総括責任者は、企画部長とする。
2　総括責任者の権限は、次のとおりとする。
　（1）予算編成方針案の立案
　（2）部門別予算案の総合調整
　（3）予算案の編成
　（4）予算の編成、執行および管理に関する関係部門への指示
　（5）予算実績の分析、作成
　（6）予算管理規程の改廃に関する立案
　（7）予算制度に関する調査研究
（部門別予算管理の主管責任者）

第11章　個別業務の管理

第9条　部門別予算管理の主管責任者は、各部門の長とする。
2　主管責任者の権限は、次のとおりとする。
　（1）部門別予算の編成方針案の立案
　（2）部門別予算案の編成
　（3）部門別予算の執行
　（4）部門別予算実績の報告

第3章　予算の編成

（総合予算編成方針の立案）
第10条　総合予算の編成方針は、総括責任者が経営計画を踏まえて立案する。
（総合予算編成方針の決定）
第11条　総合予算の編成方針は、常務会の議を経て社長が決定する。
2　総括責任者は、社長が決定した総合予算編成方針を部門別予算の主管責任者に周知するものとする。
（部門別予算案）
第12条　部門別予算の主管責任者は、総合予算編成方針に基づいて部門別予算案を立案し、総括責任者に提出しなければならない。
（総合予算案）
第13条　総括責任者は、部門別予算と総合予算編成方針との調整を行い、総合予算案を立案しなければならない。
2　総括責任者は、総合予算案を立案したときは、これを常務会の議に付する。
（総合予算の決定）
第14条　総合予算は、常務会の議を経て社長が決定する。
2　総括責任者は、社長が決定した総合予算を主管責任者に通知する。

第4章　予算の執行

（予算の執行）
第15条　総合予算の総括責任者および部門別予算の主管責任者は、社長が

決定した予算を執行する。

2　総括責任者および主管責任者は、予算を適正かつ効果的・効率的に執行しなければならない。

（執行期間）

第16条　予算は、予算期間内に執行することを原則とする。

（予算執行の指示）

第17条　総括責任者は、必要と認めたときは、予算の執行について、主管責任者に対して指示を出すことができる。

（執行状況の報告）

第18条　主管責任者は、部門別予算の執行状況を適宜・適切に総括責任者に報告しなければならない。

2　総括責任者は、総合予算の執行状況を適宜・適切に常務会に報告しなければならない。

（予算外支出等の禁止）

第19条　予算外支出および科目間の流用は、原則として認めない。

2　業務上やむを得ない事情によって予算外支出または科目間の流用をするときは、あらかじめ稟議書により社長の決裁を受けなければならない。

（執行結果の報告）

第20条　主管責任者は、予算期間が経過したときは、部門別予算の執行結果を総括責任者に正確に報告しなければならない。

2　総括責任者は、予算期間が経過したときは、総合予算の執行結果を常務会に正確に報告しなければならない。

（差異分析と報告）

第21条　主管責任者は、部門別予算と実績との間に差異が生じたときは、その原因を分析し、総括責任者に正確に報告しなければならない。

2　総括責任者は、総合予算と実績との間に差異が生じたときは、その原因を分析し、常務会に正確に報告しなければならない。

第11章　個別業務の管理

第5章　予算の修正

（予算の修正）

第22条　予算の修正は、原則として行わない。ただし、経営環境の著しい変化その他やむを得ない事情が生じたときは、総括責任者または主管責任者の申請により、予算を修正することがある。

（予算修正の手続き）

第23条　主管責任者は、経営環境の著しい変化その他やむを得ない事情により部門別予算を修正する必要があると判断したときは、総括責任者に次の事項を申し出て、その許可を得なければならない。

（1）部門別予算を修正しなければならない理由

（2）修正予算の内容

2　総括責任者は、総合予算を修正する必要があると判断したときは、常務会に、次の事項を付議しなければならない。

（1）総合予算を修正しなければならない理由

（2）修正予算の内容

（予算修正の決定）

第24条　予算の修正は、常務会の議を経て社長が決定する。

2　総括責任者は、社長が決定した修正総合予算を主管責任者に通知する。

（付則）

　この規程は、　　年　月　日から施行する。

第2節　金銭出納管理規程

1　規程の趣旨

会社では、金銭の出し入れが日常的に行われる。

金銭の出し入れは、適正に行われなければならないが、その性格上、不正が行われることがある。不正が行われると、会社は大きな損失を蒙る。また、消費者や取引先の信用を失うことにもなる。

会社は、業種と規模とを踏まえ、金銭の出納について合理的なルールを定め、内部統制を図らなければならない。出納ルールの策定とその周知徹底は、会社にとって重要なリスクマネジメントである。

2　規程の内容

（1）金銭出納責任者・出納担当者
金銭の出納および保管業務について、
① 統括責任者は、経理部長とする
② 金銭の出納および保管の責任者（出納責任者）は、出納係長とする
③ 出納責任者は、出納係員（出納担当者）以外の者に出納を担当させてはならない
④ 金銭出納責任者は、記帳業務を所管する会計責任者を兼ねることはできない

など、責任体制を明確にする。

（2）金銭の収納
金銭の収納について、
① 金銭の収納に関する請求書は、会計責任者がこれを発行する
② 請求書には、一連番号を付し、所要事項を記入して、会計責任者の認証を受け、請求書用印鑑を押印して請求先に送付する
③ 所管部署が金銭を収納したときは、直ちに入金伝票を作成し、所管部署責任者の認証を受けて会計担当者に回付する。この場合、収納し

た金銭は、直接出納担当者に引き渡さなければならない
④　会計担当者は、入金伝票の内容を精査し、確認の押印を行い、会計責任者の認証を受けて、出納担当者に回付する
⑤　出納担当者は、収納した金銭または銀行等からの入金通知と入金伝票を照合の上、入金伝票に収納済証印を押印して収納手続きを行う
⑥　収納した金銭は、出納責任者の認証を受けて、速やかに銀行に預け入れる。預け入れるまでは、鍵のかかる金庫に保管し、厳重に管理する
⑦　出納担当者は、収納済証印のある入金伝票に基づいて、一連番号を付した所定の領収証に所要事項を記入捺印し、金銭出納責任者の認証を受けて入金先に送付する

などのルールを定める。

(3) 金銭の支払

金銭の支払について、一定のルールを定める。

〈金銭の支払のルール〉

①　所管部署の担当者は、業務の必要により金銭を支払うときは、支払先からの請求書に基づき支払伝票または支払依頼書を作成し、これを会計担当者に回付する
②　会計担当者に回付する支払伝票または支払依頼書には、所管部署責任者の認証を受け、請求書を添付する
③　従業員に対する給与・賞与・出張旅費・慶弔見舞金等の支払、資金送金、仮払金の支払等については、請求書がなくても、支払伝票または支払依頼書により支払を行う
④　会計担当者は、所管部署の担当者から支払伝票の回付を受けたときは、その内容を点検の上、会計責任者の認証を受け、これを出納担当者に回付する
⑤　出納担当者は、会計担当者から支払伝票の回付を受けたときは、その内容を確認した上で、金銭出納責任者の認証を受け、支払手続きを取る
⑥　出納担当者は、支払手続きを終えたときは、支払伝票および請求書に「支払済」の証印を押印し、これを会計担当者に回付する
⑦　出納担当者は、支払を行ったときは、支払先から領収証を受取る。

> 　　口座振込によって支払を行う場合は、銀行からの振込領収証をもって領収証に代える
> ⑧　支払先から領収証を受取ることができないときは、所管部署の担当者が作成した支払証明書をもって、領収証に代えることができる

（4）小口現金の取扱い

　少額の支出に適切に対応するためには、日常的に小口の現金を保有していることが必要である。このため、小口現金の取扱いルールを定める。

（5）印鑑等の保管

　印鑑等の保管責任者を定める。

〈印鑑等の保管責任者〉

> ①　領収証に押印する印鑑は、出納担当者が保管する
> ②　手形および小切手に押印する署名印は、出納責任者が保管する
> ③　手形、預金通帳、預金証書および有価証券は、経理部長が保管する
> ④　手形用紙、小切手帳および領収証用紙は、出納責任者が保管する

（6）現金残高照合

　金銭出納責任者は、毎日、営業時間が終了したときは、手元現金と現金出納帳残高とを照合するものとする。

（7）銀行預金残高照合

　出納責任者は、毎月末日現在の預金残高証明書を銀行等から取り寄せ、これを銀行預金明細表の当該口座残高と照合するものとする。

3　モデル規程

金銭出納管理規程

第1章　総則

（目的）

第1条　この規程は、現金および預金（以下、「金銭」という）の出納について定める。

2　現金には、通貨のほか、一覧払いの小切手、郵便為替証書、配当金領収証、支払期日の到来した公社債利札、銀行払歳出金通知書および国庫金支払通知書を含むものとする。

第11章　個別業務の管理

3　手形および有価証券は、金銭に準じて取扱う。

（金銭出納責任者・出納担当者）

第2条　金銭の出納および保管の統括責任者は、経理部長とする。

2　金銭の出納および保管の責任者（以下、「金銭出納責任者」という）は、出納係長とする。

3　金銭出納責任者は、内部統制のため、出納係員（以下、「出納担当者」という）以外の者に金銭出納を担当させてはならない。

4　金銭出納責任者は、内部統制のため、記帳業務を所管する会計責任者を兼ねることはできない。

（金銭出納の範囲）

第3条　金銭の出納は、業務上または業務に関連して生じるものに限って取扱うものとする。

（金銭の出納）

第4条　金銭の出納は、入金伝票および出金伝票により行う。

（印鑑の届出）

第5条　金銭出納責任者および会計責任者は、その認証に用いる印鑑を経理部長に届け出なければならない。

2　印鑑を変更したときも、同様とする。

（認証の手続き）

第6条　この規程による認証の手続きは、すべて印鑑をもって行う。

（所管部署の定義）

第7条　この規程において「所管部署」とは、金銭の支払または入金の原因となる業務を担当する部署をいう。

第2章　金銭の収納

（金銭の収納）

第8条　金銭の収納に関する請求書は、会計責任者がこれを発行する。ただし、会計責任者が特に認めた事項については、所管部署の責任者がこれを発行することができる。

（請求書の送付）

第9条 請求書には、一連番号を付し、所要事項を記入して、会計責任者の認証を受け、請求書用印鑑を押印して請求先に送付する。
2 　所管部署が請求書を発行して請求先に直接送付した場合には、所管部署の責任者は、直ちに請求書の写しを会計責任者に回付しなければならない。
（入金伝票の発行）
第10条 　所管部署が金銭を収納したときは、直ちに入金伝票を作成し、所管部署責任者の認証を受けて会計担当者に回付する。この場合、収納した金銭は、直接出納担当者に引き渡さなければならない。
2 　会計担当者は、入金伝票の内容を精査し、確認の押印を行い、会計責任者の認証を受けて、出納担当者に回付する。
（口座振込その他の場合）
第11条 　口座振込その他の方法で入金があった場合も、前条の定めに準じて処理する。
（収納手続き）
第12条 　出納担当者は、収納した金銭または銀行等からの入金通知と入金伝票を照合の上、入金伝票に収納済証印を押印して収納手続きを行う。
2 　収納した金銭または銀行等からの入金通知と入金伝票との間に差異があるときは、所管部署に問い合わせる等の措置を講じなければならない。
3 　収納した金銭は、出納責任者の認証を受けて、速やかに銀行に預け入れなければならない。預け入れるまでは、鍵のかかる金庫に保管し、厳重に管理しなければならない。
（領収証の発行）
第13条 　出納担当者は、収納済証印のある入金伝票に基づいて、一連番号を付した所定の領収証に所要事項を記入捺印し、金銭出納責任者の認証を受けて入金先に送付する。
2 　入金先が指定の領収証を送付してきたときは、会社所定の領収証の本紙に消印し、控には通常の控と同じ内容を記載する。
3 　領収証の控には、入金伝票の番号を記入しておかなければならない。
（禁止事項）

第11章　個別業務の管理

第14条　出納担当者は、領収証に関し、次に掲げることをしてはならない。
（1）金銭の収納の前に領収証を発行すること
（2）金額が記入されていない領収証を発行すること
（3）記入されている金額を変更すること

第3章　金銭の支払

（支払の請求）
第15条　所管部署の担当者は、業務の必要により金銭を支払うときは、支払先からの請求書に基づき支払伝票または支払依頼書を作成し、これを会計担当者に回付するものとする。
2　会計担当者に回付する支払伝票または支払依頼書には、所管部署責任者の認証を受け、請求書を添付しなければならない。
3　前項の規定にかかわらず、次に掲げる場合は、請求書がなくても、支払伝票または支払依頼書により支払を行うことができる。
（1）社員に対する給与、賞与、出張旅費、慶弔見舞金等の支払
（2）資金送金、仮払金の支払等、支払先または支払金額が確定していない場合
（3）その他経理部長がやむを得ないと認めた場合

（支払伝票の取扱）
第16条　会計担当者は、所管部署の担当者から支払伝票の回付を受けたときは、その内容を点検の上、会計責任者の認証を受け、これを出納担当者に回付する。
2　所管部署の担当者から支払依頼書の回付を受けたときは、支払伝票を発行し、前項で定める手続きを行う。

（支払手続き）
第17条　出納担当者は、会計担当者から支払伝票の回付を受けたときは、その内容を確認した上で、金銭出納責任者の認証を受け、支払手続きを取る。
2　支払手続きを終えたときは、支払伝票および請求書に「支払済」の証印を押印し、これを会計担当者に回付する。

（領収証の受取り）

第18条 出納担当者は、支払を行ったときは、支払先から領収証を受取るものとする。

2　口座振込によって支払を行う場合は、銀行からの振込領収証をもって領収証に代えることができる。

3　支払先から領収証を受取ることができないときは、所管部署の担当者が作成した支払証明書をもって、領収証に代えることができる。支払領収証には、次の事項が記載され、かつ、所管部署責任者および会計責任者の認証がなければならない。

（1）支払年月日
（2）支払金額
（3）支払先
（4）使途
（5）領収証を受取ることができない理由

（支払日）

第19条 支払日は、次のとおりとする。ただし、緊急やむを得ない場合および少額の支払は、この限りではない。

（1）給与・賞与　　　給与規程の定めるところによる
（2）物品購入代金および諸経費　　　毎月末日
（3）法令または契約等により支払日の定めがあるもの　　　定められた期日

2　支払日が休日に当たるときは、第1号はその前日、第2号はその翌日とする。

第4章　小口現金

（設置個所）

第20条 小口現金の設置個所は、本社総務課、支店および工場とする。

2　小口現金の基準額、使途および補充の仕組みは、別に定める。

（小口現金の取扱者）

第21条 小口現金の設置個所には、小口現金責任者および小口現金担当者

を置く。

2　小口現金責任者は、それぞれの個所の長とする。

3　小口現金担当者は、小口現金責任者が指名する。

4　小口現金責任者は、会計責任者に対し、認証のための印鑑を届け出なければならない。

（小口現金の支払）

第22条　小口現金担当者は、所管部署の責任者の認証があり、必要な証拠書類が添付された支払請求書に基づき、小口現金の支払を行う。

2　小口現金の支払に当たっては、小口現金責任者の認証を受けなければならない。

3　小口現金の受払いをしたときは、その都度、その内容を小口現金出納帳に正確に記帳しなければならない。

（小口現金の精算）

第23条　小口現金担当者は、毎月末、小口現金出納帳に基づいて小口現金精算補充請求書を作成し、これを会計責任者に送付しなければならない。

2　小口現金精算補充書の送付に当たっては、小口現金責任者の認証を受けなければならない。

（小口現金の特別補充請求）

第24条　小口現金担当者は、月の途中で小口現金が払底したときは、会計責任者に対し、特別に小口現金の精算補充を請求することができる。

2　小口現金の特別精算補充を請求するに当たっては、小口現金責任者の認証を受けなければならない。

（小口現金の補充）

第25条　会計責任者は、小口現金責任者の請求により、小口現金の補充を行う。

第5章　印鑑等の保管

（印鑑の保管）

第26条　領収証に押印する印鑑は、出納担当者がこれを保管する。

2　手形および小切手に押印する署名印は、出納責任者がこれを保管する。

（手形等の保管）

第27条 手形、預金通帳、預金証書および有価証券は、経理部長がこれを保管する。

（手形用紙等の保管）

第28条 手形用紙、小切手帳および領収証用紙は、出納責任者がこれを保管する。

2 書き損じまたは発行を取り消した手形用紙、小切手用紙および領収証用紙は、消印を押して、発行控え綴りとともに保存しておかなければならない。

（現金残高照合）

第29条 出納責任者は、毎日、営業時間が終了したときは、手元現金と現金出納帳残高とを照合しなければならない。

2 照合の結果、不一致が確認されたときは、次の措置を講じなければならない。

（1）不一致が確認された旨を経理部長に報告すること

（2）その原因を究明し、現金残高調整表を作成すること

（銀行預金残高照合）

第30条 出納責任者は、毎月末日現在の預金残高証明書を銀行等から取り寄せ、これを銀行預金明細表の当該口座残高と照合しなければならない。

2 照合の結果、不一致が確認されたときは、次の措置を講じなければならない。

（1）不一致が確認された旨を経理部長に報告すること

（2）その原因を究明し、預金残高調整表を作成すること

第6章　雑則

（金額の訂正）

第31条 この規程に定める伝票、依頼書、領収証、手形、小切手などに記載されている金額は、原則として訂正してはならない。

2 やむを得ない事情により訂正するときは、朱線で抹消し、その上に正しい数値を記載し、担当者（出納担当者、会計担当者、小口現金担当者

第11章　個別業務の管理

または所管部署担当者をいう。以下、同じ）および責任者（金銭出納責任者、会計責任者、小口現金責任者または所管部署責任者をいう。以下、同じ）の訂正印を押印しなければならない。手形および小切手については、別に定める手続きによらなければならない。

（事故の場合の措置）

第32条　担当者は、次の場合には、直ちにその旨を責任者に通報しなければならない。

（1）現金、預金の過不足が生じたとき

（2）現金、預金、手形、小切手等が盗まれたとき、または紛失したとき

（3）その他異常事態が生じたとき

2　責任者は、担当者から通報を受けたときは、経理部長に通報するとともに、適切な措置を講じなければならない。

3　責任者は、適切な措置を講じたときは、その内容を経理部長に報告しなければならない。

（付則）

この規程は、　　年　月　日から施行する。

第3節　資金運用管理規程

1　規程の趣旨

　会社は、積立金、準備金、余剰資金等の資金がある場合、それを金融市場において運用するのが一般的である。

　金融市場での運用は、「利益をもたらす」というメリットがある反面、「相場の動向によっては、損失を発生させる」、「担当者が投機的に運用する」、「担当者が個人的に流用する」などの問題もある。実際、会社の資金の運用にかかわる不祥事は、枚挙にいとまがないともいえる。また、会社が巨額の損害を蒙り、経営が深刻な危機に陥ったというケースも少なくはない。

　積立金、準備金、余剰資金等の資金を金融市場において運用する場合、運用について合理的なルールを設けておくべきである。合理的なルールの作成とその周知徹底は、重要なリスクマネジメントである。

2　規程の内容

（1）資金運用体制

　資金の運用については、
　・運用方法を具体的に計画し、実行する者（資金運用プランナー）
　・金融機関への購入代金の払込と販売代金の受け取りを行う者
とを区分することにより、内部統制を行うのがよい。

（2）運用資金総額の決定

　運用する資金の総額は、積立金・準備金の額、資金繰りおよび金融市場の動向などを総合的に勘案して決定する。

（3）運用先

　資金の安全を確保するため、運用先を特定するほうがよい。リスクの高いものは避けるべきである。

（4）資金運用の手続き

資金運用プランナーは、景気および金融市場の動向等を分析し、経理部長から指示された資金総額の範囲内において、運用する資金の額、運用先、銘柄・ファンド等を計画し、経理部長の承認を得て実行する。

（5）資金運用の制限

資金の安全性に配慮し、同一の銘柄またはファンドに対する取引の額は、運用資金総額の一定割合を超えてはならないものとする。

（6）会計課への指示

資金運用プランナーは、資金の運用について経理部長の承認を得たときは、遅滞なく会計課に対し、その具体的な内容を指示する。

（7）資金運用プランナーの禁止事項

資金運用プランナーは、次に掲げることはしてはならないものとする。

① 金融商品取引法その他の法令に違反すること
② 経理部長から指示された総額を超えて資金を運用すること
③ あらかじめ定められた運用先以外で資金を運用すること
④ あらかじめ定められた金融機関以外の金融機関と取引をすること
⑤ あらかじめ定められた一定割合を超えて同一の銘柄の株式等またはファンドの投資信託等を売買すること
⑥ 会社の資金運用に関する情報を他に漏らすこと
⑦ 会社の資金運用を利用して個人的な利得を得ること

3 モデル規程

資金運用管理規程
第1章 総則

（総則）

第1条 この規程は、会社が保有する積立金、準備金、余剰資金等の資金（以下、「資金」という）の運用について定める。

（目的）

第2条 会社は、資金を、その安全性に十分配慮しつつ金融市場において効果的・機動的に運用し、利益を確保するものとする。

第2章　資金運用体制

（資金運用プランナーの設置）

第3条　会社は、資金運用を公正かつ組織的・計画的に行うため、経理部に資金運用プランナーを置く。

2　資金運用プランナーは、経理部長の推薦に基づき、社長が任命する。

（資金運用プランナーの職務）

第4条　資金運用プランナーは、資金の効率的な運用方法を具体的に計画し、その実行を図るものとする。

（資金運用プランナーの心得）

第5条　資金運用プランナーは、資金について、その安全性に十分配慮しつつ、効果的・機動的に運用し、利益を確保するように努めなければならない。

（担当者以外の資金運用の禁止）

第6条　資金運用プランナー以外の者は、資金運用を行ってはならない。

（購入代金の払込み等）

第7条　内部統制のため、次の事項は、資金運用プランナーの指示に基づき、会計課において行うものとする。

（1）金融機関に対する株式等の購入代金の払込み

（2）金融機関からの株式等の売却代金等の受取り

（3）配当、利金等の受取り

（4）その他金銭の取扱いに関すること

第3章　資金運用手続き

（資金総額の決定）

第8条　運用する資金の総額は、経理部長が、次の事項を総合的に勘案して算定し、社長の承認を得て決定する。

（1）積立金および準備金の額

（2）資金繰り

（3）金融市場の動向

（運用先）

第11章　個別業務の管理

第9条　資金の運用先は、次のとおりとする。
　（1）銀行の定期預金
　（2）貸付信託、金銭信託
　（3）株式
　（4）国債、公社債、地方債、外国債
　（5）投資信託
（指定金融機関）
第10条　資金を運用する金融機関は、会社の取引金融機関とする。
（資金の運用）
第11条　資金運用プランナーは、景気および金融市場の動向等を分析し、経理部長から指示された資金総額の範囲内において、運用する資金の額、運用先、銘柄・ファンド等を計画し、経理部長の承認を得て、実行する。
（資金運用の制限）
第12条　資金の安全性に配慮し、同一の銘柄またはファンドに対する取引の額は、第8条の定めによって経理部長から指示された資金総額の30％を超えてはならないものとする。
（会計課への指示）
第13条　資金運用プランナーは、資金の運用について経理部長の承認を得たときは、遅滞なく会計課に対し、資金運用指示書により、資金運用を指示する。
2　資金運用指示書には、次の事項を記載しなければならない。
　（1）金融取引を行う金融機関名
　（2）金融取引の内容
　（3）金融取引の数量
　（4）金融取引の金額（金額を確定できないときは、概算額）
　（5）金融取引の実施日
　（6）その他必要事項
3　資金運用指示書の有効期間は、発行日を含め、7日とする。
（資金運用プランナーへの報告）
第14条　会計課は、金融取引を行ったときは、遅滞なく資金運用プラン

ナーに対し、資金運用報告書により、その内容を報告しなければならない。
2　資金運用報告書には、次の事項を記載しなければならない。
　（1）金融取引を行った金融機関名
　（2）金融取引の内容
　（3）金融取引の数量
　（4）金融取引の金額
　（5）金融取引の実施日
　（6）その他必要事項
3　金融市場の事情によって金融取引を成立させることができなかったときは、その旨を資金運用プランナーに報告する。

（経理部長への報告）

第15条　資金運用プランナーは、会計課から受けた報告の内容を経理部長に報告しなければならない。
2　経理部長は、資金運用プランナーから受けた報告の内容を社長に報告しなければならない。

（資金運用プランナーの禁止事項）

第16条　資金運用プランナーは、次に掲げることを計画し、または会計課に指示してはならない。
　（1）金融商品取引法その他の法令に違反すること
　（2）経理部長から指示された総額を超えて資金を運用すること
　（3）この規程で定められた運用先以外で資金を運用すること
　（4）この規程で定められた金融機関以外の金融機関と取引をすること
　（5）経理部長から指示された総額の30％を超えて同一の銘柄の株式等またはファンドの投資信託等を売買すること
　（6）会社の資金運用に関する情報を他に漏らすこと
　（7）会社の資金運用を利用して個人的な利得を得ること

（売買取引報告書等の取扱い）

第17条　金融取引について金融機関から送付される売買取引報告書、取引残高報告書および預り証等の書類ならびに預金証書は、会計課において

第11章　個別業務の管理

受け取り、会計課において保管するものとする。
2　会計課は、金融機関から売買取引報告書、取引残高報告書および預り証等の書類が送付されてきたときは、その写しを資金運用プランナーに回付するものとする。
3　有価証券の預り証および預金証書の保管は、厳重に行わなければならない。
（損害賠償の請求）
第18条　会社は、資金の運用において損害が発生した場合、資金運用プランナーに対し、その損害の賠償を請求しない。ただし、資金運用プランナーに不正または重大な過失があった場合は、この限りではない。

第4章　会計処理・税務処理

（会計処理）
第19条　会社は、資金運用によって会社が得た利益または損失について、適正に会計処理を行う。
（税務処理）
第20条　会社は、資金運用によって会社が得た利益または損失について、適正に税務処理を行う。
（専門家の指導）
第21条　会社は、前2条に定める会計処理および税務処理について、必要に応じ、税理士、公認会計士等の専門家に意見を求める。
（付則）
　　この規程は、　　年　月　日から施行する。

第4節　在庫管理規程

1　規程の趣旨

　経営を円滑に遂行するためには、商品や原材料について一定量の在庫を持つ必要がある。

　必要が生じた都度、必要な量の商品や原材料を購入し、在庫はいっさい保有しないという経営方法も考えられるが、一般的には、そのような経営方針はあまりにもリスクが大きい。

　在庫管理は、他の業務と同じように適正に行われる必要があるが、実際には「在庫量が過剰となる」、「実在庫量と帳簿上の在庫量との間に差異が生じる」、「存在すべき在庫が存在していない」などの問題が生じる。

　在庫管理を適正に行うため、合理的なルールを定めることが望ましい。

2　規程の内容

（1）受入れと払出し

　棚卸資産の受入れと払出しについて、一定の手順を定める。

〈受入れと払出しの手順〉

受入れ	払出し
① 発注書と納品書との照合を行い、数量、品質、欠陥の有無等を確認する ② 棚卸資産の受入れは、検収によって確定する ③ 検収が終了したときは、速やかに検収報告書を作成し、品名、数量および検収終了日等を記載する	① 払出しは、出荷指図書または払出依頼伝票による ② 出荷指図書または払出依頼伝票に記載されている数量を超えて払出さないこと ③ 倉庫部門の担当者が払出の現場に立ち会う。払出しを請求部署の担当者に任せない

（2）受払いの記録

棚卸資産の受払いを行ったときは、その都度受払台帳に、品名、規格または仕様、数量および年月日などを記載する。

なお、内部統制のため、棚卸資産の受払いと受払台帳への記載とは、別の者に行わせるのがよい。

（3）棚卸

棚卸について、
① 毎月末に帳簿棚卸を、期末に実地棚卸を行う
② 実地棚卸を行ったときは、その結果を社長ならびに経理部長に報告する
③ 実地棚卸の結果、実在庫量と帳簿残高との間に差異があることを確認したときは、その原因を調査し、帳簿残高を修正する。修正したときは、その内容を経理部長に報告する

などのルールを定める。

（4）処分の基準

棚卸資産の処分基準を定める。

3　モデル規程

在庫管理規程
第1章　総則

（総則）
第1条　この規程は、棚卸資産の在庫管理について定める。
2　棚卸資産とは、商品、製品、半製品、原材料など、棚卸資産として帳簿に計上されているものをいう。

（管理責任者）
第2条　棚卸資産の管理業務の所管は倉庫部とし、その責任者は倉庫部長とする。

（管理責任者の職務）
第3条　管理責任者の職務は、次のとおりとする。
（1）棚卸資産の受払いを管理すること

（2）棚卸資産の受払いを記録し、その残高を明らかにしておくこと
（3）棚卸資産を整然と管理し、盗難・紛失等の事故防止に努めること
（4）棚卸資産の実査を定期的に行い、帳簿残高との照合を行うこと
（5）棚卸資産管理の効率化およびコストの低減について調査研究すること
（6）その他棚卸資産の管理に関すること

第2章　受払い

（受入れ）

第4条　棚卸資産の受入れは、次による。

（1）仕入発注品

発注書と納品書との照合を行い、数量、品質、欠陥の有無等を確認する。

（2）社内生産品

製造報告書と付き合わせ、数量、品質、欠陥の有無等を確認する。

（受入れの確定）

第5条　棚卸資産の受入れは、検収によって確定する。

（検収報告書）

第6条　管理責任者は、検収が終了したときは、速やかに検収報告書に、次の事項を記載しなければならない。

（1）品名、規格
（2）受入れ数量
（3）検査に合格した数量、合格しなかった数量
（4）検収終了日
（5）検収担当者
（6）その他必要事項

（受入れについての担当者への周知事項）

第7条　管理責任者は、仕入発注品の受入れについて、担当者に、次の事項を周知させなければならない。

（1）発注書がないものは受入れないこと
（2）発注書に記載されている数量を超えて受入れないこと

第11章　個別業務の管理

（3）受入れの現場に立ち会うこと。受入れを納入業者に任せないこと
（4）品名、規格、仕様、数量等が発注書と異なるときは、直ちに報告すること

（払出し）

第8条　棚卸資産の払出しは、出荷指図書または払出依頼伝票による。

（払出しについての担当者への周知事項）

第9条　管理責任者は、棚卸資産の払出しについて、担当者に、次の事項を周知させなければならない。
（1）出荷指図書または払出依頼伝票がないものについては払出さないこと
（2）出荷指図書または払出依頼伝票に記載されている数量を超えて払出さないこと
（3）出荷指図書または払出依頼伝票に請求部署の責任者の印鑑が押印されていることを確認すること
（4）払出の現場に立ち会うこと。払出しを請求部署の担当者に任せないこと

（受払いの記録）

第10条　管理責任者は、棚卸資産の受払いを行ったときは、その都度受払台帳に、次の事項を正確に記載しなければならない。
（1）品名、規格または仕様
（2）数量
（3）受払年月日
（4）受払先
（5）受払を行った者の氏名
（6）その他必要事項

（担当者の分離）

第11条　管理責任者は、内部統制のため、棚卸資産の受払い業務と受払台帳への記載業務とは、原則として別の者に行わせなければならない。

（会計データとの照合）

第12条　経理部長は、在庫の受払いの記録と会計データが一致しているか

を毎月定期的に確認しなければならない。

2　在庫の受払いの記録と会計データが一致していないことが確認されたときは、管理責任者とともにその原因を調査しなければならない。

（盗難等の防止）

第13条　管理責任者は、棚卸資産が盗まれたり、紛失したりすることがないよう、細心の注意を払わなければならない。

2　棚卸資産が盗まれたり、紛失したりしたときは、直ちに総務部長に通報したうえで警察に届け出るものとする。

（損害保険の付保）

第14条　管理責任者は、棚卸資産について、事故および災害に備えて損害保険を付保しなければならない。

2　損害保険の付保事務は、総務部において行う。

第3章　棚卸

（棚卸の方法）

第15条　棚卸の方法は、次による。

（1）帳簿棚卸

（2）実地棚卸

2　実地棚卸とは、帳簿棚卸で継続記録されている棚卸資産残高が実際の残高と合致しているかどうかを確認することをいう。

（棚卸の実施時期）

第16条　管理責任者は、毎月末に帳簿棚卸を、期末に実地棚卸を行わなければならない。

2　前項の定めにかかわらず、災害などの事故により棚卸資産に重大な影響が生じたときは、直ちに実地棚卸を行わなければならない。

3　実地棚卸を行ったときは、その結果を社長ならびに経理部長に報告しなければならない。

（帳簿残高の修正）

第17条　管理責任者は、実地棚卸の結果、実在庫量と帳簿残高との間に差異があることを確認したときは、その原因を調査し、帳簿残高を修正し

なければならない。
2　前項に定める帳簿残高の修正は、稟議書により、社長の決裁を得て行わなければならない。
3　帳簿残高を修正したときは、その内容を経理部長に報告しなければならない。

（処分）

第18条　管理責任者は、棚卸資産が次のいずれかに該当するときは、これを処分することができる。
　（1）著しく陳腐化・老朽化したとき
　（2）破損、品質変化等のため、通常の価格では販売できなくなったとき
　（3）災害により著しく損傷したとき
2　前項に定める処分を行うときは、あらかじめ社長に、次の事項を申し出て、その許可を得なければならない。
　（1）処分する資産の名称
　（2）処分する理由
　（3）処分する資産の数量
　（4）処分する年月日
　（5）処分する方法
　（6）その他必要事項
3　処分を実施したときは、その内容を経理部長に報告しなければならない。
4　経理部長は、処分した棚卸資産について、適正な会計処理を行う。

（付則）

　この規程は、　　年　月　日から施行する。

第5節　固定資産管理規程

1　規程の趣旨

　有形固定資産（建物・建物附属設備、機械・装置、土地その他）および無形固定資産（営業権、借地権・地上権、特許権その他）は、会社にとって、利益を創出する重要な手段であるとともに、経済的価値の大きい資産である。このため、有効かつ適正に管理しなければならない。

2　規程の内容

（1）管理責任者

　固定資産の管理を確実に行うため、その責任体制を定める。一般的には、総務部長が統括管理を行い、それを業務で使用する部門の長が個別管理を行うのが現実的であろう。

（2）取得等の決定手続き

　固定資産の取得・移動・売却・貸与・借入・廃棄・担保の設定等は、すべて取締役会の決定により行う。

（3）登記・登録と権利書等の保管

　管理責任者に対し、
① 　登記・登録を要する固定資産を取得したときは、速やかにその手続きを行うこと
② 　登記済権利証等、固定資産の権利に関する重要書類を厳重に保管すること

を義務づける。

（4）固定資産管理台帳の作成基準

　固定資産管理台帳の作成基準を定める。

（5）現物照合

　各部門の長は、所管の固定資産について、毎年度末に現物と固定資産台帳との照合を行うものとする。

第11章　個別業務の管理

（6）損害保険等の付保

火災等により損害を受ける恐れのある固定資産については、保険を付すものとする。

（7）減価償却

固定資産の減価償却の方法を定める。

3　モデル規程

固定資産管理規程
第1章　総則

（目的）

第1条　この規程は、固定資産の管理について定める。

（固定資産の範囲）

第2条　この規程において「固定資産」とは、長期にわたり事業の用に供している資産または将来事業の用に供することを目的として所有する資産をいい、次のとおりとする。

（1）有形固定資産

① 建物・建物附属設備

② 機械・装置

③ 車両

④ 工具・器具・備品

⑤ 土地

⑥ 建設仮勘定

（2）無形固定資産

① 営業権

② 借地権・地上権

③ 知的財産（特許権、商標権、意匠権、実用新案権、その他）

（管理の基本方針）

第3条　固定資産については、その重要性に鑑み、確実な保全と円滑な運用を図るものとする。

（管理責任者）

第4条 固定資産は、総務部長が統括管理を行い、それを業務で使用する部門の長が個別管理を行う。

第2章　固定資産の取得等

（取得等の決定手続き）
第5条 固定資産の取得・移動・売却・貸与・借入・廃棄・担保の設定等は、すべて取締役会の決定により行う。
（購入の方法）
第6条 固定資産を購入は、原則として見積もり合わせによって行う。
2　総務部長は、固定資産について請負工事を行うときは、請負業者を適正に選定し、かつ、工事の進捗状況を適切に管理しなければならない。
（取得・借入）
第7条 固定資産を取得するとき、または借り入れるときは、その固定資産を使用する部門長が検収を行うものとする。
（取得価額）
第8条 固定資産の取得価額は、次のとおりとする。
（1）購入によるもの
購入価額および付随費用の合計額
（2）工事によるもの
工事原価または請負工事費および付随費用の合計額
（3）交換によるもの
交換のために提供した資産の帳簿価額と支出した差金の合計額
（4）贈与または代物弁済によるもの
受入れ時の評価額（総務部長が決定する）
（登記・登録）
第9条 総務部長は、登記または登録を要する固定資産を取得したときは、速やかにその手続きを行わなければならない。
（権利書等の保管）
第10条 総務部長は、登記済権利証、許認可証等、固定資産の権利に関する重要書類を厳重に保管しなければならない。

第11章　個別業務の管理

第3章　固定資産の管理

（固定資産管理台帳）

第11条　経理部長は、次の種類別に固定資産管理台帳を作成しなければならない。

（1）建物・建物附属設備

（2）機械・装置

（3）車両

（4）工具・器具・備品

（5）土地

（6）無形固定資産

2　固定資産管理台帳には、次の事項を正確に記載しておかなければならない。

（1）資産の名称、種類

（2）管理部門、所在場所

（3）製作者、製作年月日

（4）型式、構造、能力等

（5）取得年月日

（6）取得価格

（7）耐用年数

（8）減価償却の方法、償却率、残存価格

（9）年度償却額、償却累計額

（10）その他必要事項

3　経理部長は、固定資産管理台帳を作成したときは、その写しを所管部門の長に送付するものとする。

（保守点検）

第12条　各部門の長は、所管の固定資産について、定期的に点検し、必要に応じて補修・修理・取替え等の措置を講じなければならない。

2　補修・修理・取替え等の措置を講ずるときは、あらかじめ稟議書により社長の決裁を得なければならない。

（現物照合）

第13条 各部門の長は、所管の固定資産について、毎年度末に現物と固定資産台帳との照合を行わなければならない。

2　照合の結果、固定資産台帳との間に差異があることを見つけたときは、速やかに総務部長に報告しなければならない。

3　経理部長は、すべての固定資産について、その現物照合に立ち会うものとする。

（損害保険等の付保）

第14条　総務部長は、火災等により損害を受ける恐れのある固定資産については、保険を付さなければならない。

2　保険金の額は、次の事項を総合的に勘案して決定するものとする。

　（1）取得金額

　（2）時価

　（3）保険料

3　保険を付したときは、その内容を所管部門の長に報告するものとする。

（保険事故の処理）

第15条　各部門の長は、所管の固定資産のうち保険を付保したものについて事故が発生したときは、速やかに総務部長に報告しなければならない。

2　総務部長は、部門の長から報告を受けたときは、速やかに保険会社に連絡し、保険金受取りの手続きを取るものとする。

（資本的支出および修繕費）

第16条　有形固定資産の価値を増加するため、または耐用年数を延長するために要した費用については、これをその有形固定資産の取得価額に加算する。

2　有形固定資産の現状を維持するために要した費用は、これを修繕費として処理する。

（減価償却）

第17条　固定資産については、毎期、次の方法により減価償却を行う。

　（1）有形固定資産（土地および建設仮勘定を除く）
　　　　定率法による。

　（2）無形固定資産

第11章　個別業務の管理

　　定額法による。
2　減価償却の基準となる耐用年数および償却率は、法令の定めるところによる。
（付則）
　この規程は、　　年　月　日から施行する。

第6節　顧客情報管理規程

1　規程の趣旨

　経営にとって、顧客の個人情報はきわめて重要である。顧客情報を上手に利用することによって、業績を伸ばしたり、消費者のニーズにマッチした新商品を開発したり、あるいは消費者サービスを充実したりすることが可能となる。顧客情報の重要性は、いくら強調しても強調しすぎることはない。

　顧客情報の取扱いについては、消費者を保護するために、個人情報保護法が施行されている。会社は、個人情報保護法を遵守して顧客情報を適正に管理していくことが必要である。そのためには、顧客情報の管理に当たる社員に対して個人情報保護法の内容を正しく周知するとともに、顧客情報の取扱基準を明確にしておくことが望ましい。

2　規程の内容

（1）利用目的の特定

　個人情報保護法は、「個人情報を取り扱う事業者は、その利用目的をできる限り特定しなければならない」と定めている。このため、利用目的を特定して顧客情報を取り扱う旨定める。

（2）適正な取得

　個人情報保護法は、「個人情報を取り扱う事業者は、偽りその他不正な手段によって個人情報を取得してはならない」と定めている。このため、顧客情報は適正な方法で取得する旨定める。

（3）取得に際しての利用目的の明示

　個人情報保護法は、「個人情報を取り扱う事業者は、個人情報を取得したときは、速やかにその利用目的を本人に通知し、または公表しなければならない」と定めている。このため、本人から直接顧客情報を取得するときは、その利用目的を明示する旨定める。

（4）内容の正確性の確保

個人情報保護法は、「個人情報を取り扱う事業者は、利用目的の達成に必要な範囲内において、個人データを正確かつ最新の内容に保つよう努めなければならない」と定めている。このため、利用目的の達成に必要な範囲内において、顧客情報を正確かつ最新の内容に保つよう努める旨定める。

（5）顧客情報管理責任者

個人情報保護法は、「個人情報を取り扱う事業者は、その取り扱う個人データの漏えい、滅失または毀損の防止その他の個人データの安全管理のために必要かつ適切な措置を講じなければならない」と定めている。このため、顧客情報を安全に管理する責任者を選任するのがよい。

（6）顧客情報の禁止事項

顧客情報に関して、社員が行ってはならない事項を定める。

（7）閲覧等の手続き

社員が顧客情報を閲覧・コピー・撮影するときの手続きを定める。

（8）第三者への提供の制限

個人情報保護法は、「個人情報を取り扱う事業者は、法令に基づく場合のほかは、あらかじめ本人の同意を得ることなく個人データを第三者に提供してはならない」と定めている。このため、本人の同意を得ることなく、顧客情報を第三者に提供しない旨定める。

3　モデル規程

顧客情報管理規程
第1章　総則

（目的）

第1条　この規程は、顧客情報の管理について定める。

2　顧客情報の管理に関してこの規程に定めのない事項については、個人情報保護法の定めるところによる。

（顧客情報の定義）

第2条　この規程において「顧客情報」とは、顧客の氏名、住所、電話番号、性、生年月日、職業等、特定の個人を識別することのできる情報を

いう。
（社員の義務）
第3条 社員は、この規程を誠実に遵守して顧客情報を管理しなければならない。

2　顧客情報の管理について判断に迷うときは、上司の指示を求めるか、または、常識と良識をもって対応しなければならない。

第2章　利用目的および取得

（利用目的の特定）
第4条 会社は、利用目的を特定して顧客情報を取扱う。

2　会社は、特定された利用目的の達成に必要な範囲を超えて、顧客情報を利用しない。

3　業務上の都合により顧客情報を当初の利用目的の範囲を超えて利用するときは、あらかじめ本人の同意を得るものとする。

4　前2項の規定は、法令に定める場合については、適用しない。

（適正な取得）
第5条 会社は、顧客情報を適正な方法で取得する。

（取得しない顧客情報）
第6条 会社は、次に掲げる顧客情報は、取得しないものとする。
（1）思想、信条および宗教に関する事項
（2）人種、民族、社会的身分、門地、本籍地（所在都道府県に関する情報は除く）、身体・精神の障害、犯罪歴、その他社会的差別の原因となる事項
（3）その他取得することがふさわしくない事項

（取得に際しての利用目的の明示）
第7条 会社は、本人から直接顧客情報を取得するときは、その利用目的を明示する。ただし、人の生命、身体または財産の保護のために緊急に必要がある場合は、この限りではない。

2　業務上の都合により利用目的を変更したときは、変更した利用目的を本人に通知するものとする。

第11章　個別業務の管理

（内容の正確性の確保）
第8条　会社は、利用目的の達成に必要な範囲内において、顧客情報を正確かつ最新の内容に保つよう努めるものとする。

第3章　管理体制・管理方法

（顧客情報管理責任者）
第9条　会社は、顧客情報を安全に管理するため、顧客情報管理責任者（以下、「管理責任者」という）を選任する。
2　管理責任者は、顧客情報が外部に漏えいしたり、滅失したり、あるいは毀損したりすることがないよう、慎重に管理しなければならない。

（顧客情報の禁止事項）
第10条　社員は、いかなる事情があれ、顧客情報に関し、次に掲げることをしてはならない。
（1）不正にアクセスすること
（2）外部の者に漏えいすること
（3）業務以外の目的で使用すること
（4）不正に改ざんすること
（5）その他不正を行うこと

（閲覧等の手続き）
第11条　社員は、顧客情報を閲覧、コピーまたは撮影するときは、次の事項をあらかじめ管理責任者に申し出て、その許可を得なければならない。
（1）利用目的
（2）閲覧、コピーまたは撮影する顧客の範囲
（3）閲覧、コピーまたは撮影する顧客情報の範囲
（4）閲覧、コピーまたは撮影する日時
（5）コピーまたは撮影したものの取扱い
2　顧客情報をコピーまたは撮影したときは、その管理に十分注意しなければならない。

（社外への持ち出しの禁止）
第12条　社員は、顧客情報が記録されている媒体を社外に持ち出してはな

らない。

2 やむを得ない事情によって持ち出すときは、次の事項をあらかじめ管理責任者に申し出て、その許可を得なければならない。

（1）持ち出す目的

（2）情報を持ち出す顧客の範囲

（3）持ち出す顧客情報の範囲

（4）持ち出し先

（5）持ち出す日時

3 顧客情報を外部へ持ち出したときは、その管理に十分注意しなければならない。

（第三者への提供の制限）

第13条 会社は、本人の同意を得ることなく、顧客情報を第三者に提供しない。ただし、法令に定める場合は、この限りではない。

第4章 開示および訂正等

（本人への開示）

第14条 会社は、本人から本人の情報の開示を請求されたときは、開示する。ただし、次のいずれかに該当する場合は、その全部または一部を開示しないことがある。

（1）本人または第三者の生命、身体、財産その他の権利利益を害するおそれがある場合

（2）会社の業務の適正な実施に著しい支障を及ぼすおそれがある場合

（3）個人情報保護法以外の法令に違反することとなる場合

2 開示の請求を受理するに当たり、必要に応じて、本人であることを確認するものの提出を求めるものとする。

3 第1項ただし書きに定めるところにより顧客情報の全部または一部を開示しないことを決定したときは、本人に対し、速やかにその旨を通知する。

（顧客情報の訂正等）

第15条 会社は、本人から本人の情報の内容が事実でないという理由に

第11章　個別業務の管理

よってその内容の訂正、追加または削除（以下、この条において「訂正等」という）を求められた場合には、利用目的の達成に必要な範囲内において速やかに必要な調査を行い、その結果に基づき、内容の訂正等を行う。

2　内容の全部または一部について訂正等を行ったときは、本人に対し、速やかに次の事項を通知する。
　（1）訂正等の内容
　（2）訂正等を行った年月日

3　訂正等を行わないことを決定したときは、本人に対し、速やかにその旨を通知する。

（利用停止等）

第16条　会社は、本人から本人の情報の利用の停止または消去（以下、この条において「利用停止等」という）を求められた場合であって、その求めに理由があることが判明したときは、違反を是正するために必要な限度で、速やかに、その顧客情報の利用停止等を行う。ただし、利用停止等を行うことが困難な場合であって、本人の権利利益を保護するため必要な代替措置をとるときは、この限りではない。

2　内容の全部または一部について利用停止等を行ったときは、本人に対し、速やかに、次の事項を通知する。
　（1）利用停止等の内容
　（2）利用停止等を行った年月日

3　利用停止等を行わないことを決定したときは、本人に対し、速やかにその旨を通知する。

（苦情の処理）

第17条　会社は、顧客から顧客情報の取扱いに関して苦情が寄せられたときは、誠実に対応する。

第5章　不正行為への対応

（管理責任者への通報義務）

第18条　社員は、他の社員がこの規程に違反する行為を行ったことを知っ

たときは、次の事項を、速やかに管理責任者に通報しなければならない。
- （1）行った者の氏名、所属
- （2）行った行為の具体的な内容
- （3）その他知り得た事実

2　通報は、文書、口頭、電話、ファクシミリ、郵便、電子メール等、その方法は問わないものとする。

3　通報は、匿名で行うこともできる。

（事実関係の調査）

第19条　管理責任者は、社員から違反行為の通報があったときは、直ちに事実関係を調査しなければならない。

2　事実関係の調査に当たっては、通報者に対して迷惑がかからないよう、十分配慮しなければならない。

（適切な措置の実施）

第20条　管理責任者は、事実関係の調査の結果事実が確認されたときは、直ちに適切な措置を講じなければならない。

（付則）

この規程は、　　年　月　日から施行する。

第7節　雇用管理規程

1　規程の趣旨

　経営を円滑に進めるためには、一定の能力と意欲を備えた者を必要数だけ雇用することが必要である。
　会社は、ハローワークへの求人や新聞の求人広告などで社員を採用するわけであるが、「質」と「量」の両面において、業務上の必要性を的確に満たすことは、決して容易ではない。労働力としての「質」を重視すると、「量」が不足気味になる。逆に、労働力の「量」を重視すると、「質」が低下する可能性がある。
　業務上の必要性に応じて雇用管理を的確に行うために、その取扱基準を明確にしておくことが望ましい。

2　規程の内容

（1）募集・採用

　募集・採用について、採用の時期、採用人員数の決定基準、募集の方法、応募書類、採用選考の方法、採用内定の通知、採用内定の取消事由、採用の手続き、採用時の提出書類などを定める。

（2）採用基準

　社員の「質の確保」という観点から、採用の基準を明確にすることが望ましい。
　〈採用の基準〉

---

① 仕事について、熱意・意欲のあること
② 協調性のあること
③ 理解力、判断力のあること
④ 表現力のあること
⑤ 一般常識、教養のあること
⑥ 専門的な知識、技術を有すること（技術職の場合）

⑦　職務に関する知識、技術を有すること（中途採用の場合）
⑧　心身ともに健康であること

（3）配置・配置転換

配置および配置転換は、業務上の必要性によって決定する。

（4）退職の要件

退職の要件を定める。

〈退職の要件〉

①　自己の都合により退職を申し出て、会社が承認したとき
②　死亡したとき
③　定年に達したとき
④　契約期間が満了したとき
⑤　休職期間が満了し、復職できないとき
⑥　解雇されたとき

（5）解雇の要件

解雇の要件を定める。

〈解雇の要件〉

①　精神または身体の虚弱・障害等により、業務に耐えられないと認められるとき
②　能率または勤務成績が著しく不良で、就業に適さないと認められるとき
③　服務規律違反その他会社の秩序を乱す行為のあったとき
④　業務上やむを得ない事情により、事業の運営が困難となったとき
⑤　その他前各号に準ずるやむを得ない事情があるとき

（6）雇用調整の実施

業績不振のために雇用が過剰となったときは、一時休業または希望退職により雇用調整を実施する。

3 モデル規程

雇用管理規程

第1章 総則

（目的）
第1条 この規程は、社員の雇用管理について定める。
（所管）
第2条 雇用管理は、人事部の所管とし、その責任者は、人事部長とする。
（法令の遵守）
第3条 人事部長は、労働基準法、男女雇用機会均等法その他の法令を誠実に遵守して、雇用管理を行わなければならない。

第2章 募集・採用

（採用の時期）
第4条 社員の採用は、原則として毎年度行う。ただし、経営事情により、行わないことがある。
2　採用の時期は、次のとおりとする。
　（1）新卒者　　　　　4月1日付
　（2）中途採用者　　　会社が必要とするとき
（採用人員）
第5条 採用人員は、経営計画を踏まえ、学歴別・職種別に決定する。
（募集方法）
第6条 募集は、次の方法による。
　（1）学校・大学への求人
　（2）ハローワークへの求人
　（3）新聞広告
　（4）ホームページへの掲載
　（5）その他
（応募書類）
第7条 応募者に対して、次の書類の提出を求める。

（1）履歴書

（2）応募理由書

（3）その他必要書類

（採用選考）

第8条 採用選考は、次による。

（1）書類選考

（2）筆記試験

（3）適性検査

（4）面接試験

（採用基準）

第9条 採用の基準は、次のとおりとする。

（1）仕事について、熱意・意欲のあること

（2）協調性のあること

（3）理解力、判断力のあること

（4）表現力のあること

（5）一般常識、教養のあること

（6）専門的な知識、技術を有すること（技術職の場合）

（7）職務に関する知識、技術を有すること（中途採用の場合）

（8）心身ともに健康であること

（採用内定の通知）

第10条 採用選考によって採用を内定したときは、直ちに本人に通知する。

（採用内定の取消し）

第11条 採用内定者が次のいずれかに該当するときは、採用内定を取り消すことがある。

（1）採用内定の通知後10日以内に入社承諾書を提出しないとき

（2）学校・大学において、停学または退学の処分を受けたとき

（3）必要な単位を取得できないために卒業できないとき

（4）健康を著しく害し、業務に耐えられないと認められるとき

（5）応募書類の記載事項に重大な虚偽のあったとき

（6）刑事事件に関与して起訴されたとき

第11章　個別業務の管理

（採用手続き）

第12条　採用した者に対し、採用日から2週間以内に次の書類の提出を求める。
　（1）身元保証書
　（2）住民票記載事項証明書
　（3）卒業証明書（新卒者のみ）
　（4）年金手帳、雇用保険被保険者証（前職のある者のみ）
　（5）その他必要書類

2　身元保証人は、日本国内に居住し、かつ、経済力のある成人でなければならないものとする。

3　正当な理由がないにもかかわらず、第1項に定める書類を所定の期間内に提出しないときは、採用を取り消すことがある。

（試用期間）

第13条　採用後2ヶ月間は、社員としての適格性を判定するための試用期間とする。

第3章　配置・配置転換

（配置）

第14条　採用した者の配置は、業務上の必要性によって決定する。

（配置転換）

第15条　会社は、業務上必要であると認めるときは、配置転換を命令する。

（出向）

第16条　会社は、業務上必要であると認めるときは、他社への出向を命令する。

第4章　退職・解雇

（退職の要件）

第17条　社員が、次のいずれかに該当するときは、退職とする。
　（1）自己の都合により退職を申し出て、会社が承認したとき
　（2）死亡したとき

（3）定年に達したとき
（4）契約期間が満了したとき
（5）休職期間が満了し、復職できないとき
（6）解雇されたとき

（自己都合退職）

第18条　会社は、自己都合で退職する者に対し、辞職日の1ヶ月前までに退職届を提出することを求める。

（定年）

第19条　定年は、60歳とする。

2　退職日は、定年に到達した日の属する月の末日とする。

（再雇用）

第20条　定年退職する者が希望するときは、65歳まで嘱託として再雇用する。

（解雇）

第21条　社員が、次のいずれかに該当するときは、解雇することがある。
（1）精神または身体の虚弱・障害等により、業務に耐えられないと認められるとき
（2）能率または勤務成績が著しく不良で、就業に適さないと認められるとき
（3）服務規律違反その他会社の秩序を乱す行為のあったとき
（4）業務上やむを得ない事情により、事業の運営が困難となったとき
（5）その他前各号に準ずるやむを得ない事情があるとき

（解雇予告）

第22条　前条により解雇するときは、30日前までに予告するか、または平均賃金の30日分の予告手当を支払う。ただし、次に掲げる者は、この限りでない
（1）試用期間中であって、採用後14日以内の者
（2）懲戒解雇された者で、行政官庁の認定を受けた者

第11章　個別業務の管理

第5章　雇用調整

（雇用調整の実施）

第23条　業績不振のために雇用が過剰となったときは、雇用調整を実施する。

2　雇用調整は、次のいずれかによる。
　（1）一時休業
　（2）希望退職

（一時休業）

第24条　一時休業を実施するときは、その都度取締役会において、経営状況を踏まえ、次の事項を決定する。
　（1）実施部門
　（2）対象者の範囲、人数
　（3）実施期間
　（4）その他必要事項

（休業手当の支給）

第25条　一時休業の日については、給与を支給せず、その代わりに休業手当（平均賃金の60％）を支給する。

（雇用調整助成金）

第26条　一時休業を実施したときは、国に対して、雇用調整助成金の交付を申請する。

（希望退職）

第27条　希望退職を実施するときは、その都度取締役会において、経営状況を踏まえ、次の事項を決定する。
　（1）募集人員
　（2）募集対象者
　（3）募集対象部門
　（4）募集期間
　（5）退職金の優遇条件
　（6）退職日

2　募集期間の途中で応募者が募集人員に達したときは、その時点で募集

を打ち切るものとする。
3　募集期間の終了日においても応募者が募集人員に達しなかったときは、引き続き二次募集を実施する。
4　二次募集においても応募者が募集人員に達しなかったときの対応は、その時点で決定する。

（付則）

　この規程は、　　年　月　日から施行する。

第8節　人件費管理規程

1　規程の趣旨

　経営に要する経費の中で、社員の給与・賞与を中心とする人件費は相当の比重を占める。人件費が最大の経費であるという会社も少なくない。
　このように人件費は重要な経費であるから、合理的・効率的に管理しなければならない。管理が適切でないと、その金額が必要以上に増大し、経営を圧迫する。実際、倒産に追い込まれた会社について、その原因を検証すると、「人件費倒れ」が多いといわれる。
　人件費の管理について、一定の基準を定めておくことが望ましい。

2　規程の内容

（1）人件費の範囲
　はじめに、管理の対象とする人件費の範囲を定める。
〈人件費の範囲〉

①　月例給与（基本給、諸手当、時間外・休日勤務手当）
②　賞与
③　退職金
④　福利厚生費（法定福利厚生費、法定外福利厚生費）
⑤　募集・採用費
⑥　教育訓練費
⑦　非正規社員人件費

（2）人件費予算の作成
　人事部長は、毎年度、人件費予算を作成し、これを取締役会に提出し、その承認を求めるものとする。
〈人件費予算の作成基準〉

①　当年度の売上目標

② 当年度の社員数
③ 当年度の採用予定社員数、退職予定社員数
④ 法令の定め
⑤ その他必要事項

（3）実績の報告義務

人事部長は、年度が終了したときは、取締役会に対し、遅滞なく人件費の実績を報告する。実績と予算との間に差異が生じたときは、その原因を分析し、その結果を報告する。

3 モデル規程

人件費管理規程

（総則）
第1条　この規程は、人件費の管理について定める。
（人件費の範囲）
第2条　この規程において、人件費の範囲は、次のとおりとする。
　（1）月例給与
　　① 基本給
　　② 諸手当
　　③ 時間外・休日勤務手当
　（2）賞与
　（3）退職金
　（4）福利厚生費
　　① 法定福利厚生費
　　② 法定外福利厚生費
　（5）募集・採用費
　（6）教育訓練費
　（7）非正規社員人件費
（所管）
第3条　人件費の管理は人事部の所管とし、その責任者は、人事部長とする。

第11章　個別業務の管理

（管理責任者の責務）

第4条　人事部長は、人件費の合理的・効率的な支出に努めなければならない。

（人件費予算の作成）

第5条　人事部長は、毎年度、人件費予算を作成し、これを取締役会に提出し、その承認を求めなければならない。

2　人件費予算は、次の事項を総合的に勘案して作成しなければならない。

　（1）当年度の売上目標

　（2）当年度の社員数

　（3）当年度の採用予定社員数、退職予定社員数

　（4）法令の定め

　（5）その他必要事項

3　人件費予算の作成に当たっては、関係各部長と十分協議しなければならない。

（人件費の管理）

第6条　人事部長は、人件費が取締役会において承認された額を超えることのないよう十分に注意を払わなければならない。

（人件費予算の修正）

第7条　人事部長は、取締役会において承認された人件費予算を修正する必要があると認めるときは、取締役会に、次の事項を申出ることができる。

　（1）修正を必要とする理由

　（2）修正の内容

　（3）修正の実施日

（実績の報告義務）

第8条　人事部長は、年度が終了したときは、取締役会に対し、遅滞なく人件費の実績を報告しなければならない。

2　実績と予算との間に差異が生じたときは、その原因を分析し、その結果を報告しなければならない。

（付則）

　この規程は、　　年　月　日から施行する。

第9節　グループ会社管理規程

1　規程の趣旨

　会社の中には、子会社や関連会社を有し、グループを形成しているところが少なくない。最近は、持株会社が解禁されていることから、持株会社（ホールディングカンパニー）を中心とするグループを形成している会社もある。

　グループを形成している場合には、グループとしての一体性・統一性を確保することが必要である。子会社や関連会社が「独立採算主義」という理由をつけて勝手に経営を展開するのは好ましくない。独立採算主義は重要ではあるが、それがあまりにも拡大解釈されて子会社や関連会社が独走・暴走するのはよくない。

　グループを形成している会社の場合は、グループとしての一体性・統一性を確保するため、グループ会社の管理基準を定めることが望ましい。

2　規程の内容

（1）承認事項

　グループの一体性・統一性・健全性の確保のため、親会社（中核会社）による承認事項を定める。

〈親会社の承認事項〉

①　経営方針（中期経営方針、年度経営方針）
②　事業計画（中期経営計画、年度経営計画）
③　株主総会付議事項
④　重要な事業の開始および撤退
⑤　重要な資産の取得および処分
⑥　多額の資金の借入れ
⑦　重要な動産・不動産に対する質権・抵当権の設定
⑧　重要な組織の新設、統廃合
⑨　幹部社員の人事

⑩　重要な規程の制定、改廃
⑪　重要な労働条件の変更
⑫　訴訟に関すること
⑬　その他経営上重要な事項

（2）取締役会議事録の提出
　グループ会社は、取締役会を開催したときは、その議事録を親会社に提出する。
（3）報告事項
　グループ会社に対し、毎月、営業の概況を書面で親会社に報告することを求める。
（4）監査の実施
　会社は、内部統制のため、グループ会社の監査を行う。
（5）経営指導
　親会社は、財務、経理、営業、総務、情報管理、社員研修その他経営全般について、グループ会社の指導を行う。
（6）会議
　親会社は、グループ会社との意思疎通を密にし、グループ全体の業績の向上と経営の改善を図るために、定期的に、合同取締役会および担当者連絡会議を開催する。

3　モデル規程

グループ会社管理規程

（総則）
第1条　この規程は、グループ会社の管理基準について定める。
（目的）
第2条　この規程は、グループ会社の管理を適切に行い、グループ全体の経営の効率性・健全性を確保する目的で定める。
　2　「グループ会社」とは、会社が資本金の50％以上を出資している会社をいう。
（適用範囲）

第3条　この規程は、すべてのグループ会社に適用する。
（所管）
第4条　グループ会社の管理は、社長室で行う。
（基本方針）
第5条　グループ会社の管理は、次の基本方針に基づいて行う。
（1）それぞれの会社の自主性を尊重する。
（2）グループ全体の経営の効率化を追求する。
（3）会社は、グループ会社の競争力強化のために積極的に指導する。
（承認事項）
第6条　グループ会社は、次の事項について、会社の承認を得なければならない。
（1）経営方針
　① 中期経営方針
　② 年度経営方針
（2）事業計画
　① 中期経営計画
　② 年度経営計画
（3）株主総会付議事項
　① 事業報告
　② 計算書類および附属明細書
　③ 役員の選任、解任
　④ 役員の報酬、賞与、退職慰労金
　⑤ 増資、減資
　⑥ 定款の変更
　⑦ その他株主総会に付議する事項
（4）重要な事業の開始および撤退
（5）重要な資産の取得および処分
（6）多額の資金の借入れ
（7）重要な動産・不動産に対する質権・抵当権の設定
（8）重要な組織の新設、統廃合

第11章　個別業務の管理

　（9）幹部社員の人事
　（10）重要な規程の制定、改廃
　（11）重要な労働条件の変更
　（12）訴訟に関すること
　（13）その他経営上重要な事項

（取締役会議事録の提出）

第7条　グループ会社は、取締役会を開催したときは、その議事録を会社に提出しなければならない。

（報告事項）

第8条　グループ会社は、毎月次の事項を書面で会社に報告しなければならない。
　（1）営業概要
　（2）売上高
　（3）売上原価
　（4）販売費・一般管理費
　（5）営業利益
　（6）試算表
　（7）資金繰り
　（8）重要な契約

（監査の実施）

第9条　会社は、内部統制のため、「内部監査規程」の定めるところにより、グループ会社の監査を行う。

（経営指導）

第10条　会社は、財務、経理、営業、総務、情報管理、社員研修その他経営全般について、グループ会社の指導を行う。

（会議）

第11条　会社は、グループ会社との意思疎通を密にし、グループ全体の業績の向上と経営の改善を図るために、定期的に、次の会議を開催する。
　（1）合同取締役会
　（2）担当者連絡会議

（規程外事項の取扱い）

第12条 グループ会社の管理についてこの規程に定めのない事項で、重要な事項については、その都度稟議の上処理するものとする。

（付則）

この規程は、　　年　月　日から施行する。

第11章　個別業務の管理

第10節　印章管理規程

1　規程の趣旨

　会社にとって、印章（印鑑）はきわめて重要である。印章を押すことによって、契約の履行、金銭の支払、財産の処分・譲渡など、さまざまな権利と義務を発生させるからである。印章を悪用されると、会社は大きな損害、被害を被る。
　印章管理について合理的なルールを決め、そのルールに基づいて印章を取り扱うことが必要である。

2　規程の内容

（1）印章の種類
　会社で使用する印章の種類を決める。
（2）管理責任者
　印章ごとに、保管、押印の管理責任者を決める。
（3）押印の手続き
　書類への押印について、合理的な手続きを明確にしておく。

3　モデル規程

印章管理規程

（総則）
第1条　この規程は、会社の業務で使用する印章の取扱いを定める。
（印章の種類）
第2条　業務で使用する印章は、次のとおりとする。
　（1）代表取締役印
　（2）社印
　（3）銀行取引印
　（4）部門長印

（5）部門印

（印章管理責任者）

第3条　印章の保管および押印の責任者は、次のとおりとする。

　（1）代表取締役印―――総務部長

　（2）社印―――総務部長

　（3）銀行取引印―――経理部長

　（4）部門長印―――各部門長

　（5）部門印―――各部門長

（申請）

第4条　社員は、印章の押印を必要とするときは、印章管理者に申請するものとする。

（押印）

第5条　印章の押印は、印章管理責任者が行う。ただし、印章管理責任者が不在のときは、あらかじめ定められた代行者が行う。

（押印簿）

第6条　印章管理責任者は、印章を押印したときは、押印簿に次の事項を正確に記載しなければならない。

　（1）押印日

　（2）印章名

　（3）書類名

　（4）提出先

　（5）枚数

　（6）申請者（所属、氏名）

　（7）押印者

（事故報告）

第7条　印章管理責任者は、自己の管理する印章に盗難、紛失等の事故が起きたときは、速やかに総務部長に届け出なければならない。

（付則）

　この規程は、　　年　月　日から施行する。

第11章　個別業務の管理

(様式) 押印簿

押印簿

押印年月日	印章名	書類名	提出先	枚数	申請者所属	氏　　名	押印者

第12章　内部統制システム

第1節　稟議規程

第2節　業務監査規程

第3節　内部通報規程

第4節　身元保証規程

第5節　人事ローテーション規程

第12章　内部統制システム

第1節　稟議規程

1　規程の趣旨

　会社は、さまざまな場面で意思決定を迫られる。経営環境は激しく変化するから、意思決定は、迅速・的確に行うことが必要である。意思決定が迅速かつ的確に行われないと、経営に著しい支障が生じる。

　意思決定を迫られる事案には、重要なものもあれば、それほど重要ではないものもある。重要度の低いものの意思決定は担当者本人に任せても差し支えないが、重要な事案は、幹部社員や役員が対応を協議した上で、社長が最終的な決裁をするのが合理的である。

　業務遂行上の重要な事項について、担当者がその処理方法を起案し、係長→課長→部長→担当役員という順序でチェックし、さらに関係する役職者の判断を求めた上で、最終的に社長が決裁する仕組みを、一般に「稟議制度」という。多くの会社で採用されている意思決定制度である。

　稟議制度は、日本の社会的な風土に合った内部統制ルールといえる。

2　規程の内容

（1）稟議事項
　業務の内容、組織の規模などを踏まえ、稟議事項を具体的に定める。
（2）事前稟議の原則
　稟議は、必ず事前に諮らなければならないものとする。ただし、緊急やむを得ない事情があるときは、口頭により社長の決裁を得て実施することができるものとする。
（3）審査の区分
　各審議者は、次に掲げる区分により、速やかに事案を審査する。
　・原案を承認する
　・条件付で承認する
　・原案を否認する

（4）社長決裁の区分

　総務部長は、審議者による審査の終了した事案につき、社長の決裁を受ける。社長決裁の区分は、次のようにするのが現実的であろう。

・承認―――原案どおり

・条件付承認―――条件を付けて承認する

・保留―――決済を一時保留する

・否認―――原案を否認する

（5）懲戒処分

　稟議制度の実効性を確保するため、社員が、次に該当するときは懲戒処分の対象となる旨を明確にする。

① 稟議事項について稟議の手続きを取らなかったとき

② 稟議書に虚偽を記載したとき

③ 合理的な理由がないにもかかわらず、決裁された事項について、決済日から3ヶ月を経過しても実施しなかったとき

3　モデル規程

稟議規程

（総則）

第1条　この規程は、稟議の手続を定める。

（定義）

第2条　この規程において「稟議」とは、所定の稟議事項について、役員および関係役職者が審査し、社長が決裁することをいう。

（稟議の目的）

第3条　稟議は、会社としての意思決定を迅速かつ的確に行い、業務を円滑かつ適正に推進する目的で行う。

（稟議事項）

第4条　稟議事項は、別表のとおりとする。

（稟議の原則）

第5条　稟議は、必ず事前に諮らなければならない。ただし、緊急やむを得ない事情があるときは、口頭により社長の決裁を得て実施することが

できる。

2　前項のただし書きによる場合は、事後速やかに稟議書を提出しなければならない。

（起案者の範囲）

第6条　起案者は、役職者とする。

2　稟議が社長決裁において承認されたときは、起案者が実施責任者となる。

（稟議事項の範囲）

第7条　稟議事項は、自己の所管業務に関するものに限る。

2　稟議事項が複数の部門に渉るときは、関係部門で協議を行い、起案者を決定するものとする。

（稟議書の記載事項）

第8条　起案者は、所定の稟議書に次の事項を記載し、総務部長に提出するものとする。

（1）件名

（2）起案年月日

（3）起案者の氏名、所属

（4）起案の内容

（5）その他必要事項

2　稟議書だけでは稟議内容を説明できないときは、必要に応じて関係書類を添付することができる。

（総務部長の受理）

第9条　総務部長は、提出された稟議書について、前条第1項に規定された事項が記載されているときは、これを受理する。

2　提出された稟議書に形式的な不備があるときは、起案者に対し、その訂正を求めることができる。

3　稟議書を受理したときは、稟議整理簿に、次の事項を記録する。

（1）整理番号

（2）受理年月日

（3）起案部門、起案者

（4）件名
（審議先の決定）

第10条 総務部長は、稟議事項に関係の深い審議先を決定し、審査を依頼する。

（審査の区分）

第11条 各審議者は、次に掲げる区分により、速やかに事案を審査する。審査を終えたときは、速やかに、次の審議者に稟議書を回付する。
（1）原案を承認する場合―――承認欄に押印する
（2）条件付で承認する場合―――条件付承認欄に押印し、その理由と条件を付記する
（3）原案を否認する場合―――否認欄に押印し、その理由を付記する

（社長決裁）

第12条 総務部長は、審査の終了した事案につき、社長の決裁を受ける。社長に事故あるときは、副社長の決裁を受ける。
2　社長決裁の区分は、次による。
（1）承認―――原案どおり
（2）条件付承認―――条件を付けて承認する
（3）保留―――決済を一時保留する
（4）否認―――原案を否認する

（決裁後の措置）

第13条 稟議について社長決裁が行われたときは、総務部長は、稟議整理簿に、次の事項を記載する。
（1）決裁年月日
（2）決裁の区分
2　総務部長は、決裁された稟議書のコピーを取り、そのコピーを起案者に送付するとともに、原本を保存する。

（決済事項の実施）

第14条 実施責任者は、決済された事項を速やかに実施しなければならない。
2　決済日以降3ヶ月を経過しても実施されない場合は、その決裁は無効

第12章　内部統制システム

とする。ただし、あらかじめ一定の期間を付して決裁されたものは、その期間が経過したときに無効とする。
3　実施責任者は、実施に当たって、次のことに留意しなければならない。
（1）決裁の内容に沿って実施すること
（2）効率的・効果的に実施すること
（3）関係法令を遵守して実施すること
4　決裁された事項を実施したときは、審議者に対し、その結果を報告しなければならない。

（懲戒処分）
第15条　社員が、次に該当するときは、懲戒処分の対象となる。
（1）稟議事項について稟議の手続きを取らなかったとき
（2）稟議書に虚偽を記載したとき
（3）合理的な理由がないにもかかわらず、決裁された事項について、決済日から3ヶ月を経過しても実施しなかったとき
（4）その他この規程に違反したとき

（付則）
　　この規程は、　　年　月　日から施行する。

（別表）稟議事項

部門	稟議事項
部門共通	年度事業方針 年度事業計画 年度予算 人員計画、要員計画 賞罰 備品の購入（1件〇万円以上） 経費の支出（1件〇万円以上） 取引先接待費・慶弔見舞金（1件〇万円以上） 資産の処分 規則・規程の制定、改廃

営業部	販売条件の決定、変更 販売契約の締結（1件○万円以上） 与信額の設定、変更 新規取引の開始
経理部	全社年度予算 年度決算方針 資金の借入れ 余剰資金の運用 税務の取扱い、税務当局との折衝
人事部	採用計画 採用条件、採用の可否 新規採用者の配置 昇給 賞与 昇進、昇格 人事制度の実施、改正 社員教育の実施
総務部	会社行事の実施 寄付金、賛助金 外部団体への加入、退会
工場	生産設備の増設 設備の修理 原材料の購入（1件○万円以上） 安全衛生対策の実施
研究所	年度主要研究テーマの決定、変更 研究設備の購入、廃棄 学会への加入、退会

第12章　内部統制システム

（様式１）稟議書

稟議書

1　起案日・起案者

起案日	年　月　日	起案者	所属	部　　課	氏名	印

2　受付・決裁日

受付日	年　月　日	整理番号		決裁日	年　月　日

3　起案内容

件名

起案内容

4　審議者・審議結果

	承認	条件付承認	否認	条件、理由
副社長				
取締役				
取締役				
部　長				
部　長				

5　社長決裁

承認	条件付承認	保留	否認	条件、理由

6　起案部門

取締役	部長	次長	課長	係長

(様式2) 稟議整理簿

整理番号	起案月日	起案部門	受理月日	件名	決裁月日	決裁区分	備考
	月　日		月　日		月　日	A B C D	
	月　日		月　日		月　日	A B C D	
	月　日		月　日		月　日	A B C D	
	月　日		月　日		月　日	A B C D	
	月　日		月　日		月　日	A B C D	
	月　日		月　日		月　日	A B C D	
	月　日		月　日		月　日	A B C D	
	月　日		月　日		月　日	A B C D	
	月　日		月　日		月　日	A B C D	

(注) 決裁区分の表示　A＝承認　B＝条件付承認　C＝保留　D＝否認

第2節　業務監査規程

1　規程の趣旨

　会社の各部門は、業務分掌規程で定められた業務を、法令および社内規程を遵守して適正に実施していくことが求められている。
　「会社の利益のため」、「部門の成績向上のため」あるいは「他社との競争に勝つため」、「コストを削減するため」といって、法令や社内規程に違反をすることは、絶対に許されない。
　会社としては、各部門がその本来の業務を法令および社内規程を遵守して適正に処理、遂行しているかどうかを、定期的に、あるいは必要に応じて随時、厳正に監査することが必要である。
　業務監査は、経営リスクを防止するための自己防衛策であり、内部統制の基本である。
　これまでに生じた会社の不祥事を検証すると、トップが「部門の責任者の良心を信用していたので、不正に気付かなかった」と釈明するケースが多い。しかし、部門の役職者と担当者の良心を信じて特段の業務監査は行わないという経営姿勢は、内部統制の観点からして大いに問題である。

2　規程作成のポイント

（1）担当部門
　業務監査の担当部門を定める。なお、業務監査の担当部門は、必要であると判断したときは、その業務の一部を外部の者に委嘱できるものとする。

（2）監査の対象業務
　業務監査の対象については、
　・会社の特定の業務だけを対象とする
　・すべての業務を対象とする
の2つがある。
　法令違反は、すべての部門において行われる可能性がある。また、すべ

ての部門が法令を誠実に遵守して業務を遂行することが求められる。このため、すべての業務、すべての部門を監査の対象とすることが望ましい。

（3）監査の種類

業務監査は、次の3種類とする。

・定期監査　定期的に実施する監査
・臨時監査　監査部門の長が必要と認めたときに臨時的に実施する監査
・特命監査　社長の特命により実施する監査

（4）監査担当者の心得

監査担当者の心得を明確にしておく。

〈監査担当者の心得〉

- 事前に関係資料に目を通し、監査事項についての問題点およびその手続き等を検討しておくこと
- 公正に監査すること
- 予見を持って臨まないこと
- 被監査部門の日常業務を阻害しないようにすること
- 監査結果の判断および意見の表明に当たっては、被監査部門の意見を参考にすること
- 業務上知り得た会社の秘密を他に洩らさないこと

（5）監査報告書の提出

監査部門は、業務監査を実施したときは、遅滞なく監査報告書を作成し、社長に提出する。

（6）改善の勧告と報告

監査部門は、業務監査の結果、業務の改善を必要とする事項があったときは、被監査部門の責任者に勧告する。

被監査部門の責任者は、監査部門から業務の改善事項を勧告されたときは、速やかに適切な措置を講じ、その結果を報告する。

第12章 内部統制システム

3 モデル規程

業務監査規程
第1章 総則

（総則）
第1条 この規程は、業務監査（以下、単に「監査」という）について定める。
（目的）
第2条 監査は、会社の業務が法令および会社の規則を遵守して適正に行われているかどうかを検証し、経営の健全性を確保するために実施する。

第2章 監査体制

（担当部門）
第3条 監査は、監査室が担当し、その責任者は、監査室長とする。
（監査の対象）
第4条 監査の対象は、会社のすべての業務とする。
2　各部門は、監査を拒否することはできない。
（監査室の権限）
第5条 監査室は、監査について、次の権限を有する。
（1）各部門で作成されているすべての書類、帳票、データその他いっさいの資料について、提出を求め、閲覧する権限
（2）各部門の役職者および担当者に対し、業務の遂行に関するいっさいの事項ついて、説明を求める権限
（3）各部門が管理するいっさいの施設に立ち入る権限
（4）その他監査目的を達成するために必要とされる権限
（監査の方法）
第6条 監査は、次の方法で行う。
（1）書類、帳票等の閲覧
（2）データの閲覧
（3）書類、帳票、データ等の資料への記載事項と現物との照合

（4）役職者、担当者からの聴取
（5）施設への立入り

（監査の種類）

第7条 監査は、次の3種類とする。
（1）定期監査　　定期的に実施する監査
（2）臨時監査　　監査室長が必要と認めたときに臨時的に実施する監査
（3）特命監査　　社長の特命により実施する監査

（監査計画の作成）

第8条 監査室長は、毎年度、定期監査について監査計画を作成し、取締役社長の承認を得なければならない。

2　監査計画には、次の事項を盛り込まなければならない。
（1）監査の対象業務
（2）監査目的
（3）監査実施期間
（4）その他必要事項

（臨時監査の手続き）

第9条 監査室長は、臨時監査を実施するときは、あらかじめ、次の事項を取締役社長に申し出て、その承認を得なければならない。
（1）監査の対象業務
（2）監査目的
（3）監査実施期間
（4）その他必要事項

（委嘱）

第10条 監査室長は、必要であると判断したときは、その業務の一部を外部の者に委嘱することができる。

2　委嘱する業務は、次のものとする。
（1）その内容が専門的な知識または技術を必要とするものであること
（2）その内容が特殊なものであること

3　委嘱に当たっては、会社の秘密が漏えいすることのないよう、十分注

意しなければならない。

第3章　監査の実施

（被監査部門への予告）

第11条　監査室長は、業務監査を実施するときは、被監査部門に対し、あらかじめ、次の事項を通知するものとする。

（1）監査事項
（2）監査の方法
（3）監査実施期間
（4）監査担当者の氏名
（5）その他必要事項

2　前項の規定にかかわらず、監査目的を達成するために必要と認めたときは、その一部または全部の通知を省略することができる。

（実施時期の変更の申入れ）

第12条　各部門は、監査の実施により部門業務に著しい支障が生じる見込みがあるときは、監査室長に対して、監査実施時期の変更を申し入れることができる。

2　監査室長は、部門から監査実施時期の変更の申入れがあったときは、これを受け入れ、他の時期に変更しなければならない。

（監査担当者の心得）

第13条　監査担当者は、監査に当たり、次の事項に留意しなければならない。

（1）事前に関係資料に目を通し、監査事項についての問題点およびその手続き等を検討しておくこと
（2）公正に監査すること
（3）予見を持って臨まないこと
（4）被監査部門の日常業務を阻害しないようにすること
（5）監査結果の判断および意見の表明に当たっては、被監査部門の意見を参考にすること
（6）業務上知り得た会社の秘密を他に洩らさないこと

（被監査部門の義務）

第14条　被監査部門は、監査に積極的に協力しなければならない。

（監査調書の作成）

第15条　監査担当者は、監査を行ったときは、監査調書を作成しなければならない。

2　監査調書には、次の事項を記載しなければならない。

　（1）閲覧した書類、帳票等の名称とその概要
　（2）閲覧したデータの名称とその概要
　（3）書類、帳票、データ等の資料と現物とを照合したときは、その結果
　（4）聴取した役職者、担当者の氏名、役職名と聴取概要
　（5）施設へ立入ったときは、その名称と監査結果
　（6）その他監査の経過を示す事項

第4章　監査報告書の提出

（監査報告書の提出）

第16条　監査室長は、監査を実施したときは、遅滞なく監査報告書を作成し、社長に提出しなければならない。

2　監査報告書には、次の事項を記載しなければならない。

　（1）監査業務
　（2）監査実施期間
　（3）監査部門
　（4）監査方法
　（5）監査結果
　（6）監査担当者の氏名
　（7）報告書作成日

3　監査報告書の写しを被監査部門に提出する。

（改善の勧告）

第17条　監査室長は、業務監査の結果、業務の改善を必要とする事項があったときは、被監査部門の責任者に改善を勧告しなければならない。

2　改善勧告書には、次の事項を記載しなければならない。

　（1）業務の名称

第12章 内部統制システム

（2）改善すべき理由
（3）その他必要事項
（改善の報告）
第18条 被監査部門の責任者は、前条に定めるところにより監査室長から業務の改善を勧告されたときは、速やかに適切な措置を講じ、その結果を監査室長に報告しなければならない。
（改善措置の確認）
第19条 監査室長は、被監査部門の責任者から業務の改善措置の報告を受けたときは、その内容を確認しなければならない。
2 改善を勧告したものについて、被監査部門の責任者が改善を実施しないときは、次の事項を社長に報告しなければならない。
（1）部門名
（2）改善を勧告した業務の名称
（3）改善すべき理由
（4）勧告を行った年月日
（5）改善が実施されない旨
（6）その他必要事項
（改善命令）
第20条 社長は、監査室長から、被監査部門の責任者が改善を実施しない旨の報告を受けたときは、被監査部門の責任者に対して改善の実施を命令する。

第5章 その他

（監査役による監査との関係）
第21条 この規程に定める監査は、会社法に定められた監査役による監査を妨げるものではない。
（監査役への協力）
第22条 監査室長は、監査役から監査への協力を求められたときは、積極的に協力しなければならない。
（監査の品質の向上等）

第23条 監査室長は、監査の品質向上と効率化に努めなければならない。
（懲戒処分）
第24条 監査室による監査を故意に妨害した者は、懲戒処分の対象となる。
（付則）
　この規程は、　　年　月　日から施行する。

様式（1）監査通知書

```
                                              年　月　日
　　部　　課長　　　殿
                                         監査室長_____
                    業務監査通知書
　次のとおり業務監査を行います。
```

（1）監査業務	
（2）監査実施期間	年　月　日（　）～　　年　月　日（　）
（3）監査担当者	
（4）監査の方法	□　書類、帳票等の閲覧 □　データの閲覧 □　書類、帳票、データ等の資料への記載事項と現物との照合 □　役職者、担当者からの聴取 □　施設への立入り □　その他（　　　　　　　　）
（5）その他	

　　　　　　　　　　　　　　　　　　　　　　　　　　　　以上

第12章　内部統制システム

様式（2）監査報告書

　　　　　　　　　　　　　　　　　　　　　　　　年　月　日

取締役社長_____殿

　　　　　　　　　　　　　　　　　　　　　　監査室長_____

　　　　　　　　　　　業務監査報告書

次のとおり業務監査報告をいたします。

（1）監査業務	
（2）監査実施期間	年　月　日（　）～　　年　月　日（　）
（3）監査担当者	
（4）監査事項	
（5）監査の方法	☐ 書類、帳票等の閲覧 ☐ データの閲覧 ☐ 書類、帳票、データ等の資料への記載事項と現物との照合 ☐ 役職者、担当者からの聴取 ☐ 施設への立入り ☐ その他（　　　　　　　　）
（6）監査結果	
（7）その他	

　　　　　　　　　　　　　　　　　　　　　　　　　　　以上

様式（3）改善勧告書

```
                                              年　月　日
　　　部　　　課長　　　　殿
                                         監査室長　　　　　　

                      業務改善勧告書
　次のとおり業務の改善を勧告いたします。

| （1）改善すべき業務 |  |
| （2）改善の内容     |  |
| （3）改善すべき理由 |  |
| （4）その他         |  |

                                                      以上
　注　①　業務を改善したときは、その旨報告すること。
　　　②　改善できないときは、その理由を報告すること。
```

様式（4）改善報告書

```
                                              年　月　日
　監査室長　　　　　　殿
                                    　　　部　　　課長　　　印

                      業務改善報告書
　次のとおり業務を改善したので報告いたします。

| （1）改善した業務 |                           |
| （2）改善した時期 | 年　月　日（　）～　年　月　日（　） |
| （3）改善の内容   |                           |
| （4）その他       |                           |

                                                      以上
　注　業務を改善したときは、速やかに報告すること。
```

第12章　内部統制システム

第3節　内部通報規程

1　規程の趣旨

　社内で法令違反や不正行為（談合、不正表示、横領、着服、セクハラその他）が行われたときに、それに最初に気が付くのは、社員である。もちろん、外部の消費者や関係官庁から指摘されて気が付くというケースもあるが、現実的には、同僚や部下が発見するというケースのほうが多い。
　このため、社員による法令違反や不正行為の拡大を防止し、早めに適切な措置を講じるという観点からすると、違反や不正の事実を知った社員が社内のしかるべき部門に通報するという「内部通報制度」を整備するのがよい。
　社員から通報があったときは、直ちに事実関係を調査する。調査の結果、法令違反や不正行為が行われていること、あるいは行われたことが確認されたときは、会社として、しかるべき措置を講じる。
　内部通報制度については、「社員相互の信頼関係を損なうのではないか」、「日本の風土に適した制度といえるのか」という厳しい意見も聞かれる。確かに、それは、1つの意見として尊重すべきであろう。
　しかし、ひとたび法令違反を起こすと、会社の信用が著しく失墜し、経営危機を招くという「厳しい現実」がある。
　会社のリスクマネジメントという現実的な観点からすると、内部通報制度は、やむを得ない制度といえよう。

2　規程の内容

（1）通報の義務
　社員に対し、社内において法令違反・不正行為が行われたこと、または行われていることを知ったときは、直ちに会社に通報することを義務付ける。

(2) 通報の方法

通報の方法を定める。

社員の立場からすると、自分の名前を名乗って通報することについては、大きな抵抗がある。「通報したことが相手に知れたら報復されるのではないか」、「自分の名前が知れたら、職場で孤立するのではないか」という心配もある。

実際、社内の法令違反行為、不正行為を通報することは、大変な勇気を要することである。

このため、通報の方法（口頭、電話、郵便、FAX、電子メール等）は本人の選択に委ね、かつ、匿名による通報も認めるのがよい。

(3) 事実関係の調査

社員から通報があったときは、直ちに事実関係を調査する。調査に当たっては、通報者に迷惑がかからないように十分配慮する。

(4) 社長への報告と中止命令

調査の結果、法令違反・不正行為が行われたことを確認したときは、社長に報告する。

社長は、法令違反・不正行為を行った者に対し、その行為を繰り返さないよう命令する。

(5) 懲戒処分

法令違反・不正行為を行った社員を懲戒処分に付する。

〈処分の決定基準〉

・法令違反、不正の程度
・動機、目的
・法令違反、不正が行われた期間、回数

(6) 報復行為の禁止

法令違反行為、不正行為を会社に通報された社員が通報した社員に対し、報復行為をすることが予想される。通報され、事実が発覚すると、会社から懲戒処分を受けると同時に、社内での信用が著しく低下するからである。また、通報する社員も、「通報したら相手から恨まれるだろう」と心配し

第12章　内部統制システム

ている。このため、
　・報復行為を行ってはならないこと
　・報復行為を行った者は懲戒処分の対象となること
を明確に定めておく。

3　モデル規程

内部通報規程

（総則）
第1条　この規程は、内部通報制度の取扱いを定める。
（目的）
第2条　内部通報制度は、法令を誠実に遵守する公正な経営を実践する目的で行う。
（通報の義務）
第3条　社員は、職場において法令違反が行われたことを知ったときは、直ちに、次の事項を会社に通報しなければならない。
　（1）法令違反の具体的な内容
　（2）法令違反を行った者の氏名、所属、または、法令違反が行われた部門名
　（3）法令違反が行われたことを知った経緯
　（4）その他法令違反に関すること
　2　社員は、職場において法令違反行為が行われたことを知りながら、それを黙認してはならない。
（通報先）
第4条　通報先は、「社長室」とする。
（通報の方法）
第5条　通報は、口頭、電話、電子メール、郵便、ファックスいずれでも差し支えないものとする。
　2　通報は、匿名で行うこともできる。
（通報者の保護）
第6条　社長室は、通報者の氏名は公表しないものとする。

（事実関係の調査）
第7条　社長室は、通報を受けたときは、直ちに事実関係を調査する。
2　調査に当たっては、通報者に迷惑が及ばないように十分配慮しなければならない。
3　調査の結果、法令違反が行われたことを確認したときは、直ちに社長に報告しなければならない。
4　調査の結果、法令違反が行われなかったことを確認した場合において、通報者の責任は問わないものとする。

（中止命令）
第8条　社長は、法令違反を行った者に対し、その行為を繰り返さないよう命令する。

（通報者へのフィードバック）
第9条　社長室は、法令違反を通報した者に対し、次の事項を報告する。ただし、匿名による通報の場合は、この限りではない。
　（1）事実関係の調査の結果
　（2）法令違反について会社が講じた措置の内容
2　フィードバックに当たっては、通報者に迷惑が及ばないように十分配慮するものとする。

（懲戒処分）
第10条　会社は、法令違反を行った社員を懲戒処分に付する。
2　処分の内容は、次の事項を総合的に勘案して決定する。
　（1）法令違反の程度
　（2）動機、目的
　（3）法令違反が行われた期間、回数
　（4）その他必要事項

（免責の制限）
第11条　社員は、次に掲げることを理由として懲戒処分を免れることはできない。
　（1）法令について正しい知識を有していなかったこと
　（2）会社の利益を図る目的で行ったこと

（3）個人的な利益を図る意思のなかったこと

（報復行為の禁止）

第12条　社員は、法令違反を会社に通報した社員に対し、通報したことを理由として、報復行為を行ってはならない。

（報復行為の通報）

第13条　法令違反を会社に通報した社員は、通報したことを理由として、他の社員から報復行為を受けたときは、次の事項を正確に、社長室に通報しなければならない。

　（1）報復行為の内容

　（2）報復行為が行われた日時

　（3）報復行為による被害の程度

　（4）その他報復行為に関すること

（事実関係の調査）

第14条　社長室は、社員から報復行為について通報を受けたときは、直ちに事実関係を調査する。

2　調査に当たっては、通報者に迷惑が及ばないように十分配慮しなければならない。

（中止命令）

第15条　社長室は、事実関係の調査の結果、報復行為が行われたことを確認したときは、報復行為を行った者に対し、その行為を繰り返さないよう命令する。

（懲戒処分）

第16条　会社は、報復行為を行った社員を懲戒処分に付する。

2　処分の内容は、次の事項を総合的に勘案して決定する。

　（1）報復行為の内容

　（2）報復行為の期間、回数

　（3）報復行為によって被害者が受けた被害の程度

　（4）その他必要事項

（付則）

　この規程は、　　年　月　日から施行する。

第4節　身元保証規程

1　規程の趣旨

　第三者に対し、社員が不正行為や重大な不注意によって会社に損害を与えた場合に、社員本人と連帯し、あるいは本人に代わってその損害を賠償することを求める契約を「身元保証契約」という。採用に当たって、1人あるいは2人程度の身元保証人を立てさせる慣行が広く行われている。
　身元保証制度は、代表的・典型的なリスクマネジメントといえる。

2　規程の内容

（1）身元保証書の提出
　社員として採用された者に対し、入社の日から一定期間内に身元保証書を提出することを義務づける。

（2）身元保証人の資格
　身元保証人は、日本国内に居住し、かつ、経済力のある成人でなければならないとする。

（3）住民票記載事項証明書等の添付
　身元保証書の偽造を防止するため、身元保証書に保証人の住民票記載事項証明書または印鑑証明書を添付させるのがよい。

（4）有効期間
　身元保証法の規定を踏まえて、身元保証契約の有効期間を定める。保証期間が経過したときは、必要に応じて、保証契約の更新を求めるものとする。

3　モデル規程

身元保証規程

（目的）
第1条　この規程は、身元保証制度について定める。
（身元保証書の提出）

第12章　内部統制システム

第2条　社員として採用された者は、入社の日から2週間以内に身元保証書を提出しなければならない。
2　正当な理由がないにもかかわらず、2週間以内に提出しないときは、採用を取り消すことがある。
（身元保証人の資格）
第3条　身元保証人は、日本国内に居住し、かつ、経済力のある成人でなければならない。
（住民票記載事項証明書の添付）
第4条　身元保証書には、保証人の住民票記載事項証明書を添付しなければならない。
（有効期間）
第5条　身元保証の有効期間は、5年とする。保証期間が経過したときは、必要に応じて、保証契約の更新を求めるものとする。
（身元保証人の変更）
第6条　社員は、保証期間の途中において、身元保証人に次に掲げる事由が生じたときは、新たに身元保証人を選任し、これを会社に届け出なければならない。
　（1）死亡したとき
　（2）保証能力を喪失したとき
　（3）保証契約を辞退したとき
（付則）
　この規程は、　　年　月　日から施行する。

第5節　人事ローテーション規程

1　規程の趣旨

　同一の仕事を長期間にわたって続けていると、その仕事に習熟し、要領をマスターするから、効率的に遂行できるようになる。しかし、その反面、仕事への緊張感が欠けるようになり、さまざまな問題が発生する恐れがある。場合によっては、取引先との癒着、金銭の着服・横領という不正を起こす可能性もある。

　不正防止という観点からすると、定期的に人事ローテーションを行うのがよい。一定期間が経過したら、別の仕事を担当させるか、あるいは、他の部署に異動させる。

　人事ローテーション制度については、「専門的な能力の形成を妨げる」、「異動先での職務に慣れるまで能率が低下する」、「異動コストがかかる」などの指摘もある。しかし、不正防止のためには効果的である。

2　規程の内容

（1）対象者

　人事ローテーションの対象者については、
　・幹部社員だけとする
　・営業、経理など特定部門の者だけとする
　・すべての社員とする
などがある。

（2）ローテーションの頻度

　ローテーションの頻度について、「原則として、現在の部門への配属期間が5年を経過したときは、他の部門に異動する」という形で、具体的に定める。

（3）異動先の決定基準

　異動先の決定基準を定める。一般的には、

・本人の能力・適性
・本人の希望
・業務上の必要性

などを総合的に評価して決定するのがよい。

（4）異動の期限

異動を命令された者は、一定の期限までに異動するものとし、その期限を定める。

3　モデル規程

人事ローテーション規程

（総則）

第1条　この規程は、人事ローテーション制度について定める。

（目的）

第2条　人事ローテーション制度は、次の目的で行う。

（1）社員の能力開発を促進すること

（2）職場の活性化を図ること

（3）不祥事の発生を防止すること

（対象者）

第3条　人事ローテーションの対象者は、すべての社員とする。

（ローテーションの頻度）

第4条　社員は、原則として、現在の部門への配属期間が5年を経過したときは、他の部門に異動するものとする。

（異動先）

第5条　異動先は、次の事項を総合的に評価して決定する。

（1）本人の能力、適性

（2）本人の希望

（3）業務上の必要性

（異動先の制限）

第6条　前条の規定にかかわらず、次の者に対しては、他の事業所への異動は命令しないものとする。

（1）補助職
　（2）55歳以上の者
　（3）親の介護をしている者
（異動の期限）
第7条　異動を命令された者は、次の期限までに異動しなければならない。
　（1）他の事業所に異動する場合　　　1週間以内
　（2）同一事業所の他の部門に異動する場合　　　2日以内
2　やむを得ない事情により所定の期限までに異動することができないときは、あらかじめ会社の許可を得なければならない。
（異動する者の心得）
第8条　異動を命令された者は、後任者との間において業務の引継を完全に行わなければならない。
（付則）
　この規程は、　　年　月　日から施行する。

【著者紹介】

荻原　勝（おぎはら　まさる）
東京大学経済学部卒業。人材開発研究会代表。経営コンサルタント

〔著書〕
『経営危機対策人事規程マニュアル』、『社内諸規程のつくり方』、『役員・執行役員の報酬・賞与・退職金』、『企業倫理規程・行動憲章とつくり方』、『執行役員規程と作り方』、『執行役員制度の設計と運用』、『個人情報管理規程と作り方』、『役員報酬・賞与・退職慰労金』、『取締役・監査役・会計参与規程のつくり方』、『労働時間、休暇管理マニュアル』、『フレックスタイム制度の設計と運用』、『人事考課表・自己評価表とつくり方』、『出向・転籍・派遣規程とつくり方』、『失敗しない！採用実務マニュアル』、『IT時代の就業規則の作り方』、『福利厚生規程・様式とつくり方』、『給与・賞与・退職金規程』、『すぐ使える育児・介護規程のつくり方』、『ビジネストラブル対策規程マニュアル』（以上、経営書院）など多数。
現住所：〒251-0027　藤沢市鵠沼桜が岡3―5―13
TEL：0466（25）5041
FAX：0466（25）9787

経営管理規程とつくり方

2010年4月22日　第1版第1刷発行

著　者　荻原　　勝
発行者　平　　盛之

〒102-0093
東京都千代田区平河町2-4-7　清瀬会館
TEL　03-3237-1601
FAX　03-3237-8209
振替東京　00180-0-11361

㈱産労総合研究所
出版部　経営書院

乱丁本・落丁本はお取り替えします。
本書の一部あるいは全部について著作者から文書による許諾を得ずにいかなる方法においても無断で転写・複写・複製することは固く禁じられております。　　印刷・製本 ㈱勝美印刷

ISBN978-4-86326-065-8